全国会计从业资格无纸化考试辅导教材

根据财政部最新会计从业资格考试大纲编写

2016

会计基础

会计从业资格无纸化考试辅导教材组 编写

第五版

东北财经大学出版社
Dongbei University of Finance & Economics Press
大连

图书在版编目(CIP)数据

会计基础 / 会计从业资格无纸化考试辅导教材组编写 .
—5版 .—大连 : 东北财经大学出版社，2014.6（2016.3重印）
（全国会计从业资格无纸化考试辅导教材）
ISBN 978-7-5654-1541-8

Ⅰ.会… Ⅱ.会… Ⅲ.会计学-资格考试-自学参考资料
Ⅳ.F230

中国版本图书馆CIP数据核字(2014)第111246号

东北财经大学出版社出版
(大连市黑石礁尖山街217号 邮政编码 116025)
教学支持：（0411）84710309
营 销 部：（0411）84710711
总 编 室：（0411）84710523
网 址：http：//www.dufep.cn
读者信箱：dufep@dufe.edu.cn

大连图腾彩色印刷有限公司印刷 东北财经大学出版社发行

幅面尺寸：170mm×240mm 字数：319千字 印张：15 1/2 插页：1

2014年6月第5版 2016年3月第33次印刷

责任编辑：田世忠 高 铭 吴 茜 责任校对：仲 果
封面设计：张智波 版式设计：钟福建

定价：24.00元

第五版前言

会计从业资格考试是由国家财政部组织的全国性考试。根据《会计从业资格管理办法》（财政部令第73号）等有关规定，实行会计从业资格考试制度是我国会计职业准入制度的重要组成部分，参加会计从业资格考试且成绩合格是取得会计从业资格证书、从事会计工作的必备条件。2013年9月，财政部发布的《会计从业资格考试管理规定》（财会〔2013〕19号）对加强会计从业资格考试管理、规范会计从业资格考试行为的相关内容做出了相应规定。

随着会计改革的不断深化，会计从业人员知识更新的需求不断提升，以及会计核算技术和会计管理手段的不断升级，2014年4月财政部发布了会计从业资格考试大纲（财办会〔2014〕13号），并于2014年10月1日起施行。自2014年10月1日起，各地区统一使用财政部根据新版考试大纲组织建设的新版无纸化考试题库。

2014年发布的考试大纲以增加和修改为主，以删除为辅，知识结构更加合理，做到了与会计专业技术资格考试科目的有效衔接，层级明晰、结构科学、重点突出、难度适中。

为了配合全国各地会计从业资格考试工作的开展，我们组织了有关专家、教授，严格按照2014年新考试大纲，并根据2015年12月发布的《会计档案管理办法》、2012年12月发布的《会计从业资格管理办法》以及2012年至2016年发布的关于“营改增”的系列新法规和新政策对会计从业资格考试辅导教材进行了比较全面、细致的修订。

本次修订主要有以下特色：

（1）增加了真题演练的数量，使考生能够更全面地结合真题理解考点。

（2）丰富了解析的内容，便于考生巩固知识点，加深理解，熟悉解题思路。

（3）模拟试题增加了答案速查表，能够快速找到答案。

（4）配套光盘中的“同步练习”完全覆盖考点，考点命中率达到100%，并做出了深入的解析，便于考生有针对性地复习薄弱环节。

（5）配套光盘中的“模拟考场”完全模拟财政部无纸化考试系统，便于考生熟悉真实考试环境，并能够自动评分，便于考生随时调整复习计划备战从业资格考试。

本次修订工作得到了省财政厅、东北财经大学会计学院和出版社各位领导及老师的一致支持，在此表示衷心感谢!

我们力争使本次修订能及时、准确地反映考试大纲有关的最新变化，但限于时间和经验，书中仍有不当之处，敬请广大读者积极反馈使用意见和建议!

编　者

2016年3月

目　录

第一章 总 论

考纲知识体系

第一节 会计的概念与目标	会计的概念与特征（★★★）
	会计的对象与目标（★★）
第二节 会计的职能与方法	会计的职能（★★★★）
	会计核算方法（★★）
第三节 会计基本假设与会计基础	会计基本假设（★★★★）
	会计基础（★★★★★）
第四节 会计信息的使用者及其质量要求	会计信息的使用者（★）
	会计信息的质量要求（★★★★★）
第五节 会计准则体系	会计准则的构成（★★★）
	企业会计准则（★★★★）
	小企业会计准则（★★）
	事业单位会计准则（★★）

考情分析

本章主要涉及的考点有会计的概念与特征、会计的对象与目标、会计的职能、会计核算方法、会计基本假设、会计基础、会计信息的使用者、会计信息的质量要求、会计准则体系，主要题型有单项选择题、多项选择题和判断题，学习的重点是会计基本假设、权责发生制、会计信息质量要求。本章考核的分值不大，但本章内容对后面章节的学习至关重要，应充分理解。

第一节 会计的概念与目标

一、会计的概念与特征

（一）会计的概念

什么是会计？从字面解释，“会”是聚合的意思，“计”是计算的意思。清代学者焦循所著《孟子正义》一书解释道：“零星算之为计，总合算之为会。”其意思是说，岁末的全年总合计算以及日常的零星计算，合起来即叫做“会计”，这就概括了“会计”二字连用的基本含义。

会计的历史源远流长，现在人们所说的会计是以货币为主要计量单位，运用专门的方法，核算和监督一个单位经济活动的一种经济管理工作。

单位是国家机关、社会团体、公司、企业、事业单位和其他组织的统称。未特别说明时，本书主要以《企业会计准则》为依据介绍企业经济业务的会计处理。

会计已经成为现代企业一项重要的管理工作。企业的会计工作主要是通过一系列会计程序，对企业的经济活动和财务收支进行核算和监督，反映企业财务状况、经营成果和现金流量，反映企业管理层受托责任履行情况，为会计信息使用者提供决策有用的信息，并积极参与经营管理决策，提高企业经济效益，促进市场经济的健康有序发展。

【真题演练】下列有关会计的说法中，正确的包括（　　）。

A.本质上是一种经济管理活动　　B.对经济活动进行核算和监督

C.以货币为主要计量单位　　D.核算特定主体的经济活动

【答案】ABCD

【解析】根据会计的定义，会计是以货币为主要计量单位，运用专门的方法，核算和监督一个单位经济活动的一种经济管理工作，故上述4项都正确。

（二）会计的基本特征

物质资料的生产是人类社会赖以生存和发展的基础，生产活动是社会发展的基本实践活动。生产活动的目的在于取得生产的成果，这样人们就要关心生产的成果与生产过程中的消耗之间的关系。如果在生产过程中消耗得多而生产成果少，则是得不偿失的，因此，人们在进行生产过程中必然把生产成果与生产过程中的消耗来进行比较。如何进行比较呢？从原始简单的记数比较到用统一度量进行记录和计算。随着社会生产力的不断提高，科学的不断发展，不仅要求会计记账、算账、报账，还要对生产活动进行预测，参与决策，对生产经营成果进行分析。

由此可见，会计是在社会生产实践中由于管理的要求而产生的，它的管理目的就是提高生产经营活动的经济效益。那么，会计活动和其他经济管理活动的区别是什么呢？也就是说，会计的基本特征是什么？

会计的基本特征有：

1.会计是一种经济管理活动

无论从理论上还是从实践上看，会计不仅仅是管理经济的工具，它本身就具有管理的职能，是人们从事管理的一种活动（杨纪琬，阎达伍，1980）。

2.会计是一个经济信息系统

会计是一个以提供财务信息为主的经济信息系统（葛家澍，1983）。

3.会计以货币作为主要计量单位

在会计的确认、计量和报告过程中选择货币为基础进行计量是由货币的本身属性决定的。货币是商品的一般等价物，是衡量一般商品价值的共同尺度，具有价值尺度、流通手段、储藏手段和支付手段等特点。其他计量单位，如重量、长度、容积、台、件等，只能从一个侧面反映企业的生产经营情况，无法在量上进行汇总和比较，不便于会计计量和经营管理。只有选择货币尺度进行计量，才能充分反映企业的生产经营情况。所以，基本准则规定，会计确认、计量和报告应选择货币作为计量单位。

4.会计具有核算和监督的基本职能

会计的职能是会计在经济管理中所具有的功能。进行会计核算和实施会计监督是会计的两项基本职能。

5.会计采用一系列专门的方法

会计的方法是用来核算和监督会计对象、完成会计任务的手段。会计方法是随着科学技术的发展和经济管理的进步不断地充实和提高的。

会计的方法是由会计核算、会计预测、控制、分析和检查的方法所组成的。这几部分的方法具有相对的独立性，应用的方法并不一样，但是它们又互相配合、密切联系。

（三）会计的发展历程

会计是随着人类社会生产的发展和经济管理的需要而产生、发展并不断得到完善的。其中，会计的发展可划分为古代会计、近代会计和现代会计三个阶段。

15世纪之前的会计实践活动常被人们习惯上称为古代会计。根据有关史料记载，远古印度公社已经有了农业记账员。他们设计出了农业账目，登记、记录与此有关的主要事项。古希腊和古罗马也有了农庄、庄园及不动产的账目。古代会计以官厅会计为主。

近代会计是从运用复式簿记开始的。在近代会计的发展过程中，除了封建皇室、资本主义国家的政府会计得到持续的发展外，工商企业会计代表了近代会计发展的一个最主要的潮流。

现代会计是20世纪50年代以后，在发达的市场经济国家，特别是在美国发展并完善起来的。会计的技术与现代电子计算和信息技术相结合，会计由手工簿记系统发展为电子数据处理系统和网络系统。会计的理论与方法随着企业内部与外部对会计信息的不同需求而分化为两个子系统——财务会计和管理会计。公允价值会计、环境会计、社会责任会计、人力资源会计、通货膨胀会计、资本成本会计和国际会计等也逐渐发展起来。

二、会计的对象与目标

（一）会计对象

会计对象是指会计核算和监督的内容，具体是指社会再生产过程中能以货币表现的经济活动，即资金运动或价值运动。社会再生产过程是价值形成的过程。价值形成过程包括价值的耗费、价值的形成、价值的实现及价值的分配。这些都可以用货币来表现，因为货币是衡量商品价值的一般等价物。会计对象就是在核算和监督再生产过程中可以用货币表现的那些内容。

在不同性质的单位里，再生产过程的资金运动各有不同，工业企业的生产过程包括原材料等的供应、按照一定的规范和要求生产产品、把生产出的产品卖出去三个过程（供应、生产和销售）。从资金运动来看，就是经营资金投入，生产过程中的资金周转，卖出产品把投入的资金收回并应取得一定的利润（如图1-1所示）。在行政事业单位，会计的对象是核算国家拨给经费用于发展事业计划和具体业务的使用过程。这些部门和单位不从事生产经营活动，只是按照计划领取事业经费，一定时期内（一般是一个年度）向财政部门报告行政事业经费的使用情况。在商品流通企业，只有购入和销售（买入和卖出）及存货三个过程。总之，无论工业企业、商品流通企业、行政事业单位，凡是有资金运动的都是会计核算和监督的对象。

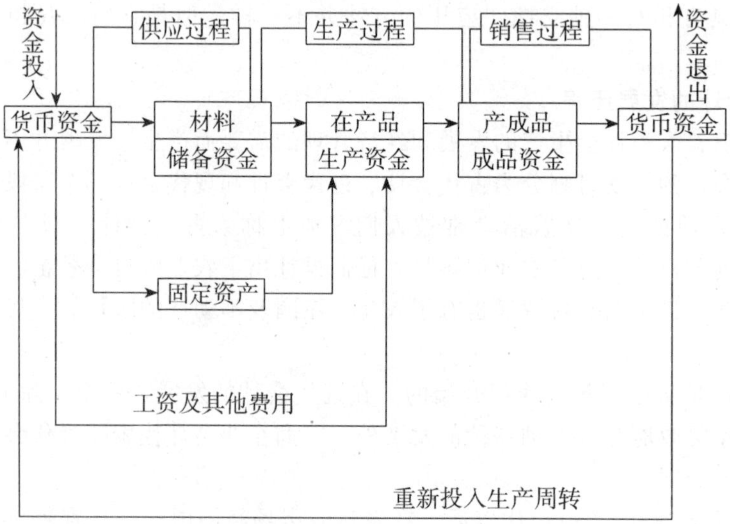

图1-1 工业企业资金循环与周转示意图

【真题演练】资金运动的内容包括（　　）。

A.资金的投入　　B.资金的循环　　C.资金的退出　　D.资金的周转

【答案】ABCD

【解析】资金的运动过程包括资金的投入、资金的循环与周转、资金的退出，故ABCD均正确。

（二）会计目标

会计目标也称会计目的，是要求会计工作完成的任务或达到的标准，即向财务会计报告使用者提供与企业财务状况、经营成果和现金流量等有关的会计信息，反映企业管理层受托责任履行情况（受托责任观），有助于财务会计报告使用者作出经济决策（决策有用观）。

第二节　会计的职能与方法

一、会计的职能

会计的职能是指会计在经济管理过程中所具有的功能，会计具有会计核算和会计监督两项基本职能和预测经济前景、参与经济决策、评价经营业绩等拓展职能。

（一）基本职能

1.核算职能

会计核算职能，又称会计反映职能，是指会计以货币为主要计量单位，对特定主体的经济活动进行确认、计量和报告。

记账是把一笔经济业务的收入或支出按一定的会计记账规则进行记载；算账是指依据国家的有关财务会计法规，在记账的基础上把经济活动状况通过编制财务会计报告反映出经营成果；报账是把会计报表通报给单位负责人及有关单位或部门。

2.监督职能

会计监督职能，又称会计控制职能，是指对特定主体经济活动和相关会计核算的真实性、合法性和合理性进行监督检查。会计监督是一个过程，它分为事前监督、事中监督和事后监督。对不合法的经济业务，会计人员有权提出意见、不予办理或事后提出报告。

正如马克思在《资本论》中所指出的：“作为对过程的控制和观念总结的簿记……”其高度地概括了会计的基本职能。我们通常把“控制”理解为监督，把“观念总结”理解为核算（或反映），也就是说，对再生产过程的核算与监督是会计最基本的两项职能。

应当指出，上述两项基本会计职能是相辅相成、辩证统一的关系。会计核算是会计监督的基础，没有核算所提供的各种信息，监督就失去了依据；而会计监督又是会计核算质量的保障，只有核算，没有监督，就难以保证核算所提供信息的真实性、可靠性。

【真题演练】会计是以货币为主要计量单位，运用专门的方法，核算和监督一个单位经济活动的一种经济管理工作。（　　）

【答案】√

【解析】会计以货币为主要计量单位。会计的基本职能有会计核算和会计监督。

（二）拓展职能

会计的拓展职能主要有：（1）预测经济前景；（2）参与经济决策；（3）评价经营业绩。

二、会计核算方法

会计核算方法是指对会计对象进行连续、系统、全面、综合的确认、计量和报告所采用的各种方法。

（一）会计核算方法体系

会计核算方法体系由填制和审核会计凭证、设置会计科目和账户、复式记账、登记会计账簿、成本计算、财产清查、编制财务会计报告等专门方法构成。它们相互联系、紧密结合，确保会计工作有序进行。

1.填制和审核会计凭证

记账必须有根有据，这种根据就是凭证。凭证是会计凭证的简称，是用来记录经济业务，明确经济责任的书面证明，是登记账簿的依据。会计凭证分为原始凭证和记账凭证。每发生一项经济业务，都应取得或填制原始凭证，并经过审核无误后，应用复式记账原理，将经济业务填制在记账凭证上，作为登记账簿的依据。通过凭证的填制和审核，可以提供既真实可靠又合理合法的原始依据。它是保证核算质量的必要手段，也是实行会计监督的重要方面。

2.设置会计科目和账户

设置会计科目和账户是对会计对象的具体内容进行分类、核算和监督的一种专门方法。要对会计对象的具体内容进行系统的核算和经常的监督，就要对它们进行科学的分类。会计科目就是根据会计对象的具体内容，即会计要素，进行分类核算的项目。会计科目是在账簿中开设账户的依据。账户的名称叫会计科目。通过账户可以分类、连续记录各项经济业务，为经营管理提供各种不同性质的核算指标。

3.复式记账

复式记账是一种科学的记账方法。应用这种方法，对于每一项经济业务的发生，都要以相等的金额，在两个或两个以上相互联系的账户中进行登记，表明它们的对应关系。通过复式记账，可以了解每笔经济业务的来龙去脉及其相互联系。

4.登记会计账簿

登记账簿就是在账簿上连续、完整、科学地记录和反映经济业务的一种方法。登记账簿必须以凭证为依据，利用账户和复式记账的方法，把经济业务分门别类地登记到账簿中去，并定期进行结账和对账，以便编制会计报表，提供完整而又系统的会计数据。

5.成本计算

成本计算主要应用于工业部门，它是按照一定对象归集和分配生产经营各阶段中所发生的各项费用，且确定各该对象的总成本和单位成本的一种专门方法。进行成本计算，可以确定材料采购、生产和销售的成本。通过成本计算，可以核算和监督生产经营过程中所发生的各项费用是否节约或超支，并据以确定企业盈亏。随着经营管理的需要，成本计算范围也从工业生产部门扩大到非工业生产部门。

6.财产清查

财产清查就是通过盘点实物、核实账面数额，保持账实相符的一种方法。在清查财产时如发现财产物资和资金的实有数与账面数不一致，应查明原因，通过一定审批手续后，进行必要的处理，并及时调整账簿记录，使账面数额与实际数额保持一致，以保证会计核算指标的正确性和真实性。

7.编制财务会计报告

编制财务会计报告是定期总括地反映经济活动和财务收支情况，考核计划、预算执行结果的一种专门方法。财务会计报告主要是根据账簿记录，经过加工整理而产生的一套完整的指标体系。它所提供的各项指标，不仅是上级有关部门及投资者考核、分析财务计划和预算以及进行投资决策的重要依据，而且也为国民经济综合平衡提供必要的参考资料。

上述各种会计核算方法的具体作用并不完全相同。设置会计科目和账户、复式记账、成本计算等方法侧重于描述核算方法的原理、原则；填制和审核会计凭证、登记会计账簿、财产清查等方法侧重于说明核算的程序、技术和形式；编制财务会计报告则是两者并重。但从整体来说，各种会计核算方法是相互联系、密切结合的，形成了一个统一、完整的会计核算方法体系。正确而有效地运用这一套方法，对于做好会计核算工作，提高会计管理工作质量都具有重要的作用。

【真题演练】下列项目中，不属于会计核算方法的是（ ）。

A.复式记账 B.成本计算 C.编制财务预算 D.财产清查

【答案】C

【解析】会计核算的基本方法包括设置会计科目和账户、复式记账、填制和审核凭证、登记账簿、成本计算、财产清查、编制财务会计报告7种方法，编制财务预算属于管理会计的范畴，不包括在会计核算方法中。

（二）会计循环

在会计核算方法体系中，就其主要工作程序或工作过程来说，就是三个环节，即填制会计凭证、登记会计账簿和编制财务会计报告。在一个会计期间内，所有经济业务的发生，都要通过这三个环节来处理会计核算工作。前一个会计期间结束，后一个会计期间开始，这三个环节循环。因此，一般把这三个会计核算工作的程序，称为会计核算工作循环（如图1-2所示），简称会计循环。

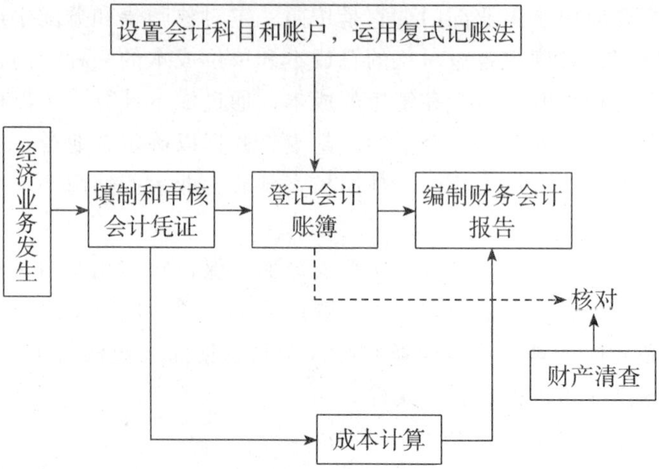

图1-2　会计核算工作循环示意图

会计循环是指按照一定的步骤反复运行的会计程序。从会计工作流程看，会计循环由确认、计量和报告等环节组成；从会计核算的具体内容看，会计循环由填制和审核会计凭证、设置会计科目和账户、复式记账、登记会计账簿、成本计算、财产清查、编制财务会计报告等组成。填制和审核会计凭证是会计核算的起点。

所有的会计指标，都是通过这个会计循环取得的。脱离这个循环的正常轨道，会计核算工作就会发生混乱。

第三节　会计基本假设与会计基础

一、会计基本假设

会计基本假设是进行会计核算时必须明确的前提条件。会计基本假设是企业会计确认、计量和报告的前提，是对会计核算所处时间、空间环境等所作的合理假定。会计基本假设包括会计主体、持续经营、会计分期和货币计量。如果离开了这些前提及制约条件，会计核算的各种数据便无从产生，也无从解释或运用。会计假设虽然是一种尚未被目前事实所证实的设定，但却是以客观现象为基础的科学的假设。目前，世界上会计界公认的会计基本假设为：会计主体、持续经营、会计分期、货币计量。

我国《企业会计准则》(2006)规定，会计基本假设如下：

(一)会计主体

会计主体是指企业会计确认、计量和报告的空间范围，即会计核算和监督的特定单位或组织。《企业会计准则——基本准则》第五条指出："企业应当对其本身发生的交易或者事项进行会计确认、计量和报告。"这是对会计主体假设的描述。会计主体假设要求以独立的经济活动实体作为设定的会计核算的范围。凡是根据会计准则及制度的规定，实行独立核算、独立编制会计报表的企业单位，不论独资、合资或股份制经营，在会计上都假定是一个主体。这种前提，可以使经营者与所有者相分离，通过会计核算，明确经营者对所有者所负的各项经济责任。会计主体假设产生于复式记账。复式记账法是以企业作为记账的主体，"资产=负债+所有者权益"，反映的是企业的资本运动。这个公式是站在经营者而不是站在所有者的立场上的。因此，从这个意义上讲，"会计主体"等于"企业"，即会计核算反映企业的生产与经营状况。会计主体是会计理论与实践的一个重要概念，它指会计数据和信息不是漫无边际的，而必须以每一个独立进行生产经营的单位作为会计记录和报表所涉及的范围。

会计主体应具有实体、统一体和独立体等特点。实体是指具有特定经济业务，需要进行独立核算的会计个体，它可以是一个企业，也可以是由若干家企业通过控股关系组织起来的企业集团。统一体是指会计主体是一个整体，反映和处理企业的生产经营活动与财务问题，都要从企业整体出发，而企业内部资金财产的调拨，既不增加企业的收益和损失，也不增加企业的资产和负债。必须从会计主体出发，才能正确计算它在经营活动中所获得的收益和承担的损失，正确计量它的资产和对外承担的债务，从而为经营决策提供有用的信息。独立体是指它在经济上是独立的，所以，不仅要把会计主体之间的经济关系划分清楚，而且还应把企业的财务活动与企业主及企业职工的个人财务活动相分离。

通过以上分析，可以明确《企业会计准则——基本准则》第五条的规定，实质上有两层含义：不属于独立核算企业范围的其他经济活动不是会计管理工作的内容；非独立核算的经济实体，也不是会计主体。例如，一个商店，它不实行独立经济核算，只是采用报账制按时间向公司报账。这类经济实体，不是会计主体，它只是公司会计主体的一部分。只有通过对会计主体的界定，才能明确会计核算的活动空间，以利于正确组织会计核算。

另外，会计主体与法律主体(法人)并非是对等的概念，法律主体可作为会计主体，但会计主体不一定是法律主体。

(二)持续经营

持续经营是指在可以预见的未来，企业将会按当前的规模和状态继续经营下去，不会停业，也不会大规模削减业务。《企业会计准则——基本准则》第六条指出："企业会计确认、计量和报告应当以持续经营为前提。"这是对持续经营假设的描述。持续经营假设是指企业将在足够长的时间内继续经营它既定的业务，履行它既定的合约与承诺。这也是会计的4个重要假设之一。这一规定为许多资产计量和费用分配奠定了理论基础，例如，历史成本等。换言之，会计主体在可以预见的未来，将不会面临破产清算，它所持有的资产，将按预定的目标在正常的经营过程中被耗用、出售或转让。它所承担的债务，也将按期偿还。正是在这一前提条件下，才可以建立起会计计量和确认的原则，解决很多常见的财产计价和收益确定问题。例如，固定资产的价值通常在其使用年限内分期转作费用，逐渐减少固定资产的价值，这一方法就是以持续经营为前提的。

在社会主义市场经济条件下，存在优胜劣汰的竞争机制，每个企业的经营究竟能持续多久，很难预测，所以这是一个不确定的因素。在一般情况下，每个企业总是希望自己兴旺发达，永远无限期地继续经营下去，但在事实上每个企业都存在经营失败的风险，都可能会因为无力偿债而被迫宣告破产。如果有证据说明一个会计主体已无法履行它所承担的义务，正常的经营活动亦无法持续下去，即持续经营这一前提已不能成立，那么，建立在这一基础上的各种会计准则将不再适用，而只能采用另外一些特殊的会计准则。例如，对破产企业来说，历史成本原则是不适宜的，而只能采用清算估价来确定企业财产的价值。当然，对绝大多数企业来讲，持续经营这一基本假设是合适的。

（三）会计分期

会计分期是指将一个企业持续经营的经济活动划分为一个个连续的、长短相同的期间，以便分期结算账目和编制财务会计报告。《企业会计准则——基本准则》第七条指出："企业应当划分会计期间，分期结算账目和编制财务会计报告。会计期间分为年度和中期。中期是指短于一个完整的会计年度的报告期间。"这是对会计分期假设的描述。每一个单位的经济业务都是连续不断的，时间本身也具有不间断性。为了定期总结各个单位经济活动的财务收支的结果，在会计上必须把生产经营和业务活动过程在时间上进行分期，如一年、一季、一月等，即会计期间。每一会计期间终了结一次账，编制各种会计报表，反映这一期间的财务状况和业务成果。以一年为单位的会计期间称为会计年度。我国以日历年度作为会计年度，即从公历的1月1日至12月31日为一个会计年度。会计期间给会计核算带来一系列新的课题。例如，在一个会计期间内，各项资产和负债的变动与现金的收支是有差异的，这就产生了收付实现制和权责发生制两种可供选择的记账基础；又如，为了正确计算会计期间的经营成果，需要对跨会计期间的经济业务采用合理的账务处理方法，如折旧、待摊、预提及配比的方法等等。由于企业之间的实际情况很不相同，所以，很难找到单一的方法适用所有企业。在这种情况下，需要会计人员根据会计法规的要求，作出合理的选择。

（四）货币计量

货币计量是指会计主体在会计确认、计量和报告时以货币作为计量尺度，反映会计主体的经济活动。《企业会计准则——基本准则》第八条指出："企业会计应当以货币计量。"这是对货币计量假设的描述。用什么货币单位来统一反映会计数字，这在会计上是一个重要问题。我国许多企业会计记账一直以人民币为单位，但是改革开放以来，同外国的经济往来增多，有许多企业发生了用外币计算的经济业务。例如，有的进出口业务用外币结算，有的按外币计算债权、债务，有的用外币支付外籍员工的工资等等。业务收支以人民币以外的货币为主的单位，可以选定其中一种货币作为记账本位币，但编制的财务会计报告应当折算为人民币反映。在境外设立的中国企业向国内报送的财务会计报告，应当折算为人民币。

按我国企业会计制度的规定，以人民币为记账本位币，以元为单位，元以下记至角分，分以下四舍五入。

货币计量假设是一种币值不变的会计假设，是指在正常的会计处理过程中，不考虑币值变动影响，即假定货币价值稳定不变。币值不变假设是历史成本原则的理论基础。

企业在会计核算中遵循了上述基本假设，在会计报表中无需说明；若有违背，则应作为重大事项的揭示予以说明和反映。

上述会计核算的四项基本假设，具有相互依存、相互补充的关系。会计主体确立了会计核算的空间范围，持续经营与会计分期确立了会计核算的时间长度，而货币计量则为会计核算提供了必要手段。没有会计主体，就不会有持续经营；没有持续经营，就不会有会计分期；没有货币计量，就不会有现代会计。

【真题演练】界定从事会计工作和提供会计信息的空间范围的会计基本假设是（ ）。

A.会计主体　　B.持续经营　　C.会计分期　　D.货币计量

【答案】A

【解析】会计主体是指会计所核算和监督的特定单位或者组织，是会计确认、计量和报告的空间范围。会计主体假设是界定从事会计工作和提供会计信息的空间范围的会计基本假设。

二、会计基础

会计基础是指会计确认、计量和报告的基础，包括权责发生制和收付实现制。会计基础是确认一定会计期间的收入和费用，从而确定损益的标准。

（一）权责发生制

权责发生制，也称应计制或应收应付制，是指收入、费用的确认应当以收入和费用的实际发生作为确认的标准，合理确认当期损益的一种会计基础。在我国，企业会计核算采用权责发生制。

《企业会计准则——基本准则》第九条指出："企业应当以权责发生制为基础进行会计确认、计量和报告。"

权责发生制亦称应收应付制，也叫应计制，是指企业按收入的权利和支出的义务是否归属于本期来确认收入、费用的标准，而不是按款项的实际收支是否在本期发生，也就是以应收应付为标准。在权责发生制下，凡是属于本期实现的收入和发生的费用，不论款项是否实际收到或实际付出，都应作为本期的收入和费用入账；凡是不属于本期的收入和费用，即使款项在本期收到或付出，也不作为本期的收入和费用处理。由于它不管款项的收付，而以收入和费用是否归属于本期为准，所以称为应计制。现举例说明如下：

第一种情况，企业于2月10日销售商品一批，2月25日收到货款，存入银行，应作为2月份的收入记账；

第二种情况，企业于6月15日销售商品一批，8月10日收到货款，存入银行，应作为6月份的收入记账；

第三种情况，企业于5月10日收到对方购货单位一笔货款，存入银行，但按合同规定于9月份交付商品，应作为9月份的收入记账；

第四种情况，企业于12月30日预付第二年全年的保险费，应作为第二年的费用记账；

第五种情况，企业于12月30日购入办公用品一批，但款项在第二年的3月份支付，应作为12月份的费用记账；

第六种情况，企业于12月30日用银行存款支付本月水电费，应作为12月份的费用记账。

在权责发生制下，第一种情况和第六种情况收入与费用的归属期和款项的实际收付同属相同的会计期间，确认的收入和费用与收付实现制相同。

第二种情况应作为6月份的收入，因为收入的权利在6月份就实现了，尽管货款在8月份收到。

第三种情况应作为9月份的收入，因为5月份只是收到款项，并没有实现收入的权利。

第四种情况应作为第二年的费用，因为支出的义务应在第二年。

第五种情况应作为12月份的费用，因为12月份已经发生支出的义务了。

与收付实现制相反，在权责发生制下，必须考虑预收、预付和应收、应付。由于企业日常的账簿记录不能完全地反映本期的收入和费用，因而需要在会计期末对账簿记录进行调整，使未收到款项的应计收入和未付出款项的应付费用，以及收到款项而不完全属于本期的收入和付出款项而不完全属于本期的费用，归属于相应的会计期间，以便正确地计算本期的经营成果。采用权责发生制核算比较复杂，但反映本期的收入和费用比较合理、真实，所以适用于企业。

企业会计的确认、计量和报告应当以权责发生制为基础。

（二）收付实现制

收付实现制，也称现金制，是以收到或支付现金作为确认收入和费用的标准，是与权责发生制相对应的一种会计基础。

收付实现制以款项是否实际收到或付出作为确定本期收入和费用的标准。凡是本期实际收到款项的收入和付出款项的费用，不论其是否归属于本期，都作为本期的收入和费用处理；反之，凡是本期没有实际收到款项和付出款项，即使应归属于本期，也不作为本期收入和费用处理。由于款项的收付实际上以现金收付为准，所以一般称为现金制。

为了进一步说明问题，下面再举几个例子，以列表的方式对两种会计基础加以比较（见表1-1）。

表1-1 权责发生制与收付实现制的比较

	举例	权责发生制	收付实现制
第一种情况	出租房屋的租金收入，1月份一次收讫上半年的租金	1月份：租金收入为半年收入的1/6；其余部分在1月份来看为预收收入	全部作为1月份的收入
第二种情况	1月份把全年的报刊费一次付讫	1月份：报刊费仅为整笔支出的1/12；其余部分在1月份来看为预付费用	全部作为1月份的费用
第三种情况	与购货单位签订合同，分别在1、2、3月份供给购货单位三批产品，货款于3月末一次付清	分别作为1、2、3月份的收入；1、2月份应收而未收的收入为应计收入	全部作为3月份的收入
第四种情况	1月份向银行借入为期3个月的借款，利息到期即3月份一次偿还	分别作为1、2、3月份的费用；1、2月份应付而未付的费用为应计费用	全部作为3月份的费用
第五种情况	本期内收到的款项就是本期应获得的收入，本期内支付的款项就是本期应负担的费用，按权责发生制和收付实现制确认收入和费用的结果是完全相同的		

事业单位会计核算一般采用收付实现制；事业单位部分经济业务或者事项，以及部分行业事业单位的会计核算采用权责发生制核算的，由财政部在相关会计制度中具体规定。

【真题演练】根据权责发生制的要求，以下应确认为本月主营业务收入的是（　　）。

A.本月销售的商品货款尚未收到

B.上月销售商品的货款本月收到，已存入银行

C.本月预收下月销售商品的货款，已存入银行

D.本月收到销售材料的款项，已存入银行

【答案】A

【解析】在权责发生制下，凡是属于本期实现的收入和发生的费用，不论款项是否实际收到或实际付出，都应作为本期的收入和费用入账；凡是不属于本期的收入和费用，即使款项在本期收到或付出，也不作为本期的收入和费用处理。本月销售的商品即使货款尚未收到也应确认为本月的主营业务收入。

第四节　会计信息的使用者及其质量要求

一、会计信息的使用者

会计信息的使用者主要包括投资者、债权人、企业管理者、政府及其相关部门和社会公众等。

二、会计信息的质量要求

会计信息质量要求是对企业财务会计报告中所提供高质量会计信息的基本规范，是使财务会计报告中所提供会计信息对投资者等使用者决策有用应具备的基本特征，主要包括可靠性、相关性、可理解性、可比性、实质重于形式、重要性、谨慎性和及时性等。

（一）可靠性

可靠性也称客观性、真实性，要求企业应当以实际发生的交易或者事项为依据进行确认、计量和报告，如实反映符合确认和计量要求的各项会计要素及其他相关信息，保证会计信息真实可靠、内容完整。

企业提供会计信息的目的是满足会计信息使用者的决策需要，因此，就应做到内容真实、数字准确、资料可靠。在会计核算工作中坚持以上原则，就应当在会计核算时客观地反映企业的财务状况、经营成果和现金流量，保证会计信息的真实性。会计工作应当正确运用会计原则和方法，准确反映企业的实际情况。会计信息应当能够经受验证，以核实其是否真实。

（二）相关性

相关性要求企业提供的会计信息应当与财务会计报告使用者的经济决策需要相关，有助于财务会计报告使用者对企业过去和现在的情况作出评价，对未来的情况作出预测。

如果会计信息提供以后，没有满足会计信息使用者的需要，对会计信息使用者的决策没有什么作用，就不具有相关性。

（三）可理解性

可理解性要求企业提供的会计信息应当清晰明了，便于财务会计报告使用者理解和使用。

如果企业的会计核算和编制的财务会计报告不能做到清晰明了，便于理解和使用，就不符合清晰性原则的要求，不能满足会计信息使用者的决策需求。

（四）可比性

可比性要求企业提供的会计信息应当相互可比，保证同一企业不同时期可比、不同企业相同会计期间可比。

不同的企业可能处于不同行业、不同地区，经济业务发生于不同时点，为了保证会计信息能够满足决策的需要，便于比较不同企业的财务状况、经营成果和现金流量，只要是相同的交易或事项，就应当采用相同的会计处理方法。

（五）实质重于形式

实质重于形式要求企业应当按照交易或者事项的经济实质进行会计确认、计量和报告，不应仅以交易或者事项的法律形式为依据。

在实际工作中，交易或事项的外在法律形式并不总能完全真实地反映其实质内容。所以，会计信息要想反映其拟反映的交易或事项，就必须根据交易或事项的实质和经济现实，而不能仅仅根据它们的法律形式进行核算和反映。

【真题演练】要求企业按照交易或事项的经济实质进行会计核算，而不应当仅仅按照它们的法律形式作为会计核算的依据，这是（ ）。

A.客观性原则的要求　　B.实质重于形式原则的要求

C.相关性原则的要求　　D.一贯性原则的要求

【答案】B

【解析】实质重于形式要求企业应当按照交易或者事项的经济实质进行会计确认、计量和报告，不应仅以交易或者事项的法律形式为依据。

（六）重要性

重要性要求企业提供的会计信息应当反映与企业财务状况、经营成果和现金流量有关的所有重要交易或者事项。

重要性与会计信息的成本效益直接相关。坚持重要性，就能够使提供会计信息的收益大于成本；反之，就会使提供会计信息的成本大于收益。在评价某些项目的重要性时，很大程度上取决于会计人员的职业判断。一般来说，应当从质和量两个方面进行分析。从性质方面来说，当某一事项有可能对决策产生一定影响时，就属于重要项目；从数量方面来说，当某一款项达到一定规模时，就可能对决策产生影响。

（七）谨慎性

谨慎性要求企业对交易或者事项进行会计确认、计量和报告时保持应有的谨慎，不应高估资产或者收益、低估负债或者费用。

在会计核算工作中坚持谨慎性原则，要求企业在面临不确定因素的情况下作出职业判断时，应当保持必要的谨慎，不高估资产或收益，也不低估负债或费用。

【真题演练】谨慎性要求会计人员在选择会计处理方法时（ ）。

A.不高估资产　　B.不低估负债

C.合理核算可能发生的损失　　D.预计可能发生的收益

【答案】ABC

【解析】谨慎性要求不应高估资产或者收益、低估负债或者费用，不得计提秘密准备，不包括预计可能发生的收益。

（八）及时性

及时性要求企业对于已经发生的交易或者事项，应当及时进行确认、计量和报告，不得提前或者延后。

如果企业的会计核算不能及时进行，会计信息不能及时提供，就无助于经济决策，就不符合及时性的要求。

第五节　会计准则体系

一、会计准则的构成

会计准则是反映经济活动、确认产权关系、规范收益分配的会计技术标准，是生成和提供会计信息的重要依据，也是政府调控经济活动、规范经济秩序和开展国际经济交往等的重要手段。会计准则具有严密和完整的体系。我国已颁布的会计准则有《企业会计准则》、《小企业会计准则》和《事业单位会计准则》。

二、企业会计准则

我国的企业会计准则体系包括基本准则、具体准则、应用指南和解释公告等。2006年2月15日，财政部发布了《企业会计准则》，自2007年1月1日起在上市公司范围内施行，并鼓励其他企业执行。我国企业会计准则体系的基本框架是：以基本准则为指导原则，以存货、固定资产等一般业务的具体准则为主线，兼顾金融、石油、天然气等特殊行业中的特定业务准则，按照现金流量表、合并财务报表等报告准则进行列报，涵盖企业绝大部分经济业务的会计处理和相关信息的披露，体现我国国情并与国际会计标准基本趋同。《企业会计准则》的发布有利于保护社会公众利益，有利于完善市场经济体制，有利于提高对外开放水平。

（一）会计基本准则

我国《企业会计准则——基本准则》是对会计核算工作作出的原则性规定，在整个企业会计准则体系中具有统驭地位。其作用主要有：

（1）统驭具体准则的制定。基本准则规范了包括财务报告目标，会计基本假设，会计信息质量要求，会计要素的定义及其确认、计量原则，财务会计报告等在内的基本问题，是制定具体准则的基础，对各具体准则的制定起着统驭作用，可以确保各具体准则的内在一致性。我国《企业会计准则——基本准则》第三条明确规定："企业会计准则包括基本准则和具体准则，具体准则的制定应当遵循本准则。"

（2）为会计实务中出现的、具体准则尚未规范的新问题提供会计处理依据。在会计实务中，由于经济业务的不断发展、创新，一些新的交易或者事项在具体准则中尚未规范但又急需处理，这时，企业不仅应当对这些新的交易或者事项及时进行会计处理，而且在处理时应当严格遵循基本准则的要求，尤其是基本准则中关于会计要素的定义及其确认与计量等方面的规定。因此，基本准则不仅扮演着具体准则制定依据的角色，也为会计实务中出现的、具体准则尚未作出规范的新问题提供了会计处理依据，从而确保了企业会计准则体系对所有会计实务问题的规范作用。

（二）会计具体准则

会计具体准则，是根据会计基本准则的要求就会计核算的基本业务和特殊行业的会计核算工作作出的规定。会计具体准则按照其内容可以分为共性业务会计准则、财务报表准则和特殊业务会计准则三类。共性业务会计准则主要对各行各业会计核算中共同的基本业务的会计处理作出规定，包括固定资产、存货、收入、无形资产、或有事项、租赁、外币折算等。财务报表准则主要就各种财务报表反映的内容、列示方法和报表的格式等作出规定，包括财务报表列报、现金流量表、中期财务报告、合并财务报表等。特殊业务会计准则主要是分别对一些特殊行业的基本会计业务的核算作出规定，包括金融工具确认和计量、石油天然气开采、生物资产等。

财政部2006年2月15日发布的《企业会计准则》包括一项基本准则和38项具体准则。2014年5月前，财政部又发布了《企业会计准则第39号——公允价值计量》、《企业会计准则第40号——合营安排》和《企业会计准则第41号——在其他主体中权益的披露》3项具体准则，修订了《企业会计准则第2号——长期股权投资》、《企业会计准则第9号——职工薪酬》、《企业会计准则第30号——财务报表列报》、《企业会计准则第33号——合并财务报表》4项具体准则。截至目前，我国的《企业会计准则》由一项基本准则和41项具体准则组成，将来还会继续新增和修订，考生应持续关注。我国企业会计准则体系见表1-2。

表1-2 **我国企业会计准则体系**

准则名称	变化
企业会计准则第1号——存货	
企业会计准则第2号——长期股权投资	2014年3月19日修订
企业会计准则第3号——投资性房地产	
企业会计准则第4号——固定资产	
企业会计准则第5号——生物资产	
企业会计准则第6号——无形资产	
企业会计准则第7号——非货币性资产交换	
企业会计准则第8号——资产减值	
企业会计准则第9号——职工薪酬	2014年1月30日修订
企业会计准则第10号——企业年金基金	

续表

准则名称	变化
企业会计准则第11号——股份支付	
企业会计准则第12号——债务重组	
企业会计准则第13号——或有事项	
企业会计准则第14号——收入	
企业会计准则第15号——建造合同	
企业会计准则第16号——政府补助	
企业会计准则第17号——借款费用	
企业会计准则第18号——所得税	
企业会计准则第19号——外币折算	
企业会计准则第20号——企业合并	
企业会计准则第21号——租赁	
企业会计准则第22号——金融工具确认和计量	
企业会计准则第23号——金融资产转移	
企业会计准则第24号——套期保值	
企业会计准则第25号——原保险合同	
企业会计准则第26号——再保险合同	
企业会计准则第27号——石油天然气开采	
企业会计准则第28号——会计政策、会计估计变更和差错更正	
企业会计准则第29号——资产负债表日后事项	
企业会计准则第30号——财务报表列报	2014年1月29日修订
企业会计准则第31号——现金流量表	
企业会计准则第32号——中期财务报告	
企业会计准则第33号——合并财务报表	2014年2月20日修订
企业会计准则第34号——每股收益	
企业会计准则第35号——分部报告	
企业会计准则第36号——关联方披露	
企业会计准则第37号——金融工具列报	
企业会计准则第38号——首次执行企业会计准则	
企业会计准则第39号——公允价值计量	2014年1月29日新增
企业会计准则第40号——合营安排	2014年2月20日新增
企业会计准则第41号——在其他主体中权益的披露	2014年3月27日新增

三、小企业会计准则

小企业由于其规模、组织形式以及产权关系等具有显著特征，无论是会计目标、会计信息使用者需求、会计机构和人员配置、会计核算水平等均有独特之处。因此，在会计确认、计量、报告上与大中型企业都有区别，应当适用不同于其他主体的原则、方法与体系。因此，为了改善小企业的经营管理，规范其会计行为，增强其会计信息的真实性和透明度，保证小企业的平稳发展，发挥小企业在国民经济和社会发展中的重要作用，2011年10月18日，财政部发布了《小企业会计准则》，要求符合适用条件的小企业自2013年1月1日起执行，并鼓励提前执行。《小企业会计准则》以国际趋同为努力方向，充分考虑我国小企业实际情况，在简化核算、协调税法、与《企业会计准则》有序衔接等方面体现了极其鲜明的特色，是一部为我国小企业"量身定做"的企业会计标准。它的贯彻实施，将有效地促进我国小企业的可持续发展，也可以充分发挥小企业在我国国民经济和社会发展中的重要作用。

《小企业会计准则》的特点主要有：

（1）简化核算要求。在会计计量方面，要求小企业采用历史成本计量；在财务报告方面，不要求提供所有者权益变动表。

（2）满足税收征管信息需求与有助于银行提供信贷相结合；以税务部门和银行作为小企业外部财务报告信息的主要使用者，基于这两者的信息需求确定会计核算的基本原则；减少了职业判断的内容，消除了小企业会计与税法的大部分差异。

（3）和企业会计准则合理分工与有序衔接相结合；小企业非经常性发生的，甚至基本不可能发生的交易或事项，一旦发生，可以参照企业会计准则的规定执行；规定了转为执行《企业会计准则》应满足的条件和基本衔接原则。

《小企业会计准则》一般适用于在我国境内依法设立、经济规模较小的企业，具体标准参见《小企业会计准则》和《中小企业划型标准规定》。

【真题演练】我国小企业会计准则自2013年1月1日起执行。（　　）

【答案】√

【解析】财政部2011年10月18日发布《小企业会计准则》，要求相关小企业自2013年1月1日起执行。

四、事业单位会计准则

为了适应财政改革和事业单位财务管理改革的需要，进一步规范事业单位的会计核算，2012年12月6日，财政部修订发布了《事业单位会计准则》，自2013年1月1日起在各级各类事业单位施行。该准则对我国事业单位的会计工作予以规范。

新《事业单位会计准则》共9章49条，在维持原准则基本框架结构的基础上，对大部分条款作了修改完善，在内容上规范包括事业单位会计目标，会计基本假设，会计核算基础，会计信息质量要求，会计要素的定义、项目构成及分类，一般确认计量原则，财务报告等基本事项。

>> 同步练习

一、单项选择题

1.会计的管理活动论认为（　　）。

A.会计是一项经济管理活动

B.会计是一个经济信息系统

C.会计是一项管理经济的工具

D.会计是反映和监督一个单位经济活动的一种经济管理活动

2.如果提供的会计信息没有满足会计信息使用者的需要，不能对会计信息使用者的决策提供帮助，那么，会计信息就不具有（　　）。

A.可靠性　　B.真实性　　C.可理解性　　D.相关性

3.会计在反映一个单位经济活动时主要使用（　　）。

A.劳动量度　　B.实物量度　　C.货币量度　　D.技术量度

4.在会计核算的基本前提中，界定会计工作和会计信息的空间范围的是（　　）。

A.会计主体　　B.持续经营　　C.会计期间　　D.货币计量

5.会计在其核算过程中，对经济活动的合法性和合理性所实施的审查称为（　　）。

A.会计控制职能　　B.会计核算职能　　C.会计监督职能　　D.货币计量职能

6.在我国，会计分期分为年度、半年度、季度和月度，它们均按（　　）确定。

A.公历起讫日期　　B.农历起讫日期　　C.4月制起讫日期　　D.7月制起讫日期

7.设置会计科目和账户是对（　　）的具体内容进行分类核算和监督的一种专门方法。

A.资产　　B.会计任务　　C.会计对象　　D.会计要素

8.形成权责发生制和收付实现制不同的记账基础，进而出现应收、应付、折旧和摊销等会计处理方法所依据的会计基本假设是（　　）。

A.会计主体　　B.持续经营　　C.会计分期　　D.货币计量

9.我国企业会计核算以（　　）为会计基础。

A.收付实现制　　B.权责发生制　　C.单式记账法　　D.复式记账法

10.下列不属于会计核算环节的是（　　）。

A.确认　　B.计量　　C.审核　　D.报告

二、多项选择题

1.我国的企业会计准则体系包括（　　）。

A.基本准则　　B.具体准则　　C.应用指南　　D.解释公告

2.下列选项中，可以作为一个会计主体进行核算的有（　　）。

A.销售部门　B.企业集团　C.母公司　D.分公司

3.会计基本假设包括（　　）。

A.会计主体　B.持续经营　C.会计分期　D.货币计量

4.会计信息质量要求包括（　　）。

A.可靠性、相关性　B.可理解性、可比性

C.实质重于形式、重要性　D.谨慎性、及时性

5.会计的基本特征包括（　　）。

A.会计是一种经济管理活动　B.会计是一个经济信息系统

C.会计以货币作为主要计量单位　D.会计具有核算和监督的基本职能

6.关于我国会计假设的说法，下列内容正确的有（　　）。

A.没有会计主体，就不会有持续经营　B.没有持续经营，就不会有会计分期

C.没有货币计量，就不会有现代会计　D.没有会计假设，就不会有企业

7.我国已颁布的会计准则有（　　）。

A.《企业会计准则》　B.《小企业会计准则》

C.《行政单位会计制度》　D.《事业单位会计准则》

8.会计监督职能是指会计在其核算过程中，对经济活动的（　　）。

A.完整性进行审查　B.合理性进行审查

C.合法性进行审查　D.盈利性进行审查

9.会计核算方法包括（　　）。

A.设置会计科目和账户　B.复式记账和登记会计账簿

C.填制和审核会计凭证　D.编制财务会计报告

10.关于会计主体与法律主体之间的关系，下列说法正确的有（　　）。

A.两者并非对等的概念　B.会计主体不一定是法律主体

C.法律主体可以是会计主体　D.会计主体一定是法律主体

三、判断题

1.会计是指以货币为主要计量单位，运用专门的方法，核算和监督一个单位经济活动的一种经济管理工作。（　　）

2.会计的基本职能包括预测经济前景、参与经济决策和评价经济业绩。（　　）

3.企业会计的对象就是企业的资金运动。（　　）

4.会计核算以人民币为记账本位币。业务收支以人民币以外的货币为主的企业，也可选定其中一种货币作为记账本位币，但编制的会计报表应当折算为人民币反映。（　　）

5.没有会计监督，会计核算便失去了存在的意义。（　　）

6.会计主体所核算的生产经营活动也包括其他企业或投资者个人的其他生产经营

活动。（ ）

7.会计的发展可划分为古代会计、近代会计和现代会计三个阶段。（ ）

8.持续经营假设是假设企业可以长生不老，即使进入破产清算也不应该改变会计核算方法。（ ）

9.会计目标也称会计目的，是要求会计工作完成的任务或达到的标准。（ ）

10.会计核算方法就其主要工作程序包括三个环节，即设置会计科目、填制会计凭证、登记会计账簿。（ ）

第二章
会计要素与会计等式

考纲知识体系

第一节　会计要素	会计要素的含义与分类（★★）
	会计要素的确认（★★★★★）
	会计要素的计量（★★★）
第二节　会计等式	会计等式的表现形式（★★★）
	经济业务对会计等式的影响（★★★）

考情分析

本章主要涉及的考点有会计要素的含义与分类、会计要素的确认、会计要素的计量、会计等式的表现形式、经济业务对会计等式的影响，主要题型有单项选择题、多项选择题和判断题，学习的重点是会计要素的确认条件与构成、常用的会计计量属性、会计等式的表现形式、基本经济业务的类型及对会计等式的影响。本章是学习后面章节的基础，因此考生应在理解的基础上记忆，并通过加强练习加深对会计要素及会计等式的理解。

第一节 会计要素

一、会计要素的含义与分类

（一）会计要素的含义

会计要素是指根据交易或者事项的经济特征所确定的财务会计对象的基本分类。会计要素是会计核算对象的具体化，是对资金运动第二层次的划分。它是构成财务会计报告的基本因素，也是设置会计科目的依据。

（二）会计要素的分类

《企业会计准则——基本准则》第十条规定："企业应当按照交易或事项的经济特征确定会计要素。"我国《企业会计准则》将会计要素划分为资产、负债、所有者权益、收入、费用和利润六类，其中，前三类表现资金运动的相对静止状态，属于反映财务状况的会计要素，在资产负债表中列示；后三类表现资金运动的显著变动状态，属于反映经营成果的会计要素，在利润表中列示。

二、会计要素的确认

（一）资产

1.资产的含义与特征

资产是指企业过去的交易或者事项形成的、由企业拥有或控制的、预期会给企业带来经济利益的资源。

上述所指的企业过去的交易或者事项包括购买、生产、建造行为或其他交易或者事项。预期在未来发生的交易或者事项不形成资产。

由企业拥有或者控制，是指企业享有某项资源的所有权，或者虽然不享有某项资源的所有权，但该资源能被企业所控制。

预期会给企业带来经济利益，是指直接或者间接导致现金和现金等价物流入企业的潜力。

资产具有以下特征：

（1）资产是由企业过去的交易或者事项形成的。资产的成因是资产存在和计价的基础。未来的、尚未发生的事项的可能后果不能确认为资产，也没有可靠的计量依据。

（2）资产是企业拥有或者控制的资源。强调权属是会计主体假设的必然要求。在这里，所谓拥有是指该项资产的法定所有权属于本企业。所谓控制是指虽然本企业并不拥有该项资产的所有权，但是该项资产上的收益和风险已经由本企业所承担，例如，融资租入的固定资产等。把企业虽不拥有但行使控制权的资产纳入会计核算的范畴，反映了客观的经济实质，是实质重于形式原则的具体体现。

（3）资产预期会给企业带来经济利益。资产单独或与企业的其他要素结合起来，能够在未来直接或间接地产生净现金流入。这是资产的本质所在。按照这一特征，判断一个项目是否构成资产，一定要看它是否潜存着未来的经济利益。只有那些潜存着未来经济利益的项目才能被确认为资产。

除此之外，资产作为一项经济资源，与其有关的经济利益必须是很可能流入企业，而且该资源的成本或者价值能够可靠地计量。

2.资产的确认条件

将一项资源确认为资产，需要符合资产的定义，还应同时满足以下两个条件：（1）与该资源有关的经济利益很可能流入企业；（2）该资源的成本或者价值能够可靠地计量。

3.资产的分类

资产按流动性进行分类，可以分为流动资产和非流动资产。

（1）流动资产是指预计在一个正常营业周期中变现、出售或耗用，或者主要为交易目的而持有，或者预计在资产负债表日起1年内（含1年）变现的资产，以及自资产负债表日起1年内交换其他资产或清偿负债的能力不受限制的现金或现金等价物。

一个正常营业周期是指企业从购买用于加工的资产起至实现现金或现金等价物的期间。正常营业周期通常短于1年，在1年内有几个营业周期。但是，也存在正常营业周期长于1年的情况，在这种情况下，与生产循环相关的产成品、应收账款、原材料尽管是超过1年才变现、出售或耗用，仍应作为流动资产。当正常营业周期不能确定时，应当以1年（12个月）作为正常营业周期。

流动资产按其变现能力的大小又可分为货币资金、交易性金融资产、应收及预付款项、存货等。

①货币资金，包括库存现金、在银行及其他金融机构的存款。

②交易性金融资产主要是指企业为了近期出售而持有的金融资产。

③应收及预付款项，包括应收票据、应收账款、其他应收款、预付货款等。

④存货是指企业在日常生产经营过程中持有以备出售，或者仍然处在生产过程，或者在提供劳务过程中将消耗的材料或物料等。存货主要包括各类材料、商品、在产品、半成品、产成品等。

（2）非流动资产是指流动资产以外的资产，主要包括长期股权投资、固定资产、无形资产等。

①长期股权投资是指持有时间超过1年（不含1年）、不能随时变现或不准备随时变现的股票和其他投资。企业进行长期股权投资的目的，是为了获得较为稳定的投资收益或者对被投资企业实施控制或影响。

②固定资产是指企业使用年限超过1年的房屋、建筑物、机器、机械、运输工具以及其他与生产、经营有关的设备、器具、工具等。不属于生产经营主要设备或物品，但单位价值在2 000元以上，并且使用年限超过2年的，也应当作为固定资产。

③无形资产是指企业拥有或者控制的没有实物形态的可辨认非货币性资产。无形资产包括专利权、非专利技术、商标权、著作权、土地使用权等。

【真题演练】下列不属于流动资产的是（　　）。

A.预收账款　　B.预付账款　　C.应收账款　　D.应收票据

【答案】A

【解析】流动资产是指预计在1个正常营业周期中变现、出售或耗用，或者主要为交易目的而持有，或者预计在资产负债表日起1年内（含1年）变现的资产，以及自资产负债表日起1年内交换其他资产或清偿负债的能力不受限制的现金或现金等价物。"预付账款"、"应收账款"、"应收票据"均属于企业的流动资产，而"预收账款"属于企业的流动负债。

（二）负债

1.负债的含义与特征

负债是指企业过去的交易或者事项形成的，预期会导致经济利益流出企业的现时义务。

负债具有以下特征：（1）负债是由企业过去的交易或者事项形成的；（2）负债是企业承担的现时义务；（3）负债预期会导致经济利益流出企业。

2.负债的确认条件

将一项现时义务确认为负债，需要符合负债的定义，还应当同时满足以下两个条件：（1）与该义务有关的经济利益很可能流出企业；（2）未来流出的经济利益的金额能够可靠地计量。

3.负债的分类

按偿还期限的长短，一般将负债分为流动负债和非流动负债。

流动负债是指预计在一个正常营业周期中偿还，或者主要为交易目的而持有，或者自资产负债表日起一年内（含一年）到期应予以清偿，或者企业无权自主地将清偿推迟至资产负债表日以后一年以上的负债，包括短期借款、应付票据、应付账款、应付职工薪酬、应交税费、预收账款等。

非流动负债是指流动负债以外的负债，包括长期借款、应付债券、长期应付款等。

【真题演练】下列项目中，属于流动负债的有（　　）。

A.应付职工薪酬　　B.应交税费　　C.长期借款　　D.应付债券

【答案】AB

【解析】流动负债是指预计在一个正常营业周期中偿还，或者主要为交易目的而持有，或者自资产负债表日起一年内（含一年）到期应予以清偿，或者企业无权自主地将清偿推迟至资产负债表日以后一年以上的负债，包括短期借款、应付票据、应付账款、应付职工薪酬、应交税费、预收账款等。长期借款和应付债券属于非流动负债。

（三）所有者权益

1.所有者权益的含义及特征

所有者权益是指企业资产扣除负债后由所有者享有的剩余权益。公司的所有者权益又称为股东权益。

所有者权益具有以下特征：(1) 除非发生减资、清算或分派现金股利，企业不需要偿还所有者权益；(2) 企业清算时，只有在清偿所有的负债后，所有者权益才返还给所有者；(3) 所有者凭借所有者权益能够参与企业利润的分配。

2.所有者权益的确认条件

所有者权益的确认、计量主要取决于资产、负债、收入、费用等其他会计要素的确认和计量。所有者权益在数量上等于企业资产总额扣除债权人权益后的净额，即为企业的净资产，反映所有者（股东）在企业资产中享有的经济利益。

3.所有者权益的分类

所有者权益的来源包括所有者投入的资本、直接计入所有者权益的利得和损失、留存收益等，具体表现为实收资本（或股本）、资本公积（含资本溢价或股本溢价、其他资本公积）、盈余公积和未分配利润。

(1) 所有者投入的资本，包括实收资本和资本公积。所有者投入的资本是指所有者投入企业的资本部分，它既包括构成企业注册资本（实收资本）或者股本部分的金额，也包括投入资本超过注册资本或者股本部分的金额，即资本溢价或者股本溢价（这部分投入资本在我国企业会计准则体系中被计入了资本公积，并在资产负债表的"资本公积"项目中反映）。实收资本是企业注册成立的基本条件之一，也是企业承担民事责任的财力保证。资本公积主要用于转增资本（或股本）。

(2) 直接计入所有者权益的利得和损失，是指不应计入当期损益、会导致所有者权益发生增减变动的、与所有者投入资本或者向所有者分配利润无关的利得或者损失。利得是指由企业非日常活动所形成的、会导致所有者权益增加的、与所有者投入资本无关的经济利益的流入；损失是指由企业非日常活动所发生的、会导致所有者权益减少的、与所有者分配利润无关的经济利益的流出。

(3) 留存收益是盈余公积和未分配利润的统称。盈余公积又分为：①法定盈余公积，指企业按照《中华人民共和国公司法》规定的比例从净利润中提取的盈余公积金；②任意盈余公积，指企业经股东大会或类似机构批准后按照规定的比例从净利润中提取的盈余公积金。企业的盈余公积可以用于弥补亏损、转增资本（股本）。符合规定条件的企业，也可以用盈余公积分派现金股利。未分配利润是指企业留待以后年度分配的利润。

【真题演练】下列项目中，属于所有者权益的有（　　）。

A.实收资本　　B.资本公积　　C.盈余公积　　D.未分配利润

【答案】ABCD

【解析】所有者权益也称股东权益，是指企业资产扣除负债后由所有者享有的剩余权益，包括实收资本（股本）、资本公积、留存收益（盈余公积和未分配利润）。

（四）收入

1.收入的含义与特征

收入是指企业在日常活动中形成的、会导致所有者权益增加的、与所有者投入资本无关的经济利益的总流入。日常活动是指企业为完成其经营目标所从事的经常性活动以及与之相关的活动。

收入具有以下特征：（1）收入是企业在日常活动中形成的；（2）收入会导致所有者权益的增加；（3）收入是与所有者投入资本无关的经济利益的总流入。

2.收入的确认条件

收入的确认除了应当符合定义外，至少应当符合以下条件：（1）与收入相关的经济利益应当很可能流入企业；（2）经济利益流入企业的结果会导致资产的增加或者负债的减少；（3）经济利益的流入额能够可靠计量。

3.收入的分类

收入包括主营业务收入和其他业务收入。主营业务收入是由企业的主营业务所带来的收入；其他业务收入是除主营业务活动以外的其他经营活动实现的收入。

收入按性质不同，可分为销售商品收入、提供劳务收入、让渡资产使用权收入等。销售商品收入是指企业通过销售商品实现的收入，如工业企业制造并销售产品、商业企业销售商品等实现的收入。提供劳务收入是指企业通过提供劳务实现的收入，如咨询公司提供咨询服务、软件开发企业为客户开发软件、安装公司提供安装服务等实现的收入。让渡资产使用权收入是指企业通过让渡资产使用权实现的收入，如商业银行对外贷款、租赁公司出租资产等实现的收入。

【真题演练】收入引起经济利益流入企业的结果可表现为（　　）。

A.费用的减少　　B.资产的增加

C.负债的减少　　D.资产的增加与负债的减少兼而有之

【答案】BCD

【解析】收入是指企业在日常活动中所形成的、会导致所有者权益增加的、与所有者投入资本无关的经济利益的总流入，表现为所有者权益的增加，而所有者权益的增加又是资产扣除负债的结果，因此资产的增加、负债的减少或二者兼而有之都可以引起所有者权益增加。

（五）费用

1.费用的含义与特征

费用是指企业在日常活动中发生的、会导致所有者权益减少的、与向所有者分配利润无关的经济利益的总流出。

费用具有以下特征：（1）费用是企业在日常活动中发生的；（2）费用会导致所有者权益的减少；（3）费用是与向所有者分配利润无关的经济利益的总流出。费用是为取得收入而付出的代价，因此，费用一定要与收入配比才能确定，不是为取得收入而形成的各类资产的减少或负债的增加不属于费用的范围。

2.费用的确认条件

费用的确认除了应当符合定义外，至少应当符合以下条件：（1）与费用相关的经济利益应当很可能流出企业；（2）经济利益流出企业的结果会导致资产的减少或者负债的增加；（3）经济利益的流出额能够可靠计量。

3.费用的分类

费用包括生产费用与期间费用。

（1）生产费用是指与企业日常生产经营活动有关的费用，按其经济用途可分为直接材料、直接人工和制造费用。生产费用应按其实际发生情况计入产品的生产成本；对于生产几种产品共同发生的生产费用，应当按照受益原则，采用适当的方法和程序分配计入相关产品的生产成本。

（2）期间费用是指企业本期发生的、不能直接或间接归入产品生产成本，而应直接计入当期损益的各项费用，包括管理费用、销售费用和财务费用。

【真题演练】下列选项中，属于费用要素特点的有（　　）。

A.企业在日常活动中发生的经济利益的总流入

B.会导致所有者权益减少

C.与向所有者分配利润无关

D.会导致所有者权益增加

【答案】BC

【解析】根据定义，费用是指企业在日常活动中所发生的、会导致所有者权益减少的、与向所有者分配利润无关的经济利益的总流出，因此应选择BC。

（六）利润

1.利润的含义与特征

利润是指企业在一定会计期间的经营成果。通常情况下，如果企业实现了利润，表明企业的所有者权益将增加，业绩得到了提升；反之，如果企业发生了亏损（即利润为负数），表明企业的所有者权益将减少，业绩下降。利润是评价企业管理层业绩的指标之一，也是投资者等财务会计报告使用者进行决策时的重要参考依据。

2. 利润的确认条件

利润反映收入减去费用、直接计入当期利润的利得减去损失后的净额。利润的确认主要依赖于收入和费用，以及直接计入当期利润的利得和损失的确认，其金额的确定也主要取决于收入、费用、利得、损失金额的计量。

3. 利润的分类

利润包括收入减去费用后的净额、直接计入当期损益的利得和损失等。其中，收入减去费用后的净额反映企业日常活动的经营业绩；直接计入当期损益的利得和损失反映企业非日常活动的业绩。

直接计入当期损益的利得和损失，是指应当计入当期损益、最终会引起所有者权益发生增减变动的、与所有者投入资本或者向所有者分配利润无关的利得或者损失。企业应当严格区分收入和利得、费用和损失，以便全面反映企业的经营业绩。

利润具体指营业利润、利润总额和净利润。其中：

营业利润是指主营业务收入加上其他业务收入，减去主营业务成本、其他业务成本、营业税金及附加、销售费用、管理费用、财务费用、资产减值损失，再加上投资净收益后的金额。它是狭义收入与狭义费用配比后的结果。

利润总额是指营业利润加上营业外收入，减去营业外支出后的金额。

净利润是指利润总额减去所得税后的金额。它是广义收入与广义费用配比后的结果。

【真题演练】利润包括收入减去费用后的净额、直接计入当期利润的利得和损失等。(　　)

【答案】√

【解析】利润是指企业在一定会计期间的经营成果，包括收入减去费用后的净额、直接计入当期利润的利得和损失等。

会计要素的具体内容如图 2-1 所示。

三、会计要素的计量

会计要素的计量是为了将符合确认条件的会计要素登记入账并列报于财务报表而确定其金额的过程。企业应当按照规定的会计计量属性进行计量，确定相关金额。

（一）会计计量属性及其构成

计量属性是指所要计量的某一要素的特征，如桌子的长度、铁矿的重量、楼房的面积等。会计计量属性是指会计要素的数量特征或外在表现形式，反映了会计要素金额的确定基础，主要包括历史成本、重置成本、可变现净值、现值和公允价值等。

- 会计要素
  - 资产
    - 流动资产
      - 货币资金
      - 交易性金融资产
      - 应收及预付款项
        - 应收票据
        - 应收账款
        - 其他应收款
        - 预付账款
      - 存货——商品、产成品、在产品、各类材料
    - 非流动资产
      - 长期股权投资
      - 固定资产
      - 无形资产
  - 负债
    - 流动负债
      - 短期借款、应付票据、应付账款、应付职工薪酬
      - 应交税费、预收账款、预提费用、应付股利
      - 其他应付款
    - 非流动负债——长期借款、应付债券、长期应付款
  - 所有者权益——实收资本、资本公积、盈余公积、未分配利润
  - 收入——主营业务收入、其他业务收入
  - 费用
    - 计入成本的费用（生产费用）
    - 直接计入损益的费用（管理费用、财务费用、销售费用）
  - 利润——营业利润、利润总额、净利润

图2-1　会计要素具体内容示意图

1.历史成本

历史成本，又称为实际成本，是指为取得或制造某项财产物资实际支付的现金或其他等价物。在历史成本计量下，资产按照其购置时所支付的现金或者现金等价物的金额，或者按照购置资产时所付出的对价的公允价值计量。负债按照其因承担现时义务而实际收到的款项或者资产的金额，或者承担现时义务的合同金额，或者按照日常活动中为偿还负债预期所需要支付的现金或者现金等价物的金额计量。

2.重置成本

重置成本，又称现行成本，是指按照当前市场条件，重新取得同样一项资产所需要支付的现金或者现金等价物金额。在重置成本计量下，资产按照现在购买相同或者相似资产所需支付的现金或者现金等价物的金额计量。负债按照现在偿付该项债务所需支付的现金或者现金等价物的金额计量。在实务中，重置成本多用于盘盈固定资产的计量等。

3.可变现净值

可变现净值是指在正常的生产经营过程中，以预计售价减去进一步加工成本和预计销售费用以及相关税费后的净值。在可变现净值计量下，资产按照其正常对外销售所能收到现金或者现金等价物的金额扣减该资产完工时估计将要发生的成本、估计的销售费用以及相关税费后的金额计量。可变现净值通常易于应用于资产减值情况下的后续计量。

4.现值

现值是指对未来现金流量以恰当的折现率进行折现后的价值，是考虑货币时间价

值的一种计量属性。在现值计量下，资产按照预计从其持续使用和最终处置中所产生的未来净现金流入量的折现金额计量。负债按照预期期限内需要偿还的未来净现金流入量的折现金额计量。现值通常用于非流动资产可收回金额和以摊余成本计量的金融资产价值的确定等。例如，在确定固定资产、无形资产等可收回金额时，通常需要计算资产预计未来现金流量的现值；对于持有至到期投资、贷款等以摊余成本计量的金融资产，通常需要使用实际利率法将这些资产在预期存续期间或使用的更短时间内的未来现金流量折现，再通过相应的调整确定其摊余成本。

5.公允价值

公允价值是指市场参与者在计量日发生的有序交易中，出售一项资产所能收到或者转移一项负债所需支付的价格。在公允价值计量下，资产和负债按照在公平交易中熟悉情况的交易双方自愿进行资产交换或者债务清偿的金额计量。公允价值主要应用于交易性金融资产、可供出售金融资产的计量等。例如，某企业持有A上市公司的流通股100万股，将其作为交易性金融资产处理。20×3年12月31日，该股票在证券交易市场的成交价格为每股23元，则该交易性金融资产按公允价值入账的价值为2 300万元（23×100）。

（二）计量属性的运用原则

企业在对会计要素进行计量时，一般应当采用历史成本。采用重置成本、可变现净值、现值、公允价值计量的，应当保证所确定的会计要素金额能够持续取得并可靠计量。

【真题演练】企业在对会计要素进行计量时，一般应当采用历史成本，采用（　　）、公允价值计量的，应当保证所确定的会计要素金额能够取得并可靠计量。

A.重置成本　　B.可变现净值　　C.现值　　D.可变现净额

【答案】ABC

【解析】基本准则规定，企业在对会计要素进行计量时，一般应当采用历史成本，采用重置成本、可变现净值、现值、公允价值计量的，应当保证所确定的会计要素金额能够取得并可靠计量。

第二节　会计等式

会计等式，又称会计恒等式、会计方程式或会计平衡公式，它是表明各会计要素之间基本关系的等式。

一、会计等式的表现形式

（一）财务状况等式

企业的资产来源于投资者的投入资本和债权人的借入资金及其在生产经营中所产

生的效益，分别归属于投资者和债权人。归属于投资者的部分形成所有者权益，归属于债权人的部分形成债权人权益（即企业的负债）。财务状况等式，亦称基本会计等式和静态会计等式，是用以反映企业某一特定时点资产、负债和所有者权益三者之间平衡关系的会计等式，即：

资产=负债+所有者权益

这一等式是复式记账法的理论基础，也是编制资产负债表的依据。

（二）经营成果等式

经营成果等式，亦称动态会计等式，是用以反映企业一定时期收入、费用和利润之间恒等关系的会计等式，即：

收入-费用=利润

这一等式反映了利润的实现过程，是编制利润表的依据。

二、经济业务对会计等式的影响

经济业务，又称会计事项，是指在经济活动中使会计要素发生增减变动的交易或者事项。

企业经济业务按其对财务状况等式的影响不同可以分为以下九种基本类型：

（1）一项资产增加、另一项资产等额减少的经济业务。

【例2-1】甲公司收回前期销货款5 000元。

借：银行存款　　5 000

　贷：应收账款　　5 000

（2）一项资产增加、一项负债等额增加的经济业务。

【例2-2】甲公司借入一项40 000元的短期借款。

借：银行存款　　40 000

　贷：短期借款　　40 000

（3）一项资产增加、一项所有者权益等额增加的经济业务。

【例2-3】甲公司收到投资者投入的厂房一幢，价值500 000元。

借：固定资产　　500 000

　贷：实收资本　　500 000

（4）一项资产减少、一项负债等额减少的经济业务。

【例2-4】甲公司偿还前欠购货款30 000元。

借：应付账款　　30 000

　贷：银行存款　　30 000

（5）一项资产减少、一项所有者权益等额减少的经济业务。

【例2-5】某投资者撤资200 000元，已用现金支付。

借：实收资本　　200 000

　贷：银行存款　　200 000

（6）一项负债增加、另一项负债等额减少的经济业务。

【例2-6】甲公司以商业汇票20 000元抵付应付账款。

借：应付账款　　20 000

　贷：应付票据　　20 000

（7）一项负债增加、一项所有者权益等额减少的经济业务。

【例2-7】甲公司宣告分派现金股利30 000元。

借：利润分配　　30 000

　贷：应付股利　　30 000

（8）一项所有者权益增加、一项负债等额减少的经济业务。

【例2-8】银行决定将对甲公司的长期借款400 000元转为对甲公司的投资。

借：长期借款　　400 000

　贷：实收资本　　400 000

（9）一项所有者权益增加、另一项所有者权益等额减少的经济业务。

【例2-9】甲公司按照董事会的决议，将资本公积500 000元转增资本。

借：资本公积　　500 000

　贷：实收资本　　500 000

上述九类基本经济业务的发生均不影响财务状况等式的平衡关系，具体分为三种情形：基本经济业务（1）、（6）、（7）、（8）、（9）使财务状况等式左右两边的金额保持不变；基本经济业务（2）、（3）使财务状况等式左右两边的金额等额增加；基本经济业务（4）、（5）使财务状况等式左右两边的金额等额减少。

【真题演练】某企业2015年8月份资产增加300万元，负债减少250万元，若不考虑其他因素，则该企业的所有者权益为增加（　　）万元。

A.50　　B.550　　C.300　　D.250

【答案】B

【解析】资产增加300万元使所有者权益增加300万元，负债减少250万元使所有者权益增加250万元，总计550万元，故选项B正确。

【真题演练】下列交易或事项引起资产一增一减的是（　　）。

A.以银行存款购买设备　　B.以银行存款归还短期借款

C.以银行存款支付办公室水电费　　D.赊购原材料

【答案】A

【解析】“以银行存款购买设备”引起资产一增一减；“以银行存款归还短期借款”引起资产与负债同减；“以银行存款支付办公室水电费”引起费用和资产一增一减；“赊购原材料”引起资产和负债同增。

>> 同步练习

一、单项选择题

1.会计要素是对（　　）进行的基本分类，是会计核算内容的具体化。

A.会计科目　　B.会计对象　　C.会计账户　　D.经济业务

2.下列各项中，属于企业“收入”会计要素的是（　　）。

A.材料销售收入　　B.资产盘盈　　C.罚款收入　　D.补贴收入

3.由企业非日常活动发生的、会导致所有者权益增加的、与所有者投入资本无关的经济利益的流入是（　　）。

A.收入　　B.费用　　C.利得　　D.损失

4.（　　）是指过去的交易、事项形成并由企业拥有或者控制的资源，该资源预期会给企业带来经济利益。

A.资产　　B.负债　　C.所有者权益　　D.收入

5.下列等式错误的是（　　）。

A.资产=负债+所有者权益　　B.资产=所有者权益

C.收入−费用=利润　　D.资产=负债+所有者权益+（收入−费用）

6.下列选项中，不属于流动资产的是（　　）。

A.预收账款　　B.预付账款　　C.应收账款　　D.应收票据

7.下列不存在的交易或者事项是（　　）。

A.一项资产增加，一项所有者权益增加

B.一项资产减少，一项负债减少

C.一项负债增加，另一项负债减少　　D.一项负债增加，一项所有者权益增加

8.下列经济业务中，能引起资产和负债同时减少的是（　　）。

A.把现金存入银行　　B.收到某企业的欠款存入银行

C.用银行存款偿还银行借款　　D.赊购材料一批

9.由企业非日常活动发生的、会导致所有者权益减少的、与向所有者分配利润无关的经济利益的流出是（　　）。

A.收入　　B.费用　　C.利得　　D.损失

10.下列不属于流动负债的是（　　）。

A.应付账款　　B.预收账款　　C.应付票据　　D.预付账款

二、多项选择题

1.下列公式中，属于会计等式的有（　　）。

A.资产+负债=所有者权益

B.利得−损失=利润

C.资产=负债+所有者权益

D.收入－费用=利润

2.会计计量属性主要包括历史成本、(　　)。

A.重置成本　　B.可变现净值　　C.公允价值　　D.现值

3.将一项资源确认为资产，需要满足以下条件（　　)。

A.与该资源有关的经济利益一定能流入企业

B.与该资源有关的经济利益很可能流入企业

C.该资源的成本或者价值能够可靠地计量

D.该资源的成本或者价值能够计量

4.下面对利润的理解正确的有（　　)。

A.利润包括收入减去费用后的净额

B.利润包括直接计入当期利润的利得

C.利润包括直接计入当期利润的损失

D.利润是指企业在一定会计期间的经营成果

5.收入引起经济利益流入企业的结果可表现为（　　)。

A.费用的减少　　B.资产的增加与负债的减少兼而有之

C.负债的减少　　D.资产的增加

6.将一项资源确认为资产，除符合资产定义之外，还应满足下列条件（　　)。

A.该资源带来经济利益的金额能够可靠地计量

B.与该资源有关的经济利益很可能流入企业

C.该资源预期不一定会给企业带来经济利益

D.也可以是将来的交易或者事项形成的

7.费用引起经济利益流出的结果可表现为（　　)。

A.收入的减少　　B.资产的减少

C.负债的增加　　D.资产的减少与负债的增加兼而有之

8.六大会计要素中，(　　) 表现资金运动的相对静止状态，即反映企业的财务状况。

A.资产　　B.负债　　C.所有者权益　　D.收入

9.下列选项中，属于费用要素特点的有（　　)。

A.企业在日常活动中发生的经济利益的总流入

B.与向所有者分配利润无关

C.会导致所有者权益减少

D.会导致所有者权益增加

10.期间费用包括（　　)。

A.管理费用　　B.销售费用　　C.财务费用　　D.制造费用

三、判断题

1.一项资产增加、一项负债减少的交易或者事项是不可能存在的。　　(　　)

2.按照我国的会计准则，负债不仅指现时已经存在的债务责任，还包括某些将来可能发生的、偶然事项形成的债务责任。 （ ）

3.直接计入所有者权益的利得和损失是指不应计入当期损益、会导致所有者权益发生增减变动的、与所有者投入资本或者向所有者分配利润无关的利得或者损失。 （ ）

4.收入应当会导致经济利益的流入，该流入也包括所有者投入的资本。 （ ）

5.资产是指企业过去的交易或者事项形成的、由企业拥有或控制的、预期会给企业带来经济利益的资源。 （ ）

6.只要有经济利益流入，就可以确认为企业的收入。 （ ）

7.“收入-费用=利润”这一动态会计等式是复式记账法的理论基础，也是编制资产负债表的依据。 （ ）

8.利润是收入与费用配比相抵后的差额，是经营成果的最终要素。 （ ）

9.所有者权益是指企业投资人对企业资产的所有权。 （ ）

10.成本是企业为生产产品、提供劳务而发生的各种耗费，因而企业发生的各项费用都是成本。 （ ）

第三章 会计科目与账户

考纲知识体系

第一节　会计科目	会计科目的概念与分类（★★）
	会计科目的设置（★★★）
第二节　账户	账户的概念与分类（★★）
	账户的功能与结构（★★★★）
	账户与会计科目的关系（★★★★）

考情分析

本章主要涉及的考点有会计科目的概念与分类、会计科目的设置、账户的概念与分类、账户的功能与结构、账户与会计科目的关系。主要题型有单项选择题、多项选择题、判断题。本章依然是学习会计的基础章节，应充分理解，重点掌握账户的结构、账户与会计科目的关系。

第一节　会计科目

一、会计科目的概念与分类

为了全面、系统、分类地核算和监督各项经济业务的发生情况以及由此引起的各项会计要素的增减变化情况，各单位都要合理地设置会计科目。

会计科目是为了满足会计确认、计量、报告的要求，根据企业内部会计管理和外部信息需要，对会计要素具体内容进行分类的项目，是对资金运动第三层次的划分。通过设置会计科目，可以把各项会计要素的增减变化分门别类地记在账上，清楚地为企业内部经营管理和企业外部有关方面提供一系列具体、分类的数量指标。对于企业的资产来说，通过设置会计科目，还可以把价值形式的综合核算和财产物资的实物核算有机地结合起来，从而有效地控制财产物资的实物形态。会计科目是设置账户、处理账务所必须遵守的规则和依据。

（一）会计科目的概念

会计科目，简称科目，是对会计要素的具体内容进行分类核算的项目。

（二）会计科目的分类

会计科目可按其反映的经济内容（即所属会计要素）、所提供信息的详细程度及其统驭关系分类。

1.按反映的经济内容分类

会计科目按其反映的经济内容不同，可分为资产类科目、负债类科目、共同类科目、所有者权益类科目、成本类科目和损益类科目。

（1）资产类科目，是对资产要素的具体内容进行分类核算的项目，按资产的流动性分为反映流动资产的科目和反映非流动资产的科目。

（2）负债类科目，是对负债要素的具体内容进行分类核算的项目，按负债的偿还期限分为反映流动负债的科目和反映非流动负债的科目。

（3）共同类科目，是既有资产性质又有负债性质的科目，主要有“清算资金往来”、“外汇买卖”、“衍生工具”、“套期工具”、“被套期项目”等科目。

（4）所有者权益类科目，是对所有者权益要素的具体内容进行分类核算的项目，按所有者权益的形成和性质可分为反映资本的科目和反映留存收益的科目。

（5）成本类科目，是对可归属于产品生产成本、劳务成本等的具体内容进行分类核算的项目，按成本的内容和性质的不同可分为反映制造成本的科目、反映劳务成本的科目等。

（6）损益类科目，是对收入、费用等的具体内容进行分类核算的项目。

【真题演练】下列会计科目中，属于负债类科目的是（　　）。

A.预付账款　　B.预收账款　　C.资本公积　　D.制造费用

【答案】B

【解析】“预付账款”属于资产类科目，“预收账款”属于负债类科目，“资本公积”属于所有者权益类科目，“制造费用”属于成本类科目。

2.按提供信息的详细程度及其统驭关系分类

会计科目按其提供信息的详细程度及其统驭关系，可以分为总分类科目和明细分类科目。

（1）总分类科目，又称总账科目或一级科目，是对会计要素的具体内容进行总括分类，提供总括信息的会计科目。总分类科目反映各种经济业务的概括情况，是进行总分类核算的依据。

（2）明细分类科目，又称明细科目，是对总分类科目作进一步分类，提供更为详细和具体会计信息的科目。如果某一总分类科目所属的明细分类科目较多，可在总分类科目下设置二级明细科目，在二级明细科目下设置三级明细科目。

总分类科目和明细分类科目的关系是，总分类科目对其所属的明细分类科目具有统驭和控制的作用，而明细分类科目是对其所归属的总分类科目的补充和说明。

总分类科目是对会计要素具体内容进行总括分类的科目，它提供总括核算指标。这些核算指标基本上能够满足企业外部有关方面的需要。明细分类科目（包括二级科目、明细科目），是对总分类科目进行进一步分类的科目。它提供明细核算指标，主要为企业内部管理服务。例如，某百货公司可以在“库存商品”这个总分类科目下，设置诸如“糖果类”、“塑料制品类”、“家用电器类”等二级科目，在每一个二级科目下，再按商品存货的品种、规格设置明细科目。总分类科目和明细分类科目的对比见表3-1。

表3-1　　**总分类科目与明细分类科目的对比**

总分类科目（一级科目）	明细分类科目	
	二级科目	明细科目
库存商品	糖果类	白砂糖 红糖 ⋮
	塑料制品类	男雨衣 女雨衣 ⋮
	家用电器类	××彩电 ××冰箱 ⋮

【真题演练】关于总分类会计科目与明细分类会计科目表述正确的是（ ）。

A.明细分类会计科目概括地反映会计对象的具体内容

B.总分类会计科目详细地反映会计对象的具体内容

C.总分类会计科目对明细分类科目具有控制作用

D.明细分类会计科目是对总分类会计科目的补充和说明

【答案】CD

【解析】本题的考点是总分类会计科目与明细分类会计科目之间的关系。

二、会计科目的设置

（一）会计科目设置的原则

分类是管理的一种形式，会计科目作为分类信息项目或标志，分类的正确与否决定着会计信息的科学性、系统性和适用性。各单位由于经济业务活动的具体内容、规模大小与业务繁简程度等情况不尽相同，在具体设置会计科目时，应考虑其自身特点和具体情况，但设置会计科目时都应遵循以下原则：

（1）合法性原则，指所设置的会计科目应当符合国家统一的会计制度的规定。

（2）相关性原则，指所设置的会计科目应为提供有关各方所需要的会计信息服务，满足对外报告与对内管理的要求。

（3）实用性原则，指所设置的会计科目应符合单位自身特点，满足单位实际需要。

另外，会计科目要简明、适用，并要分类、编号。每一个会计科目都应有特定的核算内容。在设置会计科目时，必须严格、明确地界定每一个会计科目特定的核算内容，不能混淆。会计科目的名称应与其核算的内容相一致，并要含义明确、通俗易懂。

会计科目的编号是会计科目的数字代码。总分类科目的编号一般为四位数码，其中：首位数字表示大类或会计要素，如1表示资产类，2表示负债类，4表示所有者权益类，5表示成本类，6表示损益类；第二位数字表示大类下的小类；四位数字组合起来表示具体的会计科目。统一规定会计科目的编号，是为了便于编制会计凭证，登记会计账簿，查阅账目，实行会计电算化。单位在填制会计凭证、登记会计账簿时，应当填列会计科目的名称，或者同时填列会计科目的名称和编号，不应当只填会计科目编号，不填会计科目名称。

【真题演练】会计科目的设置应当符合国家统一的会计准则的规定，体现了会计科目设置的（ ）。

A.合理性原则　B.合法性原则　C.相关性原则　D.实用性原则

【答案】B

【解析】合法性原则要求所设置的会计科目应当符合国家统一的会计准则的规定，故B正确。

（二）常用会计科目

企业常用的会计科目见表3-2。

表3-2 常用会计科目参照表

编号	名称	编号	名称
	一、资产类		二、负债类
1001	库存现金	2001	短期借款
1002	银行存款	2101	交易性金融负债
1012	其他货币资金	2201	应付票据
1101	交易性金融资产	2202	应付账款
1121	应收票据	2203	预收账款
1122	应收账款	2211	应付职工薪酬
1123	预付账款	2221	应交税费
1131	应收股利	2231	应付利息
1132	应收利息	2232	应付股利
1221	其他应收款	2241	其他应付款
1231	坏账准备	2501	长期借款
1401	材料采购	2502	应付债券
1402	在途物资	2701	长期应付款
1403	原材料	2711	专项应付款
1404	材料成本差异	2801	预计负债
1405	库存商品	2901	递延所得税负债
1406	发出商品		三、共同类（略）
1407	商品进销差价		四、所有者权益类
1408	委托加工物资	4001	实收资本
1411	周转材料	4002	资本公积
1471	存货跌价准备	4101	盈余公积
1501	持有至到期投资	4103	本年利润
1502	持有至到期投资减值准备	4104	利润分配
1503	可供出售金融资产		五、成本类
1511	长期股权投资	5001	生产成本
1512	长期股权投资减值准备	5101	制造费用
1521	投资性房地产	5201	劳务成本
1531	长期应收款	5301	研发支出

续表

编号	名称	编号	名称
1601	固定资产		六、损益类
1602	累计折旧	6001	主营业务收入
1603	固定资产减值准备	6051	其他业务收入
1604	在建工程	6101	公允价值变动损益
1605	工程物资	6111	投资收益
1606	固定资产清理	6301	营业外收入
1701	无形资产	6401	主营业务成本
1702	累计摊销	6402	其他业务成本
1703	无形资产减值准备	6403	营业税金及附加
1711	商誉	6601	销售费用
1801	长期待摊费用	6602	管理费用
1811	递延所得税资产	6603	财务费用
1901	待处理财产损溢	6701	资产减值损失
		6711	营业外支出
		6801	所得税费用
		6901	以前年度损益调整

第二节 账 户

一、账户的概念与分类

（一）账户的概念

账户是根据会计科目设置的，具有一定格式和结构，用于分类反映会计要素增减变动情况及其结果的载体。设置账户是会计核算的重要方法之一。

（二）账户的分类

我们知道，会计科目只是对会计对象的具体内容进行分类，即对会计要素进行分类，它仅规定了会计核算的具体内容。但只有分类的名称还不能提供任何指标，也就不能真实地记录和反映每一笔经济业务及其连续性，因此会计上所需的具体数据资料要通过有关的账户来进行登记和积累，各单据必须在设置会计科目的基础上，建立相应的账户。会计对象的内容是复杂多样的。要对它们进行系统的核算和有效的监督，就离不开对会计账户的科学分类，通过分类取得各种不同性质的指标。账户可根据其核算的经济内容、提供信息的详细程度及其统驭关系进行分类。

（1）根据核算的经济内容，账户分为资产类账户、负债类账户、共同类账户、所有者权益类账户、成本类账户和损益类账户六类。其中，有些资产类账户、负债类账户和所有者权益类账户存在备抵账户。备抵账户，又称抵减账户，是指用来抵减被调整账户余额，以确定被调整账户实有数额而设置的独立账户。

（2）根据提供信息的详细程度及其统驭关系，账户分为总分类账户和明细分类账户。

总分类账户和所属明细分类账户核算的内容相同，只是反映内容的详细程度有所不同，两者相互补充，相互制约，相互核对。总分类账户统驭和控制所属明细分类账户，明细分类账户从属于总分类账户。

二、账户的功能与结构

（一）账户的功能

账户的功能在于连续、系统、完整地提供企业经济活动中各会计要素增减变动及其结果的具体信息。其中，会计要素在特定会计期间增加和减少的金额，分别称为账户的“本期增加发生额”和“本期减少发生额”，二者统称为账户的“本期发生额”；会计要素在会计期末的增减变动结果，称为账户的“余额”，具体表现为期初余额和期末余额，账户上期的期末余额转入本期，即为本期的期初余额；账户本期的期末余额转入下期，即为下期的期初余额。

账户的期初余额、期末余额、本期增加发生额和本期减少发生额统称为账户的四个金额要素。对于同一账户而言，它们之间的基本关系为：

期末余额=期初余额+本期增加发生额-本期减少发生额

（二）账户的结构

账户的结构是指账户的组成部分及其相互关系。账户是分类记录经济业务，反映会计要素的具体内容增减变化及其结果的。因此，随着企业单位会计事项的不断发生，会计要素的具体内容就必然随之发生变化，而且这种变化不管多么错综复杂，从数量上看不外乎增加和减少两种情况。因此，用来积累企业在某一会计期间各种有关数据的账户在结构上应分为两方，即左方和右方。一方登记增加数，另一方登记减少数。至于哪一方登记增加，哪一方登记减少，则由所采用的记账方法和所记录的经济内容来决定。这就是账户的基本结构。这一基本结构，不论企业在实际中所使用的账户具体格式如何，总是一样的。

账户通常由以下内容组成：（1）账户名称，即会计科目；（2）日期，即所依据记账凭证中注明的日期；（3）凭证字号，即所依据记账凭证的编号；（4）摘要，即经济业务的简要说明；（5）金额，即增加额、减少额和余额。

从账户名称、记录增加额和减少额的左右两方来看，账户结构在整体上类似于汉字“丁”和大写的英文字母“T”，因此，账户的基本结构在实务中被形象地称为“丁”字账户或者“T”形账户，其格式如下：

左方	账户名称	右方

每个账户一般有四个金额要素，即期初余额、本期增加发生额、本期减少发生额和期末余额。账户如有期初余额，首先应当在记录增加额的那一方登记。会计事项发生后，要将增减内容记录在相应的栏内。登记本期增加的金额称为本期增加发生额；登记本期减少的金额，称为本期减少发生额；增减相抵后的差额，称为余额。余额按照表示的时间不同，分为期初余额和期末余额。账户四个数额之间的关系如下：

账户期末余额=账户期初余额+本期增加发生额-本期减少发生额

账户本期的期末余额转入下期，即为下期的期初余额。每个账户的本期发生额反映的是该类经济内容在本期内变动的情况，而期末余额则反映变动的结果。例如，某企业在某一期间“银行存款”账户的记录如下所示：

左方　　银行存款　　右方

左方		右方	
期初余额	10 000		
本期增加	7 000	本期减少	9 000
本期发生额	7 000	本期发生额	9 000
期末余额	8 000		

根据上述账户的记录，可知企业期初在银行的存款为10 000元，本期增加了7 000元，本期又减少9 000元，到期末企业还有8 000元存款。

三、账户与会计科目的关系

从理论上讲，会计科目与账户是两个不同的概念，二者既有联系，又有区别。会计科目与账户都是对会计对象具体内容的分类，两者核算内容一致，性质相同。会计科目是账户的名称，也是设置账户的依据；账户是会计科目的具体运用，具有一定的结构和格式，并通过其结构反映某项经济内容的增减变动及其余额。没有会计科目，账户便失去了设置的依据；没有账户，就无法发挥会计科目的作用。

两者的区别是：会计科目仅仅是账户的名称，不存在结构，而账户则具有一定的格式和结构。在实际工作中，对会计科目和账户不加严格区分，而是相互通用。

【真题演练】会计科目与账户的本质区别在于（　　）。

A.反映的经济内容不同　　B.记录资产和权益的内容不同

C.记录资产和权益的方法不同　　D.会计账户有结构，而会计科目无结构

【答案】D

【解析】会计科目和账户口径一致，反映的经济业务内容相同，所不同之处在于账户有结构和格式，而会计科目没有，所以D选项正确。

>> 同步练习

一、单项选择题

1.会计科目的开设依据是（　　）。

A.会计对象　　B.会计要素　　C.会计账户　　D.会计制度

2.在下列项目中，与“制造费用”科目属于同一类科目的是（　　）。

A.“固定资产”　　B.“其他业务成本”

C.“生产成本”　　D.“主营业务成本”

3.下列会计科目中，属于资产类科目的是（　　）。

A.“实收资本”　　B.“应付账款”　　C.“固定资产”　　D.“管理费用”

4.“应收账款”账户的期末余额等于（　　）。

A.期初余额+本期借方发生额+本期贷方发生额

B.期初余额−本期借方发生额+本期贷方发生额

C.期初余额+本期借方发生额−本期贷方发生额

D.期初余额−本期借方发生额−本期贷方发生额

5.总分类科目与明细分类科目的主要区别在于（　　）。

A.记录经济业务的详细程度不同　　B.记账的期间不同

C.记账的依据不同　　D.记账的方向不同

6.下列有关总分类账户和明细分类账户关系的表述中，错误的是（　　）。

A.总分类账户与其所属的明细分类账户在总金额上应当相等

B.总分类账户对明细分类账户具有统驭控制作用

C.总分类账户与明细分类账户登记的依据不同

D.明细分类账户对总分类账户具有补充说明作用

7.“待处理财产损溢”属于（　　）会计科目。

A.资产类　　B.负债类　　C.所有者权益类　　D.收入类

8.下列经济业务中，借记资产类会计科目，贷记负债类会计科目的是（　　）。

A.赊购原材料　　B.收到其他企业的欠款

C.从银行提取现金备用　　D.以银行存款偿还债务

9.20×2年10月1日，某企业“本年利润”会计科目的期初贷方余额为10万元，表明（　　）。

A.该企业20×2年12月的净利润为10万元

B.该企业20×2年9月的净利润为10万元

C.该企业20×2年1—9月的净利润为10万元

D.该企业20×2年全年的净利润为10万元

10.账户的左方和右方，哪一方登记增加，哪一方登记减少，取决于（　　）。

A.所记录经济业务的重要程度　　B.开设会计科目时间的长短
C.所记录金额的大小　　D.所记录的经济业务和会计科目的性质

二、多项选择题

1.会计科目按其所提供信息的详细程度及统驭关系不同，分为（　　）。
A.资产类会计科目　　B.负债类会计科目
C.总分类科目　　D.明细分类科目
2.对于同一账户而言，账户的四个金额要素的关系错误的有（　　）。
A.期初余额=期末余额+本期增加发生额-本期减少发生额
B.期末余额=期初余额+本期减少发生额-本期增加发生额
C.期末余额=期初余额+本期增加发生额-本期减少发生额
D.期末余额=期初余额-本期增加发生额+本期减少发生额
3.会计科目的设置应符合（　　）。
A.明晰性原则　　B.合法性原则　　C.相关性原则　　D.实用性原则
4.会计科目按反映的经济内容分类，可以分为（　　）。
A.资产类科目和负债类科目　　B.所有者权益类科目
C.成本类科目和共同类科目　　D.损益类科目
5.账户的结构包括（　　）。
A.账户名称　　B.凭证字号　　C.日期　　D.摘要
6.下列会计科目中，只需反映金额指标的有（　　）。
A.“实收资本”　　B.“原材料”　　C.“库存商品”　　D.“短期借款”
7.下列属于所有者权益类科目的有（　　）。
A.“实收资本”　　B.“资本公积”　　C.“盈余公积”　　D.“利润分配”
8.下列关于会计科目与账户的关系正确的说法有（　　）。
A.二者都是对会计对象具体内容的分类
B.二者核算内容一致
C.二者性质相同
D.账户具有一定的格式和结构，而会计科目不具有格式和结构
9.下列会计科目属于损益类的有（　　）。
A.“主营业务收入”　　B.“主营业务成本”
C.“资产减值损失”　　D.“营业税金及附加”
10.下列说法正确的有（　　）。
A.会计科目是复式记账的基础
B.会计科目是编制记账凭证的基础
C.会计科目是编制会计报表的基础
D.会计科目是提供会计信息的基础

三、判断题

1.总分类科目与其所属的明细分类科目的核算内容相同，所不同的是前者提供的信息比后者更加详细。（　）

2.总分类账户平时不必每日结出余额，只需每月结出月末余额。（　）

3.会计科目与账户的性质相同，核算内容一致。（　）

4.企业只能使用国家统一的会计制度规定的会计科目，不可以自行制定会计科目。（　）

5.一个会计科目的借方如果用来记录增加额，其贷方一定用来记录减少额。（　）

6.成本类科目包括制造费用、生产成本及主营业务成本等科目。（　）

7.“预付账款”属于资产类科目，而“制造费用”属于成本类科目。（　）

8.账户本期的期末余额转入下期，即为下期的期初余额。（　）

9.明细分类科目就是二级科目。（　）

10.按照提供信息的详细程度及其统驭关系，可将账户分为资产类账户、负债类账户、共同类账户、所有者权益类账户、成本类账户、损益类账户六类。（　）

第四章 会计记账方法

考纲知识体系

第一节	会计记账方法的种类	单式记账法（★）
		复式记账法（★★★）
第二节	借贷记账法	借贷记账法的概念（★★）
		借贷记账法下账户的结构（★★★★）
		借贷记账法的记账规则（★★★）
		借贷记账法下的账户对应关系与会计分录（★★）
		借贷记账法下的试算平衡（★★★★）

考情分析

本章主要涉及的考点有单式记账法、复式记账法、借贷记账法的概念、借贷记账法下账户的结构、借贷记账法的记账规则、借贷记账法下的账户对应关系与会计分录、借贷记账法下的试算平衡，主要题型有单项选择题、多项选择题、判断题、计算分析题。本章是学习会计核算的基础，是会计从业资格考试的重点章节，几乎是必考内容。考生应重点掌握借贷记账法下的账户结构、借贷记账法下的试算平衡。

第一节 会计记账方法的种类

一、单式记账法

单式记账法是指对发生的每一项经济业务，只在一个账户中加以登记的记账方法。例如，企业以现金2 000元支付办公费用。对于这项经济业务，在单式记账法下，就只在有关的库存现金账户中作减少2 000元的登记，至于费用的发生情况，则不予反映。又如，企业从某单位购入一批商品计价5 000元，货已收到，款尚未支付。对于这项经济业务，采用单式记账法，就只在结算债务账户中作增加5 000元的登记，而库存商品的增加，则不予登记。

二、复式记账法

（一）复式记账法的概念

复式记账法是指对于每一笔经济业务，都必须用相等的金额在两个或两个以上相互联系的账户中进行登记，全面系统地反映会计要素增减变化的一种记账方法。现代会计运用复式记账法。

【真题演练】2006年2月财政部颁布的《企业会计准则——基本准则》中明确规定，企业应当采用的记账方法是（　　）。

A.增减记账法　　B.借贷记账法　　C.单式记账法　　D.收付记账法

【答案】B

【解析】我国《企业会计准则》规定，企业应当采用借贷记账法记账。

（二）复式记账法的优点

复式记账法是以会计等式为记账基础的一种科学记账方法。与单式记账法相比，复式记账法的优点主要有：

（1）能够全面反映经济业务内容和资金运动的来龙去脉。通过账户之间应借应贷的相互关系，可以一目了然地看出企业的经济活动过程，有助于充分发挥会计在经营管理中的作用。

（2）能够进行试算平衡，便于查账和对账。在复式记账法下，每笔会计事项的借、贷金额必定相等，因而所有账户的借方金额总计和贷方金额总计也必然相等；一定日期的资产结存额又必定总是等于负债和所有者权益实有额。因此，通过这些相等的关系，就可以经常检查记账结果有无差错，为编制资产负债表和利润表提供正确的数据资料。

（三）复式记账法的种类

复式记账法可分为借贷记账法、增减记账法和收付记账法等。借贷记账法是目前国际上通用的记账方法，我国《企业会计准则》规定企业应当采用借贷记账法记账。

运用复式记账方法处理经济业务，必然要引起两个或两个以上的资金项目发生增减变动，而且这种增减变动的金额是相等的，在会计上我们称这种等量关系为会计平衡关系。因而，在会计上，对资金运动过程的核算和监督必定是以会计等式为核心，把每一笔经济业务所引起的有关项目的增减变动情况在账户中记录下来，全面地反映资金运动过程。

【真题演练】采用复式记账法时，任何经济业务都必须在两个以上会计科目中进行记录。(　　)

【答案】×

【解析】采用复式记账法，任何经济业务都必须在两个或两个以上会计科目中进行记录。

第二节　借贷记账法

一、借贷记账法的概念

借贷记账法产生于12世纪的意大利，后来逐渐被引入其他国家和地区，从而得到了不断的完善和发展。所谓借贷记账法，就是以“借”和“贷”作为记账符号的一种复式记账法。

二、借贷记账法下账户的结构

（一）借贷记账法下账户的基本结构

借贷记账法以“借”、“贷”二字作为记账符号。借贷记账法下，账户的左方称为借方，右方称为贷方。所有账户的借方和贷方按相反方向记录增加数和减少数，即一方登记增加额，另一方就登记减少额。至于“借”表示增加，还是“贷”表示增加，则取决于账户的性质与所记录经济内容的性质。

通常而言，资产、成本和费用类账户的增加用“借”表示，减少用“贷”表示；负债、所有者权益和收入类账户的增加用“贷”表示，减少用“借”表示。备抵账户的结构与所调整账户的结构正好相反。

【真题演练】在借贷记账法下，增加记借方。(　　)

【答案】×

【解析】借贷记账法下，对于“借”表示增加，还是“贷”表示增加，取决于账户的性质与所记录经济内容的性质。

（二）资产和成本类账户的结构

在借贷记账法下，资产类、成本类账户的借方登记增加额；贷方登记减少额；期末余额一般在借方，有些账户可能无余额。其余额计算公式为：

期末借方余额=期初借方余额+本期借方发生额-本期贷方发生额

资产类账户的结构如下：

资产类账户

借方	贷方
期初余额（资产余额） 本期资产增加额 ……	本期资产减少额 ……
本期发生额（资产增加额合计） 期末余额（资产余额）	本期发生额（资产减少额合计）

成本类账户的结构如下：

成本类账户

借方	贷方
本期成本增加额 ……	本期成本减少额 ……
本期发生额 （成本增加额合计）	本期发生额 （成本减少额合计）

（三）负债和所有者权益类账户的结构

在借贷记账法下，负债类、所有者权益类账户的借方登记减少额；贷方登记增加额；期末余额一般在贷方，有些账户可能无余额，其余额计算公式为：

期末贷方余额=期初贷方余额+本期贷方发生额-本期借方发生额

负债类账户的结构如下：

负债类账户

借方	贷方
本期负债减少额 ……	期初余额（负债余额） 本期负债增加额 ……
本期发生额（负债减少额合计）	本期发生额（负债增加额合计） 期末余额（负债余额）

所有者权益类账户的结构如下：

所有者权益类账户

借方	贷方
本期所有者权益减少额 ……	期初余额（所有者权益余额） 本期所有者权益增加额 ……
本期发生额（所有者权益减少额合计）	本期发生额（所有者权益增加额合计） 期末余额（所有者权益余额）

【真题演练】负债类账户的余额反映的情况是（　　）。

A.资产的结存　　B.负债的增减变动

C.负债的结存　　D.负债的形成和偿付

【答案】C

【解析】负债类账户的余额反映负债的结存情况，故选项C正确。

（四）损益类账户的结构

损益类账户主要包括收入类账户和费用类账户。

1.收入类账户的结构

在借贷记账法下，收入类账户的借方登记减少额；贷方登记增加额。本期收入净额在期末转入“本年利润”账户，用以计算当期损益，结转后无余额。

收入类账户的结构如下：

借方　　**收入类账户**　　贷方

本期收入减少额（或转销额） ……	本期收入增加额 ……
本期发生额（收入减少额合计）	本期发生额（收入增加额合计）

2.费用类账户的结构

在借贷记账法下，费用类账户的借方登记增加额；贷方登记减少额。本期费用净额在期末转入“本年利润”账户，用以计算当期损益，结转后无余额。

费用类账户的结构如下：

借方　　**费用类账户**　　贷方

本期费用增加额 ……	本期费用减少额（或转销额） ……
本期发生额（费用增加额合计）	本期发生额（费用减少额合计）

【真题演练】以下关于“制造费用”账户的说法正确的是（　　）。

A.借方登记增加，贷方登记减少，期末余额在借方

B.借方登记减少，贷方登记增加，期末余额在贷方

C.借方登记增加，贷方登记减少，期末无余额

D.借方登记减少，贷方登记增加，期末无余额

【答案】C

【解析】“制造费用”账户属于成本类账户，其结构为增加额记入会计科目的借方，减少额记入会计科目的贷方，期末无余额。

三、借贷记账法的记账规则

记账规则是指采用某种记账方法登记具体经济业务时应当遵循的规律。它是由借贷记账法的会计科目结构和经济业务的类型决定的。

借贷记账法的记账规则是“有借必有贷，借贷必相等”。

企业日常发生的经济业务可归纳为以下四种类型：

（1）资金投入企业的业务，即资产和负债、所有者权益同增。资产增加记入有关会计账户的“借方”，负债和所有者权益增加记入有关会计账户的“贷方”。

（2）资金在企业内部循环与周转的业务，即资产、收入和费用之间或者一个要素内部的增减。资产和费用增加以及收入减少记入有关会计账户的“借方”，收入增加以及资产和费用减少记入有关会计账户的“贷方”。

（3）权益转化的业务，即负债、所有者权益和利润三者之间或者一个要素内部有增有减。负债、所有者权益和利润增加记入有关会计账户的“贷方”，减少则记入有关会计账户的“借方”。

（4）资金退出企业的业务，即资产和负债、所有者权益同减。资产减少记入有关会计账户的“贷方”，负债和所有者权益减少记入有关会计账户的“借方”。

综上可见，借贷记账法对每一项经济业务，都按照相等的金额，同时记入一个会计账户的借方和另一个会计账户的贷方，或一个会计账户的借方（或贷方）和几个会计账户的贷方（或借方）。由于借、贷是同时出现的记账符号，并且每笔经济业务的金额相等，从而形成了“有借必有贷，借贷必相等”的记账规则。

为了有利于学习和掌握借贷记账法，通过以下几笔简单经济业务实例，说明借贷记账法的具体应用。

【例4-1】某研究院用银行存款100 000元投资，开办电器维修公司。

这项经济业务是资金投入企业的业务。一方面，使企业的资产——银行存款增加；另一方面，使企业的所有者权益——实收资本增加。电器维修公司的会计分录为：

借：银行存款　　100 000

　贷：实收资本　　100 000

【例4-2】电器维修公司用银行存款13 000元购买一台复印机。

这项经济业务是资金在企业内部循环与周转的业务。一方面，使企业的资产——银行存款减少；另一方面，使企业的资产——固定资产增加。其会计分录为：

借：固定资产　　13 000

　贷：银行存款　　13 000

【例4-3】研究院将所欠大华商店货款1 000元委托电器维修公司代为偿还，作为研究院投资的减少，电器维修公司尚未还款。

这项业务是权益转化的业务。一方面，使企业的负债——应付账款增加；另一方面，使所有者权益——实收资本减少。其会计分录为：

借：实收资本　　1 000

　贷：应付账款　　1 000

【例4-4】电器维修公司用银行存款1 000元支付前期欠款。

这项业务是资金退出企业的业务。一方面，使企业的资产——银行存款减少；另一方面，使企业的负债——应付账款减少。其会计分录为：

借：应付账款　　1 000

　贷：银行存款　　1 000

【真题演练】根据借贷记账法的记账规则，任何一笔交易发生都必须至少记入一个账户的借方和另一个账户的贷方。

【答案】√

【解析】借贷记账法的记账规则为“有借必有贷，借贷必相等”。因此，任何一笔经济业务的发生都要在两个或两个以上相互联系的会计科目中进行登记。

四、借贷记账法下的账户对应关系与会计分录

（一）账户的对应关系

采用借贷记账法对某项经济业务进行登记时，总是在会计科目之间形成应借、应贷的关系。账户的对应关系是指采用借贷记账法对每笔交易或事项进行记录时，相关账户之间形成的应借、应贷的相互关系。

存在对应关系的账户称为对应账户。例如，从银行提取现金500元，这项经济业务发生后，应记入“库存现金”账户的借方和“银行存款”账户的贷方。这一对应关系说明银行存款的减少是由提取现金而引起的，而现金的增加则是由银行存款转化而来的。通过账户的对应关系，可以了解经济业务的内容，反映经济业务的来龙去脉。

【真题演练】在借贷记账法下，当借记“银行存款”时，下列会计账户中可能成为其对应账户的有（　）。

A.实收资本　　B.库存现金　　C.主营业务成本　　D.本年利润

【答案】AB

【解析】在借贷记账法下，借记“银行存款”时，可能会有实收资本的增加或库存现金的减少，故选项AB正确。

（二）会计分录

1.会计分录的含义

会计分录，简称分录，是对每项经济业务列示出应借、应贷的账户名称及其金额的一种记录。会计分录由应借应贷方向、相互对应的科目及其金额三个要素构成。在我国，会计分录记载于记账凭证中。

2.会计分录的分类

按照所涉及账户的多少，会计分录分为简单会计分录和复合会计分录。简单会计分录指只涉及一个账户借方和另一个账户贷方的会计分录，即一借一贷的会计分录。复合会计分录指由两个以上（不含两个）对应账户组成的会计分录，即一借多贷、多借一贷或多借多贷的会计分录。一个复合会计分录是由若干个内容相关的简单会计分录合并而成的，一个复合会计分录又可以分解为若干个内容相关的简单会计分录。编制复合会计分录可以集中反映某项经济业务的全面情况，简化记账手续。通常情况下，复合会计分录的形式可以是一借多贷或一贷多借。特殊经济业务也可以编制多借多贷的会计分录。

会计分录的编制步骤如下：

（1）分析经济业务事项涉及的会计科目；

（2）确定涉及哪些会计科目，是增加还是减少；

（3）确定记入哪个（或哪些）账户的借方、哪个（或哪些）账户的贷方；

（4）编制会计分录，并检查是否符合记账规则。

【真题演练】下列关于会计分录的说法中，正确的是（　　）。

A.必须既有借方科目又有贷方科目，且借贷金额合计相等

B.既允许一借一贷，也允许一借多贷或多借一贷，但不允许多借多贷

C.先借后贷，即借方在前，贷方在后

D.必须既有借方科目又有贷方科目，但借贷方科目合计金额不一定相等

【答案】AC

【解析】复合会计分录包括一借多贷、多借一贷或多借多贷，故选项B错误；按照记账规则，借贷方科目合计金额一定相等，故选项D错误。

五、借贷记账法下的试算平衡

（一）试算平衡的含义

试算平衡，是指根据借贷记账法的记账规则和资产与权益的恒等关系，通过对所有账户的发生额和余额的汇总计算和比较，来检查记录是否正确的一种方法。

经济业务发生后，按照借贷记账法记账，借、贷两方的发生额必然相等。不仅每一笔会计分录借贷发生额相等，而且当一定会计期间（年、季、月）的全部经济业务的会计分录都记入相关账户后，所有账户的借方发生额与贷方发生额的合计数也必然相等。以此类推，全部账户的借方期末余额与贷方期末余额的合计数也必然相等。用借贷记账法记账，就要根据借贷必相等的规则进行试算平衡，检查每笔经济业务和会计分录是否正确，以及全部账户的本期发生额和期末余额是否正确。

（二）试算平衡的分类

采用借贷记账法进行试算平衡，有发生额试算平衡和余额试算平衡两种方法。

1.发生额试算平衡

发生额试算平衡是指全部账户本期借方发生额合计与全部账户本期贷方发生额合计保持平衡，即：

全部账户本期借方发生额合计=全部账户本期贷方发生额合计

发生额试算平衡的直接依据是借贷记账法的记账规则。

根据【例4-1】至【例4-4】的资料，编制发生额试算平衡表，见表4-1。

表4-1 **总分类账户本期发生额试算平衡表**

年　月　　　单位：元

账户名称	借方发生额	贷方发生额
银行存款	100 000	14 000
固定资产	13 000	—
应付账款	1 000	1 000
实收资本	1 000	100 000
合　计	115 000	115 000

2.余额试算平衡

余额试算平衡是指全部账户借方期末（初）余额合计与全部账户贷方期末（初）余额合计保持平衡，即：

全部账户借方期末（初）余额合计=全部账户贷方期末（初）余额合计

余额试算平衡的直接依据是财务状况等式。

每个月结束时，在已经结出各个会计科目的本月发生额和月末余额后，试算平衡一般是通过编制试算平衡表来进行的。

电器维修公司账户期初余额见表4-2，本期发生额见表4-1，进行余额试算平衡的结果见表4-2。

表4-2 **总分类账户本期余额试算平衡表**

年　月　　　单位：元

账户名称	期初余额		本期发生额		期末余额	
	借方	贷方	借方	贷方	借方	贷方
银行存款	102 000		100 000	14 000	188 000	
固定资产	60 000		13 000	—	73 000	
应付账款		2 000	1 000	1 000		2 000
实收资本		160 000	1 000	100 000		259 000
合　计	162 000	162 000	115 000	115 000	261 000	261 000

【真题演练】试算平衡可分为发生额试算平衡法和余额试算平衡法。( )

【答案】√

【解析】采用借贷记账法进行试算平衡，有发生额试算平衡和余额试算平衡两种方法。

(三) 试算平衡表的编制

试算平衡是通过编制试算平衡表进行的。试算平衡表通常是在期末结出各账户的本期发生额合计和期末余额后编制的，试算平衡表中一般应设置“期初余额”、“本期发生额”和“期末余额”三大栏目，其下分设“借方”和“贷方”两个小栏。各大栏中的借方合计与贷方合计应该平衡相等，否则，便存在记账错误。为了简化表格，试算平衡表也可只根据各个账户的本期发生额编制，不填列各账户的期初余额和期末余额。

>> 同步练习

一、单项选择题

1.下列不属于复式记账法的是（ ）。

A.分类记账法　B.借贷记账法　C.增减记账法　D.收付记账法

2.借贷记账法的发生额试算平衡公式是（ ）。

A.全部账户期初借方余额合计=全部账户期初贷方余额合计

B.全部账户期末借方余额合计=全部账户期末贷方余额合计

C.全部账户本期借方发生额合计=全部账户本期贷方发生额合计

D.每个账户的借方发生额=每个账户的贷方发生额

3.“所有者权益”账户的借方记录（ ）。

A.增加额　B.减少额　C.增加或减少额　D.以上都不对

4.“应收账款”账户的期末余额等于（ ）。

A.期初余额+本期借方发生额+本期贷方发生额

B.期初余额−本期借方发生额+本期贷方发生额

C.期初余额+本期借方发生额−本期贷方发生额

D.期初余额−本期借方发生额−本期贷方发生额

5.在资产类会计科目中，期末余额−期初余额=（ ）。

A.本期借方发生额　B.本期贷方发生额

C.本期借方发生额−本期贷方发生额　D.本期贷方发生额−本期借方发生额

6.借贷记账法余额试算平衡的依据是（ ）。

A.资金运动变化规律　B.会计等式平衡原理

C.会计账户的结构　D.平行登记基本原理

7.借贷记账法的记账规则是（ ）。

A.会计基本等式　　B.平行登记
C.有借必有贷，借贷必相等　　D.试算平衡原理

8.下列经济业务中，借记资产类会计科目，贷记负债类会计科目的是（　　）。
A.赊购原材料　　B.收到其他企业的欠款
C.从银行提取现金备用　　D.以银行存款偿还债务

9.成本类账户的记账规则是（　　）。
A.借方表示增加　　B.贷方表示增加
C.一般余额在借方　　D.一般余额在贷方

10.账户的左方和右方，哪一方登记增加，哪一方登记减少，取决于（　　）。
A.所记录经济业务的重要程度　　B.开设会计科目时间的长短
C.所记录金额的大小　　D.所记录的经济业务和会计科目的性质

二、多项选择题

1.下列关于借贷记账法的说法中，正确的有（　　）。
A.以“借”、“贷”作为记账符号
B.以“有借必有贷，借贷必相等”作为记账规则
C.可以进行发生额试算平衡和余额试算平衡
D.应根据账户反映的经济业务的性质确定记入账户的方向

2.下列错误中，不能通过试算平衡发现的有（　　）。
A.漏记了一项经济业务
B.某项经济业务借贷方金额登记了两遍
C.借方金额记错，贷方金额正确
D.借贷方向颠倒

3.借贷记账法下的“借”表示（　　）。
A.资产增加　　B.负债增加
C.所有者权益增加　　D.费用增加

4.借贷记账法下的“贷”表示（　　）。
A.资产增加　　B.负债增加
C.所有者权益增加　　D.收入增加

5.借贷记账法的试算平衡包括（　　）。
A.科目发生额试算平衡法　　B.科目余额试算平衡法
C.账户发生额试算平衡法　　D.账户余额试算平衡法

6.在借贷记账法下，当借记“银行存款”科目时，下列会计科目中可能成为其对应科目的有（　　）。
A.“实收资本”　　B.“本年利润”　　C.“库存现金”　　D.“预付账款”

7.下列经济业务能够引起资产和负债同时减少的是（　　）。
A.提供劳务收到服务费　　B.提取坏账准备金

C.以银行存款归还前欠借款　　　　　D.用银行存款缴纳税金

8.下列经济业务会使资产和权益总额同时增加的有（　　）。

A.偿还购入材料的欠款5 000元

B.以银行存款10 000元购入一台机器设备

C.收到投资者投入的资金1 000 000元并已存入银行

D.购入一批原材料，价值50 000元，款项未付

9.下列属于复合会计分录形式的有（　　）。

A.一借一贷　　B.一借多贷　　C.多借多贷　　D.多借一贷

10.会计分录的基本要素包括（　　）。

A.应借应贷方向　　　　B.相互对应的科目

C.记账时间　　　　D.金额

三、判断题

1.在借贷记账法下，会计科目用哪一方登记增加或减少取决于会计科目的性质。（　　）

2.“有借必有贷，借贷必相等”是借贷记账法的记账规则。（　　）

3.某企业的试算平衡表实现了平衡关系，那么这个企业的会计科目记录就是正确无误的。（　　）

4.余额试算平衡是由“资产=负债+所有者权益”的恒等关系决定的。（　　）

5.一个会计科目的借方如果用来记录增加额，其贷方一定用来记录减少额。（　　）

6.在会计处理中，只能编制一借一贷、一借多贷、一贷多借的会计分录，而不能编制多借多贷的会计分录，以免对应关系出现混乱。（　　）

7.会计分录包括经济业务涉及的会计科目名称、记账方向和金额三方面内容。（　　）

8.在借贷记账法下，负债和所有者权益增加记借方。（　　）

9.试算平衡不能说明账户记录是绝对正确的。（　　）

10.一项资产增加、一项负债减少的交易或者事项是不可能存在的。（　　）

四、计算分析题

目的：练习编制会计分录。

资料：星海有限责任公司20×4年7月发生下列交易和事项（部分）。

（1）收到投资者追加投资200 000元，存入银行。

（2）用银行存款68 000元购进生产用设备，并交付使用。

（3）向银行借入期限6个月的借款300 000元，存入银行。

（4）收回甲公司前欠企业购货款128 000元，存入银行。

（5）从银行提取现金160 000元，准备发放工资。

要求：编制上述交易或者事项的会计分录。

第五章
借贷记账法下主要经济业务的账务处理

考纲知识体系

第一节	企业的主要经济业务	企业资金的循环与周转过程（★）
第二节	资金筹集业务的账务处理	所有者权益筹资业务（★★★★）
		负债筹资业务（★★★★）
第三节	固定资产业务的账务处理	固定资产的概念与特征（★★★）
		固定资产的成本（★★★★）
		固定资产的折旧（★★★★）
		账户设置（★★★★）
		账务处理（★★★★）
第四节	材料采购业务的账务处理	材料的采购成本（★★★★）
		账户设置（★★★★）
		账务处理（★★★★）
第五节	生产业务的账务处理	生产费用的构成（★★★★）
		账户设置（★★★★）
		账务处理（★★★★）
第六节	销售业务的账务处理	商品销售收入的确认与计量（★★★★）
		账户设置（★★★★）
		账务处理（★★★★）
第七节	期间费用的账务处理	期间费用的构成（★★★）
		账户设置（★★★）
		账务处理（★★★）
第八节	利润形成与分配业务的账务处理	利润形成的账务处理（★★★★）
		利润分配的账务处理（★★★★）

考情分析

本章是全书的重点，涉及的主要考点有提现、存现的账务处理，取得、出售交易性金融资产的账务处理，购买、发出原材料的账务处理，产成品入库、销售商品结转销售成本的账务处理，固定资产购入、折旧和处置的账务处理，应收及预付账款发生、收回和计提减值的账务处理，应付账款的发生和偿付的账务处理，应付职工薪酬的计提与发放的账务处理，应交增值税、应交营业税的账务处理，短期借款和长期借款借入、归还、计提与支付利息的账务处理，接受投资及减少注册资本的账务处理，主营业务收入、其他业务收入的账务处理，发生直接材料、直接人工、制造费用（料、工、费）的账务处理，制造费用在不同产品之间分配的账务处理，结转主营业务成本、其他业务成本的账务处理，发生营业税金及附加、销售费用、管理费用财务费用的账务处理，取得营业外收入的账务处理，发生营业外支出的账务处理，利润的计算方法，期末结转各项收入、利得类科目的账务处理，期末结转各项费用、损失类科目的账务处理，应纳所得税的计算与账务处理，提取法定盈余公积和任意盈余公积、向投资者分配利润的账务处理。本章涉及的主要题型有单项选择题、多项选择题、判断题、计算分析题。本章是比较重要的一章，知识点比较多，往往结合财务报表出题，考察考生的账务处理能力。考生应多花时间重点关注基本业务的核算，通过不断的练习和总结来完成本章的学习。

第一节　企业的主要经济业务

企业是一种从事生产、运输、贸易等经济活动，以营利为目的，进行自主经营、独立核算的经济组织。这个组织的存在主要是通过对各种资源的组合和处理向其他单位和个人提供所需要的产品和服务。企业为了进行生产经营活动，生产出适销对路的产品，就必须拥有一定数量的经营资金，而这些经营资金都是从一定渠道筹集到的，企业筹资的渠道主要包括接受投资者的投资和向债权人借入各种款项，因此，企业筹资业务主要是接受投资和形成负债。筹集到的资金进入企业后，就要运用这些资金为生产产品做好准备，即供应过程的开始。在供应过程中，企业要运用筹集到资金的最初形态——货币资金去购买机器设备等劳动资料，形成企业的固定资产，为生产加工产品做好劳动手段方面的准备；除此之外，还要为生产产品而购买原材料，为生产产品做好劳动对象方面的准备，包括支付材料价款和税款、发生采购费用、计算采购成本、材料验收入库结转成本等。完成了供应过程的核算内容，为生产产品做好了各项准备，企业就可以进入生产过程。在生产过程中，劳动者借助劳动资料对劳动对象进行加工，生产出各种各样适销对路的产品，以满足社会的需要。生产过程既是产品的制造过程，又是物化劳动和活劳动的耗费过程，即费用、成本的发生过程。具体而言，为生产产品耗费材料就形成材料费用，耗费活劳动就形成工资及福利等人工费用，使用厂房、机器设备等劳动资料就形成折旧费用等。生产过程中发生的这些生产费用总和构成产品的生产成本（亦称制造成本）。销售过程是产品价值的实现过程。在销售过程中，企业通过销售产品，并按照销售价格与购买单位办理各种款项的结算，收回货款，从而使得成品资金形态转化为货币资金形态，回到了资金运动的起点状态，完成了一次资金的循环。另外，销售过程中还要发生各种诸如包装费、广告费等销售费用，需要计算并及时缴纳各种销售税金，结转销售成本等。对于企业而言，生产并销售产品是其主要的经营业务，即主营业务。在主营业务之外，企业还要发生一些诸如销售材料、出租固定资产等附营业务，以及进行对外投资以获得收益的投资业务。主营业务、其他业务以及投资业务构成了企业的全部经营业务。在营业活动之外，企业还会经常发生非营业业务，从而获得营业外的收入或发生营业外的支出。企业在生产经营过程中所获得的各项收入遵循配比的要求抵偿了各项成本、费用之后的差额，形成企业的所得，即利润。企业实现的利润，一部分要以所得税的形式上缴国家，形成国家的财政收入，另一部分即税后利润，要按照规定的程序在各有关方面进行合理的分配，如果是发生了亏损，还要按照规定的程序进行弥补。通过利润分配，一部分资金要退出企业，一部分资金要以公积金等形式继续参加企业的资金周转。不同企业的经济业务各有特点，其生产经营业务流程也不尽相同，本章主要介绍企业的资金筹集、设备购置、材料采购、产品生产、商品销售和利润分配等经济业务。针对企业生产经营过程中发生的上述经济业务，账务处理的主要内容有：（1）资金筹集业务的账务处理；（2）固定资产业务的账务处理；（3）材料采购业务的账务处理；（4）生产业务的账务处理；（5）销售业务的账务处理；（6）期间费用的账务处理；（7）利润形成与分配业务的账务处理。

第二节　资金筹集业务的账务处理

一个企业的生存和发展，离不开资产要素，资产是企业进行生产经营活动的物质基础。对于任何一个企业而言，形成其资产的资金来源主要有两条渠道：一是投资者的投资，即所有者权益筹资；二是向债权人借入的资金，即负债筹资。所有者权益筹资形成所有者的权益（通常称为权益资本），包括投资者的投资及其增值，这部分资本的所有者既享有企业的经营收益，也承担企业的经营风险；负债筹资形成债权人的权益（通常称为债务资本），主要包括企业向债权人借入的资金和结算形成的负债资金等，这部分资本的所有者享有按约收回本金和利息的权利。在会计上，我们虽然将债权人的要求权和投资者的要求权统称为权益，但由于二者存在着本质上的区别，所以这两种权益的会计处理也必然有着显著的差异。

一、所有者权益筹资业务

所谓所有者权益是指企业资产扣除负债后由所有者享有的剩余权益。公司的所有者权益又称为股东权益。企业的所有者权益的来源包括所有者投入的资本、直接计入所有者权益的利得和损失、留存收益等。所有者投入的资本包括实收资本（股本）和资本公积；直接计入所有者权益的利得和损失，是指不应计入当期损益的会导致所有者权益发生增减变动的、与所有者投入资本或者与向所有者分配利润无关的利得或者损失；留存收益是企业在经营过程中所实现的利润留存于企业的部分，包括盈余公积和未分配利润。在本节的学习中我们将着重介绍所有者权益中的实收资本和资本公积业务的核算。

（一）所有者投入资本的构成

所有者投入的资本主要包括实收资本（或股本）和资本公积两项内容。

1.实收资本概述

（1）实收资本的含义

实收资本（或股本）是指企业的投资者按照企业章程、合同或协议的约定，实际投入企业的资本金以及按照有关规定由资本公积、盈余公积等转增资本的资金。实收资本代表着一个企业的实力，是创办企业的“本钱”，也是一个企业维持正常的经营活动、以本求利、以本负亏最基本的条件和保障，是企业独立承担民事责任的资金保证。

（2）实收资本的分类

所有者向企业投入资本，即形成企业的资本金。企业的资本金按照投资主体的不同可以分为：国家资本金——企业接受国家投资而形成的资本金；法人资本金——企业接受其他企业或单位的投资而形成的资本金；个人资本金——企业接受个人包括企业内部职工的投资而形成的资本金；外商资本金——企业接受外国投资者以及中国香港、中国澳门和中国台湾地区投资者投资而形成的资本金。在股份有限公司也称为国家股、法人股、个人股和外商股。企业的资本金按照投资者投入资本的不同物质形态又分为货币资金出资，以及实物、知识产权、土地使用权等可以用货币估价并可以依法转让的非货币财产作价出资等。

（3）实收资本入账价值的确定

企业收到各方投资者投入资本金的入账价值的确定是实收资本核算中的一个比较重要的问题。总体来说，实收资本是按照实际收到的投资额入账的，对于收到的货币资金投资，应以实际收到的货币资金额入账；对于收到的实物等其他形式投资，应以投资各方确认的价值入账；对于实际收到的货币资金额或投资各方确认的资产价值超过其在注册资本中所占的份额的部分，应作为超面额缴入资本，计入资本公积。

2.资本公积概述

（1）资本公积的含义

资本公积是企业收到投资者投入的超出其在企业注册资本（或股本）中所占份额的投资，以及直接计入所有者权益的利得和损失等。资本公积是企业所有者权益的重要组成部分。由此可见，资本公积从本质上讲属于投入资本的范畴，其形成的主要原因是由于我国采用注册资本制度，限于法律的规定而无法将资本公积直接以实收资本（或股本）的名义入账。所以，资本公积从其实质上看是一种准资本，它是资本的一种储备形式。但是，资本公积与实收资本（或股本）又有一定的区别，实收资本（或股本）是公司所有者（股东）为谋求价值增值而对公司的一种原始投入，从法律上讲属于公司的法定资本，而资本公积可以来源于投资者的额外投入，也可以来源于除投资者之外的其他企业或个人等的投入。可以说，实收资本无论是在来源上还是在金额上，都有着比较严格的限制，而不同来源形成的资本公积却归所有投资者共同享有。

（2）资本公积的来源

由于资本公积是所有者权益的重要组成部分，而且它通常会直接导致企业净资产的增加，因此，资本公积信息对于投资者、债权人等会计信息使用者作出正确的决策十分重要。

（3）资本公积的用途

公司在经营过程中出于种种考虑，诸如增加资本的流动性，改变公司所有者投入资本的结构，体现公司稳健、持续发展的潜力等，对于形成的资本公积可以按照规定的用途予以使用。资本公积的主要用途就在于转增资本，即在办理增资手续后用资本公积转增实收资本，按所有者原有投资比例增加投资者的实收资本。

（二）账户设置

企业通常设置以下账户对所有者权益筹资业务中的实收资本和资本公积业务进行

核算：

1.“实收资本（或股本）”账户

“实收资本”账户（股份有限公司一般设置“股本”账户）属于所有者权益类账户，用以核算企业接受投资者投入的实收资本。该账户贷方登记所有者投入企业资本金的增加额，借方登记所有者投入企业资本金的减少额。期末余额在贷方，反映企业期末实收资本（或股本）总额。该账户可按投资者的不同设置明细账户，进行明细核算。

2.“资本公积”账户

“资本公积”账户属于所有者权益类账户，用以核算企业收到投资者出资额超出其在注册资本或股本中所占份额的部分，以及直接计入所有者权益的利得和损失等。该账户借方登记资本公积的减少额，贷方登记资本公积的增加额。期末余额在贷方，反映企业期末资本公积的结余数额。该账户可按资本公积的来源不同，分别“资本溢价（或股本溢价）”、“其他资本公积”进行明细核算。

3.“银行存款”账户

“银行存款”账户属于资产类账户，用以核算企业存入银行或其他金融机构的各种款项，但是银行汇票存款、银行本票存款、信用卡存款、信用证保证金存款、存出投资款、外埠存款等，通过“其他货币资金”账户核算。该账户借方登记存入的款项，贷方登记提取或支出的存款。期末余额在借方，反映企业存在银行或其他金融机构的各种款项。该账户应当按照开户银行、存款种类等分别进行明细核算。

（三）账务处理

企业接受投资者投入的资本，借记“银行存款”、“固定资产”、“无形资产”、“长期股权投资”等科目，按其在注册资本或股本中所占份额，贷记“实收资本（或股本）”科目，按其差额，贷记“资本公积——资本溢价（或股本溢价）”科目。以下举例说明实收资本和资本公积业务的核算。

【例5-1】利民有限责任公司接受某单位的投资800 000元，款项通过银行划转。

这项经济业务编制的会计分录如下：

借：银行存款　　800 000

　贷：实收资本——某单位　　800 000

【例5-2】利民有限责任公司接受某投资方投入的一台全新设备，确定的价值为40 000元，设备投入使用（假设该设备不涉及增值税）。

这项经济业务编制的会计分录如下：

借：固定资产——设备　　40 000

　贷：实收资本——某投资人　　40 000

【例5-3】利民有限责任公司接受某单位以一块土地使用权作为投资，经投资双方共同确认价值为1 440 000元，已办完各种手续。

这项经济业务编制的会计分录如下：

借：无形资产——土地使用权　　1 440 000

　贷：实收资本——某单位　　1 440 000

【例5-4】利民有限责任公司接受某投资者的投资2 000 000元，其中1 600 000元作为实收资本，另400 000元作为资本公积，公司收到该投资者的投资后存入银行，其他手续已办妥。

这项经济业务所编制的会计分录如下：

借：银行存款　　2 000 000

　贷：实收资本　　1 600 000

　　资本公积——资本溢价　　400 000

【例5-5】利民有限责任公司原由甲、乙、丙三位投资者投资，每位投资者各出资150万元，共计实收资本450万元。经营1年后，丁投资者欲加盟本公司，并希望占有25%的股份，经协商该公司将注册资本增加到600万元。丁投资者出资200万元，款项存入银行。这项经济业务应编制的会计分录如下：

借：银行存款　　2 000 000

　贷：实收资本——丁投资者　　1 500 000

　　资本公积——资本溢价　　500 000

【例5-6】利民有限责任公司经股东大会批准，将公司的资本公积200 000元转增资本。

这项经济业务所编制的会计分录如下：

借：资本公积　　200 000

　贷：实收资本　　200 000

【真题演练】M企业系增值税一般纳税人，2015年5月1日接受投资方投入原材料一批，作价180 000元，与原材料的公允价值相符，增值税专用发票上注明增值税为30 600元。在M企业的下述会计处理中，不正确的是（　　）。

A.原材料入账金额为180 000元

B.实收资本增加210 600元

C.“应交税费——应交增值税（进项税额）”借方发生额为30 600元

D.资本公积增加210 600元

【答案】D

【解析】接受投资方投入原材料应贷记“实收资本”账户，故选项D的说法错误。

二、负债筹资业务

企业从债权人那里筹集到的资金形成企业的负债，它表示企业的债权人对企业资产的要求权，即债权人权益。当企业为了取得生产经营所需的资金、商品或劳务等向银行借款或向其他单位赊购材料、商品时，就形成了企业同其他经济实体或个人之间的债务关系。

（一）负债筹资的构成

负债筹资主要包括短期借款、长期借款以及结算形成的负债等。本节仅以流动负债中的短期借款和非流动负债中的长期借款为例介绍负债资金筹集业务的核算内容。

1.短期借款业务概述

（1）短期借款的含义

短期借款是指企业为了满足其生产经营对资金的临时性需要而向银行或其他金融机构等借入的偿还期限在1年以内（含1年）的各种借款。一般情况下，企业取得短期借款是为了维持正常的生产经营活动或者是为了抵偿某项债务。企业取得各种短期借款时，应遵守银行或其他金融机构的有关规定，根据企业的借款计划及确定的担保形式，经贷款单位审核批准并订立借款合同后方可取得借款。每笔借款在取得时可根据借款合同上的金额来确认和计量。

（2）短期借款利息的确认与计量

短期借款必须按期归还本金并按时支付利息。短期借款的利息支出属于企业在理财活动过程中为筹集资金而发生的一项耗费，在会计核算中，企业应将其作为期间费用（财务费用）加以确认。由于短期借款利息的支付方式和支付时间不同，会计处理的方法也有一定的区别。如果银行对企业的短期借款按月计收利息，或者虽在借款到期收回本金时一并收回利息，但利息数额不大，企业可以在收到银行的计息通知或在实际支付利息时，直接将发生的利息费用计入当期损益（财务费用）；如果银行对企业的短期借款采取按季或半年等较长期间计收利息，或者是在借款到期收回本金时一并计收利息且利息数额较大，为了正确地计算各期损益额，保持各个期间损益额的均衡性，企业通常按权责发生制核算基础的要求，采取预提的方法按月预提借款利息，计入预提期间损益（财务费用），待季度或半年等结息期终了或到期支付利息时，再冲销应付利息这项负债。短期借款利息的计算公式为：

短期借款利息=借款本金×利率×时间

由于按照权责发生制核算基础的要求，应于每月末确认当月的利息费用，因而这里的“时间”是1个月，而利率往往都是年利率，所以应将其转化为月利率，方可计算出1个月的利息额，年利率除以12即为月利率。如果在月内的某一天取得的借款，则该日作为计息的起点时间，对于借款当月和还款月则应按实际经历天数计算（不足整月），此时应将月利率转化为日利率。在将月利率转化为日利率时，为简化起见，1个月一般按30天计算，1年按360天计算。

2.长期借款业务概述

（1）长期借款的含义

长期借款是指企业向银行或其他金融机构等借入的偿还期限在1年以上（不含1年）的各种借款。一般来说，企业举借长期借款，主要是为了增添大型固定资产、购置地产、增添或扩充厂房等，也就是为了扩充经营规模而增加各种长期耐用的固定资产的需要。

（2）长期借款利息的确认与计量

在会计核算中，应当区分长期借款的性质按照申请获得贷款时实际收到的贷款数额进行确认和计量，并按照规定的利率和使用期限定期计息并确认为长期借款入账（注意此处与短期借款的区别）。贷款到期，企业应当按照借款合同的规定按期清偿借款本息。

关于长期借款利息费用的处理，按照会计制度的规定，长期借款的利息费用等，应按照权责发生制核算基础的要求，按期计算提取计入所购建资产的成本（即予以资本化）或直接计入当期损益（财务费用）。具体地说，就是在该长期借款所进行的长期工程项目完工之前发生的利息，应将其资本化，计入该工程成本；在工程完工达到预定可使用状态之后产生的利息支出应停止借款费用资本化而予以费用化，在利息费用发生的当期直接计入当期损益（财务费用）。

（二）账户设置

企业通常设置以下账户对负债筹资中的短期借款和长期借款业务进行会计核算：

1.“短期借款”账户

“短期借款”账户属于负债类账户，用以核算企业的短期借款。该账户贷方登记短期借款本金的增加额，借方登记短期借款本金的减少额。期末余额在贷方，反映企业期末尚未归还的短期借款。该账户可按借款种类、贷款人和币种进行明细核算。

2.“长期借款”账户

“长期借款”账户属于负债类账户，用以核算企业的长期借款。该账户贷方登记企业借入的长期借款本金，借方登记归还的本金和利息。期末余额在贷方，反映企业期末尚未偿还的长期借款。该账户可按贷款单位和贷款种类，分别“本金”、“利息调整”等进行明细核算。

3.“应付利息”账户

“应付利息”账户属于负债类账户，用以核算企业按照合同约定应支付的利息，包括吸收存款、分期付息到期还本的长期借款、企业债券等应支付的利息。该账户贷方登记企业按合同利率计算确定的应付未付利息，借方登记归还的利息。期末余额在贷方，反映企业应付未付的利息。该账户可按存款人或债权人进行明细核算。

4.“财务费用”账户

“财务费用”账户属于损益类账户，用以核算企业为筹集生产经营所需资金等而发生的筹资费用，包括利息支出（减利息收入）、汇兑损益以及相关的手续费、企业发生的现金折扣或收到的现金折扣等。为购建或生产满足资本化条件的资产发生的应予资本化的借款费用，通过“在建工程”、“制造费用”等账户核算。该账户借方登记手续费、利息费用等的增加额，贷方登记应冲减财务费用的利息收入等。期末结转后，该账户无余额。该账户可按费用项目进行明细核算。

（三）账务处理

1.短期借款的账务处理

企业借入的各种短期借款，借记“银行存款”科目，贷记“短期借款”科目；归还借款时做相反的会计分录。资产负债表日，应按计算确定的短期借款利息费用，借记“财务费用”科目，贷记“银行存款”、“应付利息”等科目。

以下举例说明短期借款业务的核算。

【例5-7】利民有限责任公司因生产经营的临时性需要，于20×4年4月15日向银行申请取得期限为6个月的借款2 000 000元，存入银行。

这项经济业务应编制的会计分录如下：

借：银行存款　　2 000 000

　贷：短期借款　　2 000 000

【例5-8】承【例5-7】，假如上述利民有限责任公司取得的借款年利率为6%，利息按季度结算，经计算其4月份应负担的利息为5 000元。

这项经济业务应编制的会计分录如下：

借：财务费用　　5 000

　贷：应付利息　　5 000

【例5-9】承【例5-8】，利民有限责任公司在6月末用银行存款25 000元支付本季度的银行借款利息（5、6月份的利息计算和处理方法基本同于4月份，只是时间为1个月，故这里略）。

这项经济业务应编制的会计分录如下：

借：应付利息　　25 000

　贷：银行存款　　25 000

【例5-10】京连有限责任公司在10月16日用银行存款2 000 000元偿还到期的银行临时借款本金（假如利息另外处理）。

这项经济业务应编制的会计分录如下：

借：短期借款　　2 000 000

　贷：银行存款　　2 000 000

2.长期借款的账务处理

企业借入长期借款，应按实际收到的金额借记“银行存款”科目，按借款本金贷记“长期借款——本金”科目，如存在差额，还应借记“长期借款——利息调整”科目。资产负债表日，应按确定的长期借款的利息费用，借记“在建工程”、“制造费用”、“财务费用”、“研发支出”等科目，按确定的应付未付利息，贷记“应付利息”科目，按其差额，贷记“长期借款——利息调整”等科目。以下举例说明长期借款业务的核算。

【例5-11】利民有限责任公司为购建一条新的生产线（工期2年），于20×2年1月1日向中国银行取得期限为3年的人民币借款5 000 000元，存入银行。利民有限责任公司当即将该借款投入到生产线的购建工程中。

这项经济业务应编制的会计分录如下：

借：银行存款　　5 000 000

　贷：长期借款　　5 000 000

【例5-12】承【例5-11】，假如上述借款年利率为8%，合同规定到期一次还本付息，单利计息。计算确定20×2年应由该工程负担的借款利息。

单利计息的情况下，其利息的计算方法与短期借款利息计算方法相同，即20×2年的利息为400 000元（5 000 000×8%）。这项经济业务应编制的会计分录如下：

借：在建工程　　400 000

　贷：长期借款　　400 000

【例5-13】承【例5-11】、【例5-12】，假如利民有限责任公司在20×4年年末全部偿还该笔借款的本金和利息。

该笔长期借款在存续期间的利息共计为1 200 000元（注意：由于工程已经在20×3年年末完工，所以20×4年的利息不能计入工程成本，而应计入当年财务费用，关于20×3年和20×4年利息费用的处理略），借款本金5 000 000元，本息合计为6 200 000元，在20×4年年末一次付清。这项经济业务应编制的会计分录如下：

借：长期借款　　6 200 000

　贷：银行存款　　6 200 000

第三节　固定资产业务的账务处理

一、固定资产的概念与特征

固定资产是指为生产商品、提供劳务、出租或者经营管理而持有、使用寿命超过一个会计年度的有形资产。固定资产同时具有以下特征：（1）属于一种有形资产；（2）为生产商品、提供劳务、出租或者经营管理而持有；（3）使用寿命超过一个会计年度。

二、固定资产的成本

固定资产的成本是指企业购建某项固定资产达到预定可使用状态前所发生的一切合理、必要的支出。

企业可以通过外购、自行建造、投资者投入、非货币性资产交换、债务重组、企业合并和融资租赁等方式取得固定资产。不同取得方式下，固定资产成本的具体构成内容及其确定方法也不尽相同。

外购固定资产的成本，包括购买价款、相关税费、使固定资产达到预定可使用状态前所发生的可归属于该项资产的运输费、装卸费、安装费和专业人员服务费等。我国自2009年1月1日起对增值税的管理实行了生产型向消费型的转变，在征收增值税时，允许企业将外购固定资产所含的增值税进项税额一次性全部扣除，所以企业外购固定资产增值税专用发票所列应交增值税税额不能计入固定资产价值，而是作为进项税额单独核算。

【真题演练】A公司购入设备一台，增值税专用发票注明价款300 000元，增值税51 000元，运费4 000元，该设备原始价值为（　　）元。

A.351 000　　B.304 000　　C.355 000　　D.300 000

【答案】D

【解析】原始价值为购买时的发票注明价款。

三、固定资产的折旧

经过初始计量的固定资产，在其后期存续的过程中，由于受到自然力的作用、正常使用以及所面临的外部环境因素的影响，其价值也会不断地发生变化。

（一）固定资产折旧的含义

固定资产折旧是指在固定资产使用寿命内，按照确定的方法对应计折旧额进行的系统分摊。其中，应计折旧额是指应当计提折旧的固定资产的原价扣除其预计净残值后的金额。已计提减值准备的固定资产，还应当扣除已计提的固定资产减值准备累计金额。

（二）固定资产折旧的影响因素和折旧范围

1.影响固定资产折旧的因素

影响固定资产折旧的因素主要由三个，即原始价值、预计净残值和预计使用年限。

（1）原始价值

原始价值是指固定资产的实际取得成本，就折旧计算而言，也称为折旧基数。以其作为计提折旧的基数，可以使折旧的计提建立在客观、统一的基础上，不易受主观因素的影响。

（2）预计净残值

预计净残值是指假定固定资产的预计使用寿命已满并处于使用寿命终了时的预期状态，企业目前从该项资产的处置中获得的扣除预计处置费用后的金额。固定资产的净残值是企业在固定资产使用期满后对固定资产的一个回收额，在计算固定资产折旧时应从固定资产的折旧计算基数中扣除。为了避免计算过程受到人为因素的影响，我国企业所得税法规定了固定资产净残值比例标准，即确定固定资产净残值率。

（3）预计使用年限

预计使用年限是指固定资产预计经济使用年限，也称折旧年限，它通常短于固定资产的物理使用年限。固定资产的使用年限取决于固定资产的使用寿命。

2.固定资产折旧范围

应计提折旧的固定资产，在会计上也称为折旧性资产。企业应当按月对所有的固定资产计提折旧，但是，已提足折旧仍继续使用的固定资产、单独计价入账的土地和持有待售的固定资产除外。提足折旧是指已经提足该项固定资产的应计折旧额。当月增加的固定资产，当月不计提折旧，从下月起计提折旧；当月减少的固定资产，当月仍计提折旧，下月起不计提折旧。提前报废的固定资产，不再补提折旧。

（三）固定资产折旧方法

固定资产折旧方法是将应提折旧总额在固定资产各使用期间进行分配时所采用的具体计算方法。企业可选用的折旧方法有年限平均法、工作量法、双倍余额递减法和年数总和法等。本部分重点介绍年限平均法和工作量法。

1.年限平均法

年限平均法，又称直线法，是指将固定资产的应计折旧额均匀地分摊到固定资产预计使用寿命内的一种方法。采用这种折旧方法，各年折旧额相等，不受固定资产使用频率或生产量多少的影响，因此，也称为固定费用法。年限平均法下各月应计提折旧额的计算公式如下：

年折旧率=（1-预计净残值率）÷预计使用寿命（年）×100%

其中，预计净残值率=预计净残值额÷原始价值×100%

年折旧额=原始价值×年折旧率

月折旧额=年折旧额÷12

【例5-14】利民有限责任公司一台生产用设备，原始价值为120 000元，预计可使用10年，预计净残值率为4%，公司采用年限平均法计算该固定资产的折旧率和折旧额。具体计算如下：

年折旧率=（1-4%）÷10×100%=9.6%

月折旧率=9.6%÷12=0.8%

年折旧额=120 000×9.6%=11 520（元）

月折旧额=11 520÷12=960（元）

或 120 000×0.8%=960（元）

事实上，固定资产在不同使用年限提供的经济效益是不同的。一般而言，固定资产在其使用前期工作效率相对较高，所带来的经济利益也相对较多；而在其使用后期，工作效率较低，所带来的经济利益也相应较少。因此，采用年限平均法计算固定资产折旧存在着明显的局限性。

2.工作量法

工作量法是以固定资产预计可完成的工作量为分摊标准，根据实际完成的工作量计算每期应提折旧额的一种方法。采用这种折旧方法，各年折旧额的大小随工作量的变动而变动，因此，也称变动费用法。采用工作量法计算折旧的原理和年限平均法相同，只是将分配折旧额的标准由使用年限改成了工作量，因此，工作量法实际上是年限平均法的一种演变。工作量法下折旧额的计算公式如下：

单位工作量折旧额=[固定资产原价×（1-预计净残值率）]÷预计总工作量

年折旧额=该项固定资产当年实际完成的工作量×单位工作量折旧额

月折旧额=该项固定资产当月实际完成的工作量×单位工作量折旧额

【例5-15】利民有限责任公司一台生产用设备，原价720 000元，预计净残值率为4%，预计该设备在使用寿命内可加工产品300 000件。第一年生产产品58 000件；第二年生产产品42 000件。计算第一和第二年的折旧额。具体计算如下：

单位产品应提折旧额=[720 000×（1-4%）]÷300 000=2.304（元）

第一年应计提折旧额=58 000×2.304=133 632（元）

第二年应计提折旧额=42 000×2.304=96 768（元）

不同的固定资产折旧方法，将影响固定资产使用寿命期间内不同时期的折旧费用。企业应当根据与固定资产有关的经济利益的预期实现方式合理选择折旧方法，固定资产的折旧方法一经确定，不得随意变更。固定资产在其使用过程中，因所处经济环境、技术环境以及其他环境均有可能发生很大变化，企业至少应当于每年年度终了，对固定资产的使用寿命、预计净残值和折旧方法进行复核。固定资产使用寿命、预计净残值和折旧方法的改变，应当作为会计估计变更。

四、账户设置

企业通常设置以下账户对固定资产业务进行会计核算：

1.“在建工程”账户

“在建工程”账户属于资产类账户，用以核算企业基建、更新改造等在建工程发生的支出。该账户借方登记企业各项在建工程的实际支出，贷方登记工程达到预定可使用状态时转出的成本等。期末余额在借方，反映企业期末尚未达到预定可使用状态的在建工程的成本。该账户可按“建筑工程”、“安装工程”、“在安装设备”、“待摊支出”以及单项工程等进行明细核算。

2.“工程物资”账户

“工程物资”账户属于资产类账户，用以核算企业为在建工程准备的各种物资的成本，包括工程用材料、尚未安装的设备以及为生产准备的工器具等。该账户借方登记企业购入工程物资的成本，贷方登记领用工程物资的成本。期末余额在借方，反映企业期末为在建工程准备的各种物资的成本。该账户可按“专用材料”、“专用设备”、“工器具”等进行明细核算。

3.“固定资产”账户

“固定资产”账户属于资产类账户，用以核算企业持有的固定资产原价。该账户的借方登记固定资产原价的增加，贷方登记固定资产原价的减少。期末余额在借方，反映企业期末固定资产的原价。该账户可按固定资产类别和项目进行明细核算。

4.“累计折旧”账户

“累计折旧”账户属于资产类备抵账户，用以核算企业固定资产计提的累计折旧。该账户贷方登记按月提取的折旧额，即累计折旧的增加额，借方登记因减少固定资产而转出的累计折旧。期末余额在贷方，反映期末固定资产的累计折旧额。该账户可按固定资产的类别或项目进行明细核算。

五、账务处理

（一）固定资产的购入

企业购入不需要安装的固定资产，按应计入固定资产成本的金额，借记“固定资产”、“应交税费——应交增值税（进项税额）”科目，贷记“银行存款”等科目。企业购入不需要安装的固定资产，企业可以立即投入使用，因此，会计处理比较简单，只需按确认的入账价值直接增加企业的固定资产。

【例5-16】利民有限责任公司购入一台不需要安装的生产用设备，发票上注明设备价款90 000元，应交增值税15 300元，支付的场地整理费、运输费、装卸费等合计3 600元。款项通过银行付清。这项经济业务应编制的会计分录如下：

借：固定资产	93 600	
应交税费——应交增值税（进项税额）	15 300	
贷：银行存款		108 900

（二）固定资产的折旧

企业按月计提的固定资产折旧，根据固定资产的用途计入相关资产的成本或者当期损益。具体地说，就是企业管理部门使用的固定资产和未使用的固定资产计提的折旧费用，应计入管理费用；生产部门使用的固定资产计提的折旧费用，应计入制造费用；专设销售机构使用的固定资产计提的折旧费用，应计入销售费用；自行建造固定资产过程中使用的固定资产计提的折旧费用，应计入在建工程成本；经营性出租的固定资产计提的折旧费用，应计入其他业务成本等。也就是说,分别借记“制造费用”、“销售费用”、“管理费用”、“在建工程”、“其他业务成本”等科目，贷记“累计折旧”科目。

【例5-17】利民有限责任公司本月计提的固定资产折旧费用共计为72 800元，其中，生产车间使用的固定资产计提的折旧费用为35 800元，管理部门使用的固定资产计提的折旧费用为16 000元，专设销售机构使用的固定资产计提的折旧费用为15 000元，经营性出租的固定资产计提的折旧费用为6 000元。

这项经济业务应编制的会计分录如下：

借：制造费用	35 800
管理费用	16 000
销售费用	15 000
其他业务成本	6 000

贷：累计折旧　　72 800

第四节　材料采购业务的账务处理

企业要进行正常的产品生产经营活动，就必须购买和储备一定品种和数量的原材料。原材料是产品制造企业生产产品不可缺少的物质要素，在生产过程中，材料经过加工而改变其原来的实物形态，构成产品实体的一部分，或者实物消失而有助于产品的生产。

一、材料的采购成本

按照《企业会计准则第1号——存货》中的规定，存货应当按照成本进行初始计量，存货的成本包括采购成本、加工成本和其他成本。其中，材料的采购成本是指企业物资从采购到入库前所发生的全部支出，包括购买价款、相关税费、运输费、装卸费、保险费以及其他可归属于采购成本的费用。对于企业原材料的核算，其中一个非常重要的问题就是原材料成本的确定，包括取得原材料成本的确定和发出原材料成本的确定。关于取得原材料成本的确定，不同方式取得的原材料，其成本确定的方法不同，成本构成的内容也不同。其中购入的原材料，其实际采购成本由以下几项内容组成：（1）购买价款，是指购货发票所注明的货款金额；（2）采购过程中发生的运杂费（包括运输费、包装费、装卸费、保险费、仓储费等，不包括按规定根据运输费的一定比例计算的可抵扣的增值税税额）；（3）材料在运输途中发生的合理损耗；（4）材料入库之前发生的整理挑选费用（包括整理挑选中发生的人工费支出和必要的损耗，并减去回收的下脚废料价值）；（5）按规定应计入材料采购成本中的各种税金，如为国外进口材料支付的关税等；（6）其他费用，如大宗物资的市内运杂费等（但这里需要注意的是市内零星运杂费、采购人员的差旅费以及采购机构的经费等不构成材料的采购成本，而是计入期间费用）。以上第（1）项应当直接计入所购材料的采购成本，对于第（2）、（3）、（4）、（5）、（6）项，凡能分清是某种材料直接负担的，可以直接计入材料的采购成本，不能分清的，应按材料的重量等标准分配计入材料采购成本。

购入材料的实际采购成本=实际买价+采购费用

二、账户设置

按照我国会计规范的规定，企业的原材料可以按照实际成本计价组织收发核算，也可以按照计划成本计价组织收发核算，具体采用哪一种方法，由企业根据具体情况自行决定。在不同的核算模式下，企业需要设置的账户不同，综合起来看，企业按照实际成本和按照计划成本组织材料的收发核算通常需要设置以下账户对材料采购业务进行会计核算：

1.“原材料”账户

“原材料”账户属于资产类账户，用以核算企业库存的各种材料，包括原料及主要材料、辅助材料、外购半成品（外购件）、修理用备件（备品备件）、包装材料、燃料等的计划成本或实际成本。企业收到来料加工装配业务的原料、零件等，应当设置备查簿进行登记。该账户借方登记已验收入库材料的成本，贷方登记发出材料的成本。期末余额在借方，反映企业库存材料的计划成本或实际成本。该账户可按材料的保管地点（仓库）、材料的类别、品种和规格等进行明细核算。

2.“材料采购”账户

“材料采购”账户属于资产类账户，用以核算企业采用计划成本进行材料日常核算而购入材料的采购成本。该账户借方登记企业采用计划成本进行核算时，采购材料的实际成本以及材料入库时结转的节约差异，贷方登记入库材料的计划成本以及材料入库时结转的超支差异。期末余额在借方，反映企业在途材料的采购成本。该账户可按供应单位和材料品种进行明细核算。

3.“材料成本差异”账户

“材料成本差异”账户属于资产类账户，用以核算企业采用计划成本进行日常核算的材料计划成本与实际成本的差额。该账户借方登记入库材料形成的超支差异以及转出的发出材料应负担的节约差异，贷方登记入库材料形成的节约差异以及转出的发出材料应负担的超支差异。期末余额在借方，反映企业库存材料等的实际成本大于计划成本的差异；期末余额在贷方，反映企业库存材料等的实际成本小于计划成本的差异。该账户可以分别“原材料”、“周转材料”等，按照类别或品种进行明细核算。

4.“在途物资”账户

“在途物资”账户属于资产类账户，用以核算企业采用实际成本（或进价）进行材料、商品等物资的日常核算、货款已付尚未验收入库的在途物资的采购成本。该账户借方登记购入材料、商品等物资的买价和采购费用（采购实际成本），贷方登记已验收入库材料、商品等物资应结转的实际采购成本。期末余额在借方，反映企业期末在途材料、商品等物资的采购成本。该账户可按供应单位和物资品种进行明细核算。

5.“应付账款”账户

“应付账款”账户属于负债类账户，用以核算企业因购买材料、商品和接受劳务等经营活动应支付的款项。该账户贷方登记企业因购入材料、商品和接受劳务等尚未支付的款项，借方登记偿还的应付账款。期末余额一般在贷方，反映企业期末尚未支付的应付账款余额；如果在借方，反映企业期末预付账款余额。该账户可按债权人进行明细核算。

6.“应付票据”账户

“应付票据”账户属于负债类账户，用以核算企业购买材料、商品和接受劳务等开出、承兑的商业汇票，包括银行承兑汇票和商业承兑汇票。该账户贷方登记企业开出、承兑的商业汇票，借方登记企业已经支付或者到期无力支付的商业汇票。期末余额在贷方，反映企业尚未到期的商业汇票的票面金额。该账户可按债权人进行明细核算。

7.“预付账款”账户

“预付账款”账户属于资产类账户，用以核算企业按照合同规定预付的款项。预付款项情况不多的，也可以不设置该账户，将预付的款项直接记入“应付账款”账户。该账户的借方登记企业因购货等业务预付的款项，贷方登记企业收到货物后应支付的款项等。期末余额在借方，反映企业预付的款项；期末余额在贷方，反映企业尚需补付的款项。该账户可按供货单位进行明细核算。

8.“应交税费”账户

“应交税费”账户属于负债类账户，用以核算企业按照税法等规定计算应交纳的各种税费，包括增值税、消费税、营业税、所得税、资源税、土地增值税、城市维护建设税、房产税、土地使用税、车船税、教育费附加、矿产资源补偿费等，企业代扣代缴的个人所得税等，也通过本账户核算。该账户贷方登记各种应交未交税费的增加额，借方登记实际缴纳的各种税费。期末余额在贷方，反映企业尚未交纳的税费；期末余额在借方，反映企业多交或尚未抵扣的税费。该账户可按应交的税费项目进行明细核算。

三、账务处理

材料的日常收发结存可以采用实际成本核算，也可以采用计划成本核算。不同的核算方式下，涉及到的账务处理也有所区别，分述如下：

（一）实际成本法核算的账务处理

实际成本法下，一般通过“原材料”和“在途物资”等科目进行核算。企业外购材料时，按材料是否验收入库分为以下两种情况：

1.材料已验收入库

如果货款已经支付，发票账单已到，材料已验收入库，按支付的实际金额，借记“原材料”、“应交税费——应交增值税（进项税额）”等科目，贷记“银行存款”、“预付账款”等科目。如果货款尚未支付，材料已经验收入库，按相关发票凭证上应付的金额，借记“原材料”、“应交税费——应交增值税（进项税额）”等科目，贷记“应付账款”、“应付票据”等科目。如果货款尚未支付，材料已经验收入库，但月末仍未收到相关发票凭证，按照暂估价入账，即借记“原材料”科目，贷记“应付账款”等科目。下月初作相反分录予以冲回，收到相关发票账单后再编制会计分录。

【例5-18】利民有限责任公司购入甲材料，增值税专用发票注明的价款为200 000元，增值税税额为34 000元，公司将该批材料入库后，已向供货方签发转账支票一张用以支付货款。

这项经济业务应编制的会计分录如下：

借：原材料——甲材料	200 000	
应交税费——应交增值税（进项税额）	34 000	
贷：银行存款		234 000

【例5-19】利民有限责任公司购入乙材料，增值税专用发票注明价款为350 000元，增值税税额为59 500元，乙材料已验收入库，货款尚未支付。

这项经济业务应编制的会计分录如下：

借：原材料——乙材料　350 000
　　应交税费——应交增值税（进项税额）　59 500
　贷：应付账款　409 500

【例5-20】利民有限责任公司购入丙材料，并已运抵企业，但直到月末丙材料的发票账单也未到达企业，公司在月末时对该批丙材料估价85 000元入库。下月初用红字冲回，在下月的5日该批丙材料到货并当即验收入库，随货附来的增值税专用发票注明价款80 000元，增值税税额为13 600元，公司签发并承兑一张商业汇票用以支付价税款。

这项经济业务下月分三个环节进行账务处理。

月末估价入库时的会计分录如下：

借：原材料——丙材料　85 000
　贷：应付账款——暂估应付账款　85 000

下月初红字冲回的会计分录如下：

借：原材料——丙材料　[85 000]
　贷：应付账款——暂估应付账款　[85 000]

下月5日丙材料到货并验收入库的会计分录如下：

借：原材料——丙材料　80 000
　　应交税费——应交增值税（进项税额）　13 600
　贷：应付票据　93 600

2.材料尚未验收入库

如果货款已经支付，发票账单已到，但材料尚未验收入库，按支付的金额，借记“在途物资”、“应交税费——应交增值税（进项税额）”等科目，贷记“银行存款”等科目；待验收入库时再作后续分录。对于可以抵扣的增值税进项税额，一般纳税人企业应根据收到的增值税专用发票上注明的增值税额，借记“应交税费——应交增值税（进项税额）”科目。

【例5-21】利民有限责任公司赊购甲、乙两种材料，增值税专用发票注明的价款分别为甲材料280 000元，乙材料420 000元，增值税税率为17%。甲、乙材料尚未到达企业。

这项经济业务应编制的会计分录如下：

借：在途物资——甲材料　280 000
　　　　　　——乙材料　420 000
　　应交税费——应交增值税（进项税额）　119 000
　贷：应付账款　819 000

【例5-22】利民有限责任公司通过银行支付上述购买的甲、乙材料的外地运杂费5 600元，按材料的买价分配。

应首先对运杂费进行分配：

运杂费分配率=5 600÷（280 000+420 000）=0.008

甲材料负担的运杂费=0.008×280 000=2 240（元）

乙材料负担的运杂费=0.008×420 000=3 360（元）

这项经济业务应编制的会计分录如下：

借：在途物资——甲材料	2 240	
——乙材料	3 360	
贷：银行存款		5 600

【例5-23】利民有限责任公司将上述甲、乙材料验收入库，结转其实际采购成本。

这项经济业务应编制的会计分录如下：

借：原材料——甲材料	282 240	
——乙材料	423 360	
贷：在途物资——甲材料		282 240
——乙材料		423 360

【真题演练】利利公司从外地采购材料一批，价款20万元，增值税3.4万元，均以银行存款支付，材料尚未入库。该公司应编制的会计分录为（　　）。

A.借记“原材料”20万元、“应交税费——应交增值税（进项税额）”3.4万元，贷记“银行存款”23.4万元

B.借记“原材料”23.4万元，贷记“银行存款”23.4万元

C.借记“在途物资”20万元、“应交税费——应交增值税（进项税额）”3.4万元，贷记“银行存款”23.4万元

D.借记“在途物资”23.4万元，贷记“银行存款”23.4万元

【答案】C

【解析】材料尚未入库应按照采购的价款（不含增值税）记入“在途物资”科目，故选项C正确。

（二）计划成本法核算的账务处理

计划成本法是指原材料的收入、发出和结存均按预先制定的计划成本计价，并设置“材料成本差异”科目登记实际成本与计划成本之间的差异；月末，再通过对材料成本差异的分摊，将发出材料的计划成本和结存材料的计划成本调整为实际成本进行反映的一种核算方法。计划成本法下，一般通过“材料采购”、“原材料”、“材料成本差异”等科目进行核算。企业外购材料时，按材料是否验收入库分为以下两种情况：

1.材料已验收入库

如果货款已经支付，发票账单已到，材料已验收入库，按支付的实际金额，借记“材料采购”科目，贷记“银行存款”科目；按计划成本金额，借记“原材料”科目，贷记“材料采购”科目；按计划成本与实际成本之间的差额，借记（或贷记）“材料采购”科目，贷记（或借记）“材料成本差异”科目。如果货款尚未支付，材料已经验收入库，按相关发票凭证上应付的金额，借记“材料采购”科目，贷记“应付账款”、“应付票据”等科目；按计划成本金额，借记“原材料”科目，贷记“材料采购”科目；按计划成本与实际成本之间的差额，借记（或贷记）“材料采购”科目，贷记（或借记）“材料成本差异”科目。如果材料已经验收入库，货款尚未支付，月末仍未收到相关发票凭证，按照计划成本暂估入账，即借记“原材料”科目，贷记“应付账款”等科目。下月初作相反分录予以冲回，收到账单后再编制会计分录。

【例5-24】利民有限责任公司购入一批原材料，增值税专用发票注明的材料价款为250 000元，增值税进项税额为42 500元。货款已通过银行支付，材料也已验收入库，该批材料的计划成本为260 000元。

这项经济业务应编制如下的几笔会计分录：

借：材料采购	250 000	
应交税费——应交增值税（进项税额）	42 500	
贷：银行存款		292 500
借：原材料	260 000	
贷：材料采购		260 000
借：材料采购	10 000	
贷：材料成本差异		10 000

【例5-25】利民有限责任公司赊购一批材料，增值税专用发票注明的材料价款为185 000元，增值税进项税额为31 450元，材料已验收入库，该批材料的计划成本为180 000元。

这项经济业务应编制如下的几笔会计分录：

借：材料采购	185 000	
应交税费——应交增值税（进项税额）	31 450	
贷：应付账款		216 450
借：原材料	180 000	
贷：材料采购		180 000
借：材料成本差异	5 000	
贷：材料采购		5 000

【例5-26】利民有限责任公司购入一批原材料，材料已到达企业并已验收入库，但发票账单尚未到达，货款尚未支付。直到月末该批材料的结算凭证仍未到达，公司按该批材料的计划成本120 000元估价入账。

这项经济业务应编制的会计分录如下：

借：原材料　　120 000
　贷：应付账款——暂估应付账款　　120 000

【例5-27】利民有限责任公司月初冲销上月末估价入库的原材料成本。

这项经济业务应编制的会计分录如下：

借：原材料　　120 000
　贷：应付账款——暂估应付账款　　120 000

【例5-28】利民有限责任公司上月末估价入库材料的结算凭证到达企业，增值税专用发票注明的价款为115 000元，增值税进项税额为19 550元，货款签发并承兑一张商业汇票予以支付。

这项经济业务应编制如下的几笔会计分录：

借：材料采购　　115 000
　　应交税费——应交增值税（进项税额）　　19 550
　贷：应付票据　　134 550

借：原材料　　120 000
　贷：材料采购　　120 000

借：材料采购　　5 000
　贷：材料成本差异　　5 000

2.材料尚未验收入库

如果相关发票凭证已到，但材料尚未验收入库，按支付或应付的实际金额，借记“材料采购”科目，贷记“银行存款”、“应付账款”等科目；待验收入库时再作后续分录。对于可以抵扣的增值税进项税额，一般纳税人企业应根据收到的增值税专用发票上注明的增值税额，借记“应交税费——应交增值税（进项税额）”科目。

【例5-29】利民有限责任公司购入一批原材料，增值税专用发票注明的价款为325 000元，增值税进项税额为55 250元，货款已通过银行支付，材料尚在运输途中。

这项经济业务应编制的会计分录如下：

借：材料采购　　325 000
　　应交税费——应交增值税（进项税额）　　55 250
　贷：银行存款　　380 250

【例5-30】承【例5-29】，利民有限责任公司收到上述购入的材料并已验收入库，该批材料的计划成本为300 000元。

这项经济业务应编制如下几笔会计分录：

借：原材料　　300 000
　贷：材料采购　　300 000

借：材料成本差异　　25 000
　贷：材料采购　　25 000

第五节 生产业务的账务处理

企业产品的生产过程同时也是生产资料的耗费过程。企业在生产过程中发生的各项生产费用，是企业为获得收入而预先垫支并需要得到补偿的资金耗费。企业在生产过程中发生的、用货币形式表现的生产耗费叫做生产费用。这些费用最终都要归集、分配给特定的产品，形成产品的成本。产品成本的核算是指把一定时期内企业生产过程中所发生的费用，按其性质和发生地点，分类归集、汇总、核算，计算出该时期内生产费用发生总额，并按适当方法分别计算出各种产品的实际总成本和单位成本等。

一、生产费用的构成

生产费用是指与企业日常生产经营活动有关的费用。生产费用按其计入产品成本的方式的不同，可以分为直接费用和间接费用。直接费用是指企业生产产品过程中实际消耗的直接材料和直接人工。间接费用是指企业为生产产品和提供劳务而发生的各项间接支出，通常称为制造费用。上述各个项目是生产费用按其经济用途所进行的分类，在会计上我们一般将其称为成本项目。各个产品成本项目的具体构成内容可以分述如下：

（一）直接材料

直接材料是指企业在生产产品和提供劳务的过程中所消耗的、直接用于产品生产，构成产品实体的各种原材料、主要材料、外购半成品以及有助于产品形成的辅助材料等。

（二）直接人工

直接人工是指企业在生产产品和提供劳务过程中，直接从事产品生产的工人工资、津贴、补贴和福利费等。

（三）制造费用

制造费用是指企业为生产产品和提供劳务而发生的各项间接费用，其构成内容比较复杂，包括间接的职工薪酬、折旧费、修理费、办公费、水电费、机物料消耗、季节性停工损失等。

二、账户设置

为了反映和监督产品在生产过程中各项材料费用的发生、归集和分配情况，正确地计算产品生产成本中的材料费用，企业通常设置以下账户对生产费用业务进行会计核算：

1.“生产成本”账户

“生产成本”账户属于成本类账户，用以核算企业生产各种产品（产成品、自制半成品等)、自制材料、自制工具、自制设备等发生的各项生产成本。该账户借方登记应计入产品生产成本的各项费用，包括直接计入产品生产成本的直接材料费、直接人工费和其他直接支出，以及期末按照一定的方法分配计入产品生产成本的制造费用；贷方登记完工入库产成品应结转的生产成本。期末余额在借方，反映企业期末尚未加工完成的在产品成本。该账户可按基本生产成本和辅助生产成本进行明细分类核算。基本生产成本应当分别按照基本生产车间和成本核算对象（如产品的品种、类别、订单、批别、生产阶段等）设置明细账（或成本计算单），并按照规定的成本项目设置专栏。

2.“制造费用”账户

“制造费用”账户属于成本类账户，用以核算企业生产车间（部门）为生产产品和提供劳务而发生的各项间接费用。该账户借方登记实际发生的各项制造费用，贷方登记期末按照一定标准分配转入“生产成本”账户借方的应计入产品成本的制造费用。期末结转后，该账户一般无余额。该账户可按不同的生产车间、部门和费用项目进行明细核算。

3.“库存商品”账户

“库存商品”账户属于资产类账户，用以核算企业库存的各种商品的实际成本（或进价）或计划成本（或售价），包括库存产成品、外购商品、存放在门市部准备出售的商品、发出展览的商品以及寄存在外的商品等。该账户借方登记验收入库的库存商品成本，贷方登记发出的库存商品成本。期末余额在借方，反映企业期末库存商品的实际成本（或进价）或计划成本（或售价）。该账户可按库存商品的种类、品种和规格等进行明细核算。

4.“应付职工薪酬”账户

“应付职工薪酬”账户属于负债类账户，用以核算企业根据有关规定应付给职工的各种薪酬。该账户借方登记本月实际支付的职工薪酬数额；贷方登记本月计算的应付职工薪酬总额，包括各种工资、奖金、津贴和福利费等。期末余额在贷方，反映企业应付未付的职工薪酬。该账户可按“工资”、“职工福利”、“社会保险费”、“住房公积金”、“工会经费”、“职工教育经费”、“非货币性福利”、“辞退福利”、“股份支付”等进行明细核算。

三、账务处理

（一）材料费用的归集与分配

产品制造企业通过供应过程采购的各种原材料，经过验收入库之后，就形成了生产产品的物资储备，生产产品及其他方面领用时，就形成了材料费。完整意义上的材料费包括消耗的原材料、主要材料和辅助材料等，在确定材料费用时，应根据领料凭证区分车间、部门和不同用途后，按照确定的结果将发出材料的成本借记“生产成本”、“制造费用”、“管理费用”等科目，贷记“原材料”等科目。对于直接用于某种产品生产的材料费用，应直接计入该产品生产成本明细账中的直接材料费用项目；对于由多种产品共同耗用、应由这些产品共同负担的材料费用，应选择适当的标准在这些产品之间进行分配，按分担的金额计入相应的成本计算对象（生产产品的品种、类别等）；对于为提供生产条件等间接消耗的各种材料费用，应先通过“制造费用”科目进行归集，期末再同其他间接费用一起按照一定的标准分配计入有关产品成本；对于行政管理部门领用的材料费用，应记入“管理费用”科目。

【例5-31】利民有限责任公司本月仓库发出材料，具体用途见表5-1。

表5-1　**公司本月发出材料汇总表**　单位：元

用途	甲材料	乙材料	材料耗用合计
生产产品领用：			
A产品耗用	265 000	135 000	400 000
B产品耗用	128 000	72 000	200 000
小计	393 000	207 000	600 000
车间一般耗用	15 800	4 200	20 000
管理部门耗用	6 500	2 500	9 000
合计	415 300	213 700	629 000

这项经济业务根据表5-1的记录编制的会计分录如下：

借：生产成本——A产品　400 000
　　　　　　——B产品　200 000
　　制造费用　20 000
　　管理费用　9 000
　贷：原材料——甲材料　415 300
　　　　　　——乙材料　213 700

（二）职工薪酬的归集与分配

职工为企业劳动，理应从企业获得一定的报酬，也就是企业应向职工支付一定的薪酬。职工薪酬是指企业为获得职工提供的服务或解除劳动关系而给予各种形式的报酬或补偿，具体包括：短期薪酬、离职后福利、辞退福利和其他长期职工福利。其中，短期薪酬包括：工资、奖金、津贴和补贴；职工福利费；社会保险费；住房公积金；工会经费和职工教育经费；短期带薪缺勤；利润分享计划；非货币性福利。企业提供给职工配偶、子女、受赡养人、已故员工遗属及其他受益人等的福利，也属于职工薪酬。对于短期职工薪酬，企业应当在职工为其提供服务的会计期间，按实际发生额确认为负债，并计入当期损益或相关资产成本。企业应当根据职工提供服务的受益对象，分别下列情况处理：

（1）应由生产产品、提供劳务负担的短期职工薪酬，计入产品成本或劳务成本。

其中，生产工人的短期职工薪酬应借记“生产成本”科目，贷记“应付职工薪酬”科目；生产车间管理人员的短期职工薪酬属于间接费用，应借记“制造费用”科目，贷记“应付职工薪酬”科目。当企业采用计件工资制时，生产工人的短期职工薪酬属于直接费用，应直接计入有关产品的成本。当企业采用计时工资制时，对于只生产一种产品的生产工人的短期职工薪酬也属于直接费用，应直接计入产品成本；对于同时生产多种产品的生产工人的短期职工薪酬，则需采用一定的分配标准（实际生产工时或定额生产工时等）分配计入产品成本。

（2）应由在建工程、无形资产负担的短期职工薪酬，计入建造固定资产或无形资产成本。

（3）除上述两种情况之外的其他短期职工薪酬应计入当期损益。如企业行政管理部门人员和专设销售机构销售人员的短期职工薪酬均属于期间费用，应分别借记“管理费用”、“销售费用”等科目，贷记“应付职工薪酬”科目。

【例5-32】利民有限责任公司通过银行支付职工工资等725 600元。

这项经济业务应编制的会计分录如下：

借：应付职工薪酬——工资	725 600	
贷：银行存款		725 600

【例5-33】利民有限责任公司根据当月的考勤记录和产品产量记录等资料，计算确定A产品生产工人工资为320 000元，B产品生产工人工资为180 000元，车间管理人员工资为100 000元，行政管理人员工资为50 000元，销售部门人员工资为20 000元，工程人员工资为30 000元。

这项经济业务应编制的会计分录如下：

借：生产成本——A产品	320 000	
——B产品	180 000	
制造费用	100 000	
管理费用	50 000	
在建工程	30 000	
销售费用	20 000	
贷：应付职工薪酬——应付工资		700 000

【例5-34】利民有限责任公司月末按本月职工工资的20%计提社会保险，10%计提住房公积金，其他项目的计提略。

这项经济业务应编制的会计分录如下：

借：生产成本——A产品	96 000	
——B产品	54 000	
制造费用	30 000	
管理费用	15 000	
在建工程	9 000	

销售费用　　6 000
　贷：应付职工薪酬——社会保险　　140 000
　　　　　　　　——住房公积金　　70 000

【例5-35】利民有限责任公司通过银行支付职工福利费105 000元。

这项经济业务应编制的会计分录如下：

借：应付职工薪酬——职工福利　　105 000
　贷：银行存款　　105 000

【例5-36】利民有限责任公司月末列支福利费，其中A产品负担的福利费为48 000元，B产品负担的福利费为27 000元，车间管理人员工资计提的福利费为15 000元，行政管理人员计提的福利费为7 500元，工程人员工资计提的福利费为4 500元，销售人员工资计提的福利费为3 000元。

这项经济业务应编制的会计分录如下：

借：生产成本——A产品　　48 000
　　　　　　——B产品　　27 000
　　制造费用　　15 000
　　管理费用　　7 500
　　在建工程　　4 500
　　销售费用　　3 000
　贷：应付职工薪酬——职工福利　　105 000

（三）制造费用的归集与分配

制造费用是产品制造企业为了生产产品和提供劳务而发生的各种间接费用。其主要内容是企业的生产部门（包括基本生产车间和辅助生产车间）为组织和管理生产活动以及为生产活动服务而发生的费用，如车间管理人员的工资及福利费，车间生产使用的照明费、取暖费、运输费、劳动保护费等。在生产多种产品的企业里，制造费用在发生时一般无法直接判定其应归属的成本核算对象，因而不能直接计入所生产的产品成本中，必须将上述各种费用按照发生的不同空间范围在“制造费用”账户中予以归集、汇总，然后选用一定的标准（如机器工时、人工工时、计划分配率等），在各种产品之间进行合理的分配，以便于准确地确定各种产品应负担的制造费用额。企业发生制造费用时，借记“制造费用”科目，贷记“累计折旧”、“银行存款”、“应付职工薪酬”等科目；结转或分摊时，借记“生产成本”等科目，贷记“制造费用”科目。

【例5-37】利民有限责任公司用现金1 200元购买车间的办公用品。

这项经济业务应编制的会计分录如下：

借：制造费用　　1 200
　贷：库存现金　　1 200

【例5-38】利民有限责任公司计提本月车间使用的固定资产折旧费13 800元。

这项经济业务应编制的会计分录如下：

借：制造费用　　13 800

　贷：累计折旧　　13 800

【例5-39】利民有限责任公司在月末将本月发生的制造费用180 000元（20 000+100 000+30 000+15 000+1 200+13 800）按产品生产工时分配计入A、B产品生产成本。其中A产品生产工时6 500，B产品生产工时3 500。

制造费用分配率=180 000÷（6 500+3 500）=18（元/工时）

A产品负担的制造费用=18×6 500=117 000（元）

B产品负担的制造费用=18×3 500=63 000（元）

这项经济业务应编制的会计分录如下：

借：生产成本——A产品　　117 000

　　　　　　——B产品　　63 000

　贷：制造费用　　180 000

【真题演练】某企业计提2015年8月份车间管理人员工资，应记入（　　）账户。

A.生产成本　　B.管理费用　　C.财务费用　　D.制造费用

【答案】D

【解析】企业发生的车间管理人员工资属于生产过程中的间接费用，记入“制造费用”账户，故选项D正确。

【真题演练】直接进行产品生产的工人工资，应记入（　　）科目。

A.管理费用　　B.销售费用　　C.生产成本　　D.制造费用

【答案】C

【解析】直接进行产品生产的工人工资是生产的直接人工消耗，记入“生产成本”科目，故选项C正确。

（四）完工产品生产成本的计算与结转

产品生产成本计算是指将企业生产过程中为制造产品所发生的各种费用按照成本计算对象进行归集和分配，以便计算各种产品的总成本和单位成本。有关产品成本信息是进行库存商品计价和确定销售成本的依据，产品生产成本计算是会计核算的一项重要内容。企业应设置产品生产成本明细账，用来归集应计入各种产品的生产费用。通过对材料费用、职工薪酬和制造费用的归集和分配，企业各月生产产品所发生的生产费用已记入“生产成本”科目中。

如果月末某种产品全部完工，该种产品生产成本明细账所归集的费用总额，就是该种完工产品的总成本，用完工产品总成本除以该种产品的完工总产量即可计算出该种产品的单位成本。如果月末某种产品全部未完工，该种产品生产成本明细账所归集的费用总额就是该种产品在产品的总成本。如果月末某种产品一部分完工，一部分未完工，这时归集在产品成本明细账中的费用总额还要采取适当的分配方法在完工产品和在产品之间进行分配，然后才能计算出完工产品的总成本和单位成本。

完工产品成本的基本计算公式为：

完工产品生产成本=期初在产品成本+本期发生的生产费用-期末在产品成本

企业生产的产品经过了各道工序的加工生产之后，就成为企业的完工产成品。所谓产成品是指已经完成全部生产过程并已验收入库、符合标准规格和技术条件，可以按照合同规定的条件送交订货单位，或可以作为商品对外销售的产品。根据完工产品生产成本计算单的资料就可以结转完工、验收入库产品的生产成本。当产品生产完成并验收入库时，借记“库存商品”科目，贷记“生产成本”科目。

【例5-40】利民有限责任公司生产车间本月生产完工A、B两种产品，其中A产品完工总成本为785 000元，B产品完工总成本为368 000元，A、B产品现已验收入库，结转其实际生产成本。

这项经济业务应编制的会计分录如下：

借：库存商品——A产品	785 000	
——B产品	368 000	
贷：生产成本——A产品		785 000
——B产品		368 000

第六节 销售业务的账务处理

企业经过了产品生产过程，生产出符合要求、可供对外销售的产品，形成了商品存货，接下来就要进入销售过程。通过销售过程，将生产出来的产品销售出去，实现它们的价值。销售过程是企业经营过程的最后一个阶段。产品制造企业在销售过程中，通过销售产品，按照销售价格收取产品价款，形成商品销售收入，在销售过程中结转的商品销售成本，以及发生的运输、包装、广告等销售费用，按照国家税法的规定计算缴纳的各种销售税金等都应该从销售收入中得到补偿，补偿之后的差额即为企业销售商品的业务成果，即利润或亏损。企业在销售过程中除了发生销售商品、自制半成品以及提供工业性劳务等业务，即主营业务外，还可能发生一些其他业务，如销售材料、出租包装物、出租固定资产等。因此，销售业务的账务处理涉及商品销售、其他销售等业务收入、成本、费用和相关税费的确认与计量等内容。

一、商品销售收入的确认与计量

销售过程的核算首先需要解决的就是销售收入的确认与计量的问题。收入的确认实际上就是解决收入在什么时间入账的问题，而收入的计量就是收入以多大的金额入账的问题。企业生产经营活动所获得的收入应当按照权责发生制的要求，根据收入实现原则加以确认与计量。由于商品销售收入是企业收入的重要组成部分，作为企业经营业绩的重要表现形式，对商品销售收入到底应该如何确认和计量，直接关系到企业经营成果和财务状况能否得到准确报告的问题。

（一）商品销售收入的确认

按照《企业会计准则第14号——收入》的要求，企业销售商品收入的确认，必须同时符合以下条件：

（1）企业已将商品所有权上的主要风险和报酬转移给购货方；

（2）企业既没有保留通常与商品所有权相联系的继续管理权，也没有对已售出的商品实施控制；

（3）收入的金额能可靠地计量；

（4）相关的经济利益很可能流入企业；

（5）相关的已发生或将发生的成本能够可靠地计量。

（二）商品销售收入的计量

销售商品的收入按照上述的条件和原则予以确认之后，就要对其金额进行计量。《企业会计准则第14号——收入》准则规定，销售商品收入的计量，应当按照从购货方已收或应收的合同或协议价款确定销售商品收入金额，已收或应收的合同或协议价款显失公平的除外。应收的合同或协议价款与其公允价值相差较大的，应当按照应收的合同或协议价款的公允价值确定销售商品收入金额。应收的合同或协议价款与其公允价值之间的差额，应当在合同或协议期间内采用实际利率法进行摊销，计入当期损益。在计量销售商品的收入时，要注意在销售过程中发生的销售退回、销售折让、商业折扣和现金折扣等内容。

在计量销售商品收入的金额时，应将销售退回、销售折让和商业折扣等作为销售收入的抵减项目记账，即：

商品销售收入=不含税单价×销售数量-销售退回-销售折让-商业折扣

二、账户设置

为了核算企业在经营过程中发生的主营业务收入和其他业务收入的实现、主营业务成本和其他业务成本的结转、营业税金及附加的计算等内容，在会计上，一般需要设置“主营业务收入”、“其他业务收入”、“主营业务成本”、“其他业务成本”、“营业税金及附加”以及往来等账户，分别核算收入的实现及其结转、成本的发生及其转销、税金的计算及其结转的具体内容。对于货款的结算还应设置“应收账款”等往来账户。具体分述如下：

1.“主营业务收入”账户

“主营业务收入”账户属于损益类账户，用以核算企业确认的销售商品、提供劳务等主营业务的收入。该账户贷方登记企业实现的主营业务收入，即主营业务收入的增加额；借方登记期末转入“本年利润”账户的主营业务收入（按净额结转），以及发生销售退回和销售折让时应冲减本期的主营业务收入。期末结转后，该账户无余额。该账户应按照主营业务的种类设置明细账户，进行明细分类核算。

2.“其他业务收入”账户

“其他业务收入”账户属于损益类账户，用以核算企业确认的除主营业务活动以外的其他经营活动实现的收入，包括出租固定资产、出租无形资产、出租包装物和商品、销售材料等。该账户贷方登记企业实现的其他业务收入，即其他业务收入的增加额；借方登记期末转入“本年利润”账户的其他业务收入。期末结转后，该账户无余额。该账户可按其他业务的种类设置明细账户，进行明细分类核算。

3.“应收账款”账户

“应收账款”账户属于资产类账户，用以核算企业因销售商品、提供劳务等经营活动应收取的款项。该账户借方登记由于销售商品以及提供劳务等发生的应收账款，包括应收取的价款、税款和代垫款等；贷方登记已经收回的应收账款。期末余额通常在借方，反映企业尚未收回的应收账款；期末余额如果在贷方，反映企业预收的账款。该账户应按不同的债务人进行明细分类核算。

4.“应收票据”账户

“应收票据”账户属于资产类账户，用以核算企业因销售商品、提供劳务等而收到的商业汇票。该账户借方登记企业收到的应收票据，贷方登记票据到期收回的应收票据；期末余额在借方，反映企业持有的商业汇票的票面金额。该账户可按开出、承兑商业汇票的单位进行明细核算。

5.“预收账款”账户

“预收账款”账户属于负债类账户，用以核算企业按照合同规定预收的款项。预收账款情况不多的，也可以不设置本账户，将预收的款项直接记入“应收账款”账户。该账户贷方登记企业向购货单位预收的款项等，借方登记销售实现时按实现的收入转销的预收款项等。期末余额在贷方，反映企业预收的款项；期末余额在借方，反映企业已转销但尚未收取的款项。该账户可按购货单位进行明细核算。

6.“主营业务成本”账户

“主营业务成本”账户属于损益类账户，用以核算企业确认销售商品、提供劳务等主营业务收入时应结转的成本。该账户借方登记主营业务发生的实际成本，贷方登记期末转入“本年利润”账户的主营业务成本。期末结转后，该账户无余额。该账户可按主营业务的种类设置明细账户，进行明细分类核算。

7.“其他业务成本”账户

“其他业务成本”账户属于损益类账户，用以核算企业确认的除主营业务活动以外的其他经营活动所发生的支出，包括销售材料的成本、出租固定资产的折旧额、出租无形资产的摊销额、出租包装物的成本或摊销额等。该账户借方登记其他业务的支出额，贷方登记期末转入“本年利润”账户的其他业务支出额。期末结转后，该账户无余额。该账户可按其他业务的种类设置明细账户，进行明细分类核算。

8.“营业税金及附加”账户

“营业税金及附加”账户属于损益类账户，用以核算企业经营活动发生的营业税、消费税、城市维护建设税、资源税和教育费附加等相关税费。需注意的是，房产税、车船税、土地使用税、印花税通过“管理费用”账户核算，但与投资性房地产相关的房产税、土地使用税不通过该账户核算。该账户借方登记企业应按规定计算确定的与经营活动相关的税费，贷方登记期末转入“本年利润”账户的与经营活动相关的税费。期末结转后，该账户无余额。

三、账务处理

（一）主营业务收入的账务处理

企业销售商品或提供劳务实现的收入，应按实际收到、应收或者预收的金额，借记“银行存款”、“应收账款”、“应收票据”、“预收账款”等科目，按确认的营业收入，贷记“主营业务收入”科目。对于增值税销项税额，一般纳税人应贷记“应交税费——应交增值税（销项税额）”科目；小规模纳税人应贷记“应交税费——应交增值税”科目。

【例5-41】利民有限责任公司销售一批A产品，增值税专用发票注明的价款为380 000元，增值税进项税额为64 600元，款项存入银行。

这项经济业务应编制的会计分录为：

借：银行存款　　444 600

　贷：主营业务收入　　380 000

　　　应交税费——应交增值税（销项税额）　　64 600

【例5-42】利民有限责任公司赊销一批B商品，增值税专用发票注明的价款为200 000元，增值税销项税额为34 000元。

这项经济业务应编制的会计分录如下：

借：应收账款　　234 000

　贷：主营业务收入　　200 000

　　　应交税费——应交增值税（销项税额）　　34 000

【例5-43】利民有限责任公司销售一批A产品，增值税专用发票注明的价款为420 000元，增值税销项税额为71 400元，价款和税款收到一张已承兑商业汇票。

这项经济业务应编制的会计分录如下：

借：应收票据　　491 400

　贷：主营业务收入　　420 000

　　　应交税费——应交增值税（销项税额）　　71 400

（二）主营业务成本的账务处理

企业在销售商品过程中，一方面减少了库存的存货，另一方面作为取得主营业务收入而垫支的资金，表明企业发生了费用，我们把这项费用称为主营业务成本（亦称商品销售成本）。将销售发出的商品成本转为主营业务成本，应遵循配比的要求，也就是说，不仅主营业务成本的结转应与主营业务收入在同一会计期间加以确认，而且应与主营业务收入在数量上保持一致。主营业务成本的计算确定公式如下：

本期应结转的主营业务成本=本期销售商品的数量×单位商品的生产成本

期（月）末，企业应根据本期（月）销售各种商品、提供各种劳务等实际成本，计算应结转的主营业务成本，借记“主营业务成本”科目，贷记“库存商品”、“劳务成本”等科目。采用计划成本或售价核算库存商品的，平时的营业成本按计划成本或售价结转，月末，还应结转本月销售商品应分摊的产品成本差异或商品进销差价。

【例 5-44】利民有限责任公司在月末结转本月已销售的A产品销售成本560 000元。

这项经济业务应编制的会计分录如下：

借：主营业务成本	560 000	
贷：库存商品——A产品		560 000

【例 5-45】利民有限责任公司在月末结转本月已销售的B产品销售成本125 000元。

这项经济业务应编制的会计分录如下：

借：主营业务成本	125 000	
贷：库存商品——B产品		125 000

（三）其他业务收入与成本的账务处理

企业在经营过程中，除了要发生主营业务之外，还会发生一些非经常性的、具有兼营性的其他业务。其他业务（也称附营业务）是指企业在经营过程中发生的除主营业务以外的其他销售业务，包括销售材料、出租包装物、出租固定资产、出租无形资产、出租商品、用材料进行非货币性交换或债务重组等活动。主营业务和其他业务的划分并不是绝对的，一个企业的主营业务可能是另一个企业的其他业务，即便在同一个企业，不同期间的主营业务和其他业务的内容也不是固定不变的。其他业务收入和支出的确认原则和计量方法与主营业务基本相同，但相对而言，没有主营业务的要求严格。

1.其他业务收入的账务处理

企业由于发生其他业务而实现的收入称为其他业务收入。当企业发生其他业务收入时，借记“银行存款”、“应收账款”、“应收票据”等科目，按确定的收入金额，贷记“其他业务收入”科目，同时确认有关税金。

【例 5-46】利民有限责任公司销售一批原材料，增值税专用发票注明的价款为32 800元，增值税进项税额为5 576元，款项收到存入银行。

这项经济业务应编制的会计分录如下：

借：银行存款	38 376	
贷：其他业务收入		32 800

贷：应交税费——应交增值税（销项税额）　　5 576

【例5-47】利民有限责任公司向某单位转让一项商标的使用权，获得收入400 000元，款项存入银行。

这项经济业务应编制的会计分录如下：

借：银行存款　　400 000

　贷：其他业务收入　　400 000

2.其他业务成本的账务处理

企业在实现其他业务收入的同时，往往还要发生一些其他业务支出，即与其他业务有关的成本和费用，包括销售材料的成本、出租固定资产的折旧额、出租无形资产的摊销额、出租包装物的成本或摊销额等。在结转其他业务收入的同一会计期间，企业应根据本期应结转的其他业务成本金额，借记“其他业务成本”科目，贷记“原材料”、“累计折旧”、“应付职工薪酬”等科目。

【例5-48】利民有限责任公司在月末结转本月销售材料的成本25 000元。

这项经济业务应编制的会计分录如下：

借：其他业务成本　　25 000

　贷：原材料　　25 000

（四）营业税金及附加的账务处理

企业在销售商品过程中，实现了商品的销售额，就应该向国家税务机关缴纳各种销售税金及附加，包括消费税、营业税、城市维护建设税（简称城建税）、资源税以及教育费附加等相关税费。这些税金及附加一般是根据当月销售额或应税额，按照规定的税率计算、于下月初缴纳的。其中：

应交消费税=应税消费品的销售额×消费税税率

应交城建税=（当期的营业税+消费税+增值税应交额）×城建税税率

教育费附加的计算方式同城建税，只是比例不同。由于这些税金及附加是在当月计算而在下个月缴纳的，因而计算税金及附加时，一方面作为企业发生的一项费用支出，另一方面形成企业的一项负债。为了核算企业销售商品的税金及附加情况，需要设置“营业税金及附加”账户。企业计算出营业税金及附加时，借记“营业税金及附加”科目，贷记“应交税费”科目。

【例5-49】利民有限责任公司经计算本月销售A、B产品应缴纳的城建税为49 000元，应缴纳的教育费附加21 000元。

这项经济业务应编制的会计分录如下：

借：营业税金及附加　　70 000

　贷：应交税费——应交城建税　　49 000

　　　　　　——应交教育费附加　　21 000

【例5-50】利民有限责任公司本月转让商标使用权获得收入应缴纳的营业税为20 000元。

这项经济业务应编制的会计分录如下：

借：营业税金及附加　　20 000

　贷：应交税费——应交营业税　　20 000

第七节　期间费用的账务处理

一、期间费用的构成

企业在经营过程中随着时间的推移而不断地发生的与产品生产活动的管理和销售有一定的关系，但与产品的制造过程没有直接关系的各种费用。这些费用就属于期间费用。

（一）期间费用的含义

期间费用是指企业日常活动中不能直接归属于某个特定成本核算对象的，在发生时应直接计入当期损益的各种费用。一般来说，我们能够很容易地确定期间费用应归属的会计期间，但难以确定其应归属的产品。也就是说，难以确定其直接的负担者，所以期间费用不计入产品制造成本，而是从当期损益中予以扣除。

（二）期间费用的内容

期间费用包括为管理企业的生产经营活动而发生的管理费用，为筹集资金而发生的财务费用，为销售商品而发生的销售费用等。这些费用的发生对企业取得收入有很大的作用，但很难与各类收入直接配比，所以将其视为与某一期间的营业收入相关的期间费用按其实际发生额予以确认。

1.管理费用

管理费用是指企业行政管理部门为组织和管理企业生产经营活动而发生的各种费用，包括企业在筹建期间发生的开办费、董事会和行政管理部门在企业的经营管理中发生的或者应由企业统一负担的公司经费（包括行政管理部门职工工资及福利费、物料消耗、低值易耗品摊销、办公费和差旅费等）、工会经费、董事会费（包括董事会成员津贴、会议费和差旅费等）、聘请中介机构费、咨询费（含顾问费）、诉讼费、业务招待费、房产税、车船税、土地使用税、印花税、技术转让费、矿产资源补偿费、研究费用、排污费等。

2.销售费用

销售费用是指企业销售商品和材料、提供劳务等日常经营过程中发生的各项费用，包括保险费、包装费、展览费和广告费、商品维修费、预计产品质量保证损失、运输费、装卸费以及为销售本企业的商品而专设的销售机构（含销售网点、售后服务网点等）的职工薪酬、业务费、折旧费等经营费用。

3.财务费用

财务费用是指企业为筹集生产经营所需资金等而发生的各种筹资费用，包括利息支出（减利息收入）、佣金、汇兑损失（减汇兑收益）以及相关的手续费、企业发生的现金折扣或收到的现金折扣等。

二、账户设置

为了核算期间费用的发生及结转情况，企业通常需要设置以下账户对期间费用业务进行会计核算：

1.“管理费用”账户

“管理费用”账户属于损益类账户，用以核算企业为组织和管理企业生产经营所发生的管理费用。该账户借方登记发生的各项管理费用，贷方登记期末转入“本年利润”账户的管理费用额。期末结转后，该账户无余额。该账户可按费用项目设置明细账户，进行明细分类核算。

2.“销售费用”账户

“销售费用”账户属于损益类账户，用以核算企业发生的各项销售费用。该账户借方登记发生的各项销售费用，贷方登记期末转入“本年利润”账户的销售费用额。期末结转后，该账户无余额。该账户可按费用项目设置明细账户，进行明细分类核算。

3.“财务费用”账户

“财务费用”账户属于损益类账户，用以核算企业为筹集生产经营所需资金等而发生的筹资费用，包括利息支出（减利息收入）、汇兑损益以及相关的手续费、企业发生的现金折扣或收到的现金折扣等。为购建或生产满足资本化条件的资产发生的应予资本化的借款费用，通过“在建工程”、“制造费用”等账户核算。该账户借方登记手续费、利息费用等的增加额，贷方登记应冲减财务费用的利息收入等。期末结转后，该账户无余额。该账户可按费用项目进行明细核算。

三、账务处理

（一）管理费用的账务处理

企业在筹建期间内发生的开办费，包括人员工资、办公费、培训费、差旅费、印刷费、注册登记费以及不计入固定资产成本的借款费用等在实际发生时，借记“管理费用”科目，贷记“应付利息”、“银行存款”等科目。行政管理部门人员的职工薪酬，借记“管理费用”科目，贷记“应付职工薪酬”科目。行政管理部门计提的固定资产折旧，借记“管理费用”科目，贷记“累计折旧”科目。行政管理部门发生的办公费、水电费、业务招待费、聘请中介机构费、咨询费、诉讼费、技术转让费、企业研究费用，借记“管理费用”科目，贷记“银行存款”、“研发支出”等科目。

【例5-51】利民有限责任公司通过银行支付行政管理部门的水电费8 600元。

这项经济业务应编制的会计分录如下：

借：管理费用　　　　8 600

贷：银行存款 8 600

【例 5-52】利民有限责任公司用现金 2 000元购买行政管理部门的办公用品。

这项经济业务应编制的会计分录如下：

借：管理费用 2 000

贷：库存现金 2 000

【例 5-53】利民有限责任公司因急需资产评估，通过银行支付聘请中介机构费用 5 600元。

这项经济业务应编制的会计分录如下：

借：管理费用 5 600

贷：银行存款 5 600

【例 5-54】利民有限责任公司的公出人员出差归来报销差旅费 3 850元，原借款 5 000元，余款退回现金。

这项经济业务应编制的会计分录如下：

借：管理费用 3 850

库存现金 1 150

贷：其他应收款 5 000

（二）销售费用的账务处理

企业在销售商品过程中发生的包装费、保险费、展览费和广告费、运输费、装卸费等费用，借记“销售费用”科目，贷记“库存现金”、“银行存款”等科目。企业发生的为销售本企业商品而专设的销售机构的职工薪酬、业务费等费用，借记“销售费用”科目，贷记“应付职工薪酬”、“银行存款”、“累计折旧”等科目。

【例 5-55】利民有限责任公司通过银行支付销售产品的广告费 100 000元。

这项经济业务应编制的会计分录如下：

借：销售费用 100 000

贷：银行存款 100 000

【例 5-56】利民有限责任公司的专设销售机构使用的房屋本月计提的折旧费用为 12 800元。

这项经济业务应编制的会计分录如下：

借：销售费用 12 800

贷：累计折旧 12 800

（三）财务费用的账务处理

企业发生的财务费用，借记“财务费用”科目，贷记“银行存款”、“应付利息”等科目。发生的应冲减财务费用的利息收入、汇兑损益、现金折扣等，借记“银行存款”、“应付账款”等科目，贷记“财务费用”科目。

【例 5-57】利民有限责任公司月末计提应由本月负担的短期借款利息 1 800元。

这项经济业务应编制的会计分录如下：

借：财务费用　　　　1 800

　贷：应付利息　　　　1 800

【例5-58】利民有限责任公司通过银行支付在开户行办理业务的手续费420元。

这项经济业务应编制的会计分录如下：

借：财务费用　　　　420

　贷：银行存款　　　　420

【例5-59】利民有限责任公司在销售产品过程中发生应支付给客户的现金折扣15 000元，冲减原已入账的应收账款。

这项经济业务应编制的会计分录如下：

借：财务费用　　　　15 000

　贷：应收账款　　　　15 000

【例5-60】利民有限责任公司收到银行通知，本季度公司在银行的存款利息为2 500元，已划入公司存款户。

这项经济业务应编制的会计分录如下：

借：银行存款　　　　2 500

　贷：财务费用　　　　2 500

第八节　利润形成与分配业务的账务处理

企业作为一个独立的经济实体，其经营活动的主要目的就是要不断地提高企业的盈利水平，增强企业的获利能力。利润就是一个反映企业获利能力的综合指标，利润水平的高低不仅反映企业的盈利水平，而且还反映企业向整个社会所做贡献的大小，同时还是各有关方面对本企业进行财务预测和投资决策的重要依据。本节我们主要介绍企业利润的形成与分配业务的账务处理。

一、利润形成的账务处理

利润是反映企业一定期间的经营成果、评价企业经营业绩的重要指标，备受报表使用者关注。

（一）利润的形成

利润是指企业在一定会计期间的经营成果，包括收入减去费用后的净额、直接计入当期损益的利得和损失等。由于利润是一个综合指标，它综合了企业在经营过程中的所费与所得，因而对于利润的确认与计量，是以企业生产经营活动过程中所实现的收入和发生的费用的确认与计量为基础的，同时还要包括通过投资活动而获得的投资收益，以及与生产经营活动没有直接关系的营业外收支等。由此可见，反映企业财务成果的利润，就其构成内容来看，既有通过生产经营活动而获得的，也有通过投资活动而获得的，还有那些与生产经营活动没有直接关系的各项收入和支出等。因此，利润由营业利润、利润总额和净利润三个层次的指标构成。

1.营业利润

营业利润是企业利润的主要来源。营业利润这一指标能够比较恰当地反映企业管理者的经营业绩，其计算公式如下：

$$\text{营业利润}=\text{营业收入}-\text{营业成本}-\text{营业税金及附加}-\text{销售费用}-\text{管理费用}-\text{财务费用}-\text{资产减值损失}+\text{公允价值变动收益（或}-\text{公允价值变动损失）}+\text{投资收益（或}-\text{投资损失）}$$

其中，

营业收入=主营业务收入+其他业务收入

营业成本=主营业务成本+其他业务成本

2.利润总额

利润总额，又称税前利润，是营业利润加上营业外收入减去营业外支出后的金额，其计算公式如下：

利润总额=营业利润+营业外收入-营业外支出

上式中的营业外收入，是指与企业正常的生产经营活动没有直接关系的各项收入，包括处置固定资产净收益、出售无形资产收益、非货币性交易收益、罚款收入等。营业外收入是企业的一种纯收入，不需要也不可能与有关费用进行配比，事实上企业为此并没有付出代价，因此在会计核算中应严格区分营业外收入与营业收入的界限。发生营业外收入时，应按其实际发生数进行核算，并直接增加企业的利润总额。营业外支出，是指与企业正常生产经营活动没有直接关系的各项支出，包括固定资产盘亏支出、处置固定资产净损失、出售无形资产损失、非常损失、罚款支出、债务重组损失、公益性捐赠支出等。营业外收入与营业外支出应当分别核算，不能以营业外支出直接冲减营业外收入，同样，也不能以营业外收入直接冲减营业外支出。在实际发生营业外支出时，直接冲减企业当期的利润总额。

3.净利润

净利润，又称税后利润，是利润总额扣除所得税费用后的净额，其计算公式如下：

净利润=利润总额-所得税费用

上式中的所得税费用是企业按照国家税法的有关规定，对企业某一经营年度实现的经营所得和其他所得，按照规定的所得税税率计算缴纳的一种税款。所得税费用是企业使用政府所提供的各种服务而向政府应尽的义务。

所得税费用从本质上说是以在分配领域内产生的各项收益额为课征对象的一个通行税种，也就是说，不论是企业还是个人，只要有收益就应该缴纳所得税。由于税收具有自动改变和累进的功能，它随着课征客体的收益的大小而随时作出适应，所以这种累进的所得税（其他税种也是如此）对国家经济起着自动调节的作用，是国家经济的内在稳定器。从另外一个角度来考察，对于一个经营实体而言，向国家缴纳了所得税，意味着其资源的流出、经济利益的减少，而且税收又具有强制性和无偿性，所以应将所得税作为经营实体的一种费用看待，这不仅符合费用要素的定义，也符合配比原则的要求。

（二）账户设置

为了更好地反映企业在一定时期内的净利润的形成过程，并在此基础上，进一步讨论净利润分配的核算内容，企业通常设置以下账户对利润形成业务进行会计核算：

1.“本年利润”账户

“本年利润”账户属于所有者权益类账户，用以核算企业当期实现的净利润（或发生的净亏损）。企业期（月）末结转利润时，应将各损益类账户的金额转入本账户，结平各损益类账户。该账户贷方登记企业期（月）末转入的主营业务收入、其他业务收入、营业外收入和投资收益等；借方登记企业期（月）末转入的主营业务成本、营业税金及附加、其他业务成本、管理费用、财务费用、销售费用、营业外支出、投资损失和所得税费用等。上述结转完成后，余额如在贷方，即为当期实现的净利润；余额如在借方，即为当期发生的净亏损。年度终了，应将本年收入和支出相抵后结出的本年实现的净利润（或发生的净亏损），转入“利润分配——未分配利润”账户贷方（或借方），结转后本账户无余额。

2.“投资收益”账户

“投资收益”账户属于损益类账户，用以核算企业确认的投资收益或投资损失。该账户贷方登记实现的投资收益和期末转入“本年利润”账户的投资净损失；借方登记发生的投资损失和期末转入“本年利润”账户的投资净收益。期末结转后，该账户无余额。该账户可按投资项目设置明细账户，进行明细分类核算。

3.“营业外收入”账户

“营业外收入”账户属于损益类账户，用以核算企业发生的各项营业外收入，主要包括非流动资产处置利得、非货币性资产交换利得、债务重组利得、政府补助、盘盈利得、捐赠利得等。该账户贷方登记营业外收入的实现，即营业外收入的增加额；借方登记会计期末转入“本年利润”账户的营业外收入额。期末结转后，该账户无余额。该账户可按营业外收入项目设置明细账户，进行明细分类核算。

4.“营业外支出”账户

“营业外支出”账户属于损益类账户，用以核算企业发生的各项营业外支出，包括非流动资产处置损失、非货币性资产交换损失、债务重组损失、公益性捐赠支出、非常损失、盘亏损失等。该账户借方登记营业外支出的发生，即营业外支出的增加额；贷方登记期末转入“本年利润”账户的营业外支出额。期末结转后，该账户无余额。该账户可按支出项目设置明细账户，进行明细分类核算。

5.“所得税费用”账户

“所得税费用”账户属于损益类账户，用以核算企业确认的应从当期利润总额中扣除的所得税费用。该账户借方登记企业应计入当期损益的所得税；贷方登记企业期末转入“本年利润”账户的所得税。期末结转后，该账户无余额。

（三）账务处理

对于反映企业利润构成的各个层次指标中的相关项目，大部分我们在前述内容中已作了阐述，此处我们仅对投资收益、营业外收支和所得税费用以及损益结转等内容的账务处理进行介绍。

1.投资收益的账务处理

企业为了合理有效地使用资金以获取更多的经济利益，除了进行正常的生产经营活动外，还可以将资金投放于债券、股票或其他财产等，形成企业的对外投资。投资收益的实现或投资损失的发生都会影响企业当期的经营成果。企业实现投资收益时，应借记“应收股利（利息）”科目，贷记“投资收益”科目。

【例5-61】利民有限责任公司持有的作为交易性金融资产的某公司股票，发行股票的公司宣告派发现金股利，公司按持股数量确定获得现金股利20 270元。

这项经济业务应编制的会计分录如下：

借：应收股利	20 270	
贷：投资收益		20 270

2.营业外收支的账务处理

营业外收支虽然与企业正常的生产经营活动没有直接关系，但从企业主体考虑，营业外收支同样能够增加或减少企业的利润，对利润或亏损总额乃至净利润会产生一定的影响。在会计核算过程中，一般按照营业外收支具体项目发生的时间，按其实际数额在当期作为利润的加项或减项分别予以确认和计量。企业实现营业外收入时，应借记“银行存款”等科目，贷记“营业外收入”科目；发生营业外支出时，应借记“营业外支出”科目，贷记“银行存款”等科目。

【例5-62】利民有限责任公司收到某单位的违约罚款收入18 000元，存入银行。

这项经济业务应编制的会计分录如下：

借：银行存款	18 000	
贷：营业外收入		18 000

【例5-63】利民有限责任公司通过银行向某灾区捐赠50 000元。

这项经济业务应编制的会计分录如下：

借：营业外支出	50 000	
贷：银行存款		50 000

3.所得税费用的账务处理

所得税是根据企业的所得额征收的，而企业的所得额又可以依据不同的标准分别计算确定，即所谓的会计所得和纳税所得。纳税所得是根据税收法规规定的收入和准予扣除的费用计算得出的企业纳税所得，即应税利润。按照会计法规计算确定的会计利润与按照税收法规计算确定的应税利润对同一个企业的同一个会计期间来说，其计算的结果往往不一致，在计算口径和确认时间方面存在一定的差异，即计税差异，我们一般将这个差异称为纳税调整项目。

企业所得税通常是按年计算、分期预交、年末汇算清缴的，其计算公式为：

应交所得税=应纳税所得额×所得税税率

应纳税所得额=利润总额+（或-）所得税前利润中予以调整的项目

企业按照有关规定计算出所得税费用时，应借记“所得税费用”科目，贷记“应交税费——应交所得税”科目。

【例5-64】利民有限责任公司本月实现利润总额为330 000元（其中：主营业务收入为1 000 000元，其他业务收入为432 800元，主营业务成本为685 000元，其他业务成本为31 000元，营业税金及附加为90 000元，管理费用为108 550元，销售费用为156 800元，财务费用为19 720元，投资收益为20 270元，营业外收入为18 000元，营业外支出为50 000元），假设公司没有纳税调整项目，按照25%的所得税税率计算所得税费用为82 500元。

这项经济业务应编制的会计分录如下：

借：所得税费用　　82 500

　贷：应交税费——应交所得税　　82 500

4.损益类项目结转的账务处理

企业在经营过程中实现了各项收入，相应地也发生了各项支出，对于这些收入和支出都已经在各有关的损益类账户中得到了相应的反映。在会计期末就要计算确定企业的各项利润的内容。企业计算确定本期利润总额、净利润和本年累计利润总额、累计净利润的具体方法有“账结法”和“表结法”两种。其中账结法是在每个会计期末（一般是指月末）将各损益类账户记录的金额全部转入“本年利润”账户，通过“本年利润”账户借、贷方的记录结算出本期损益总额和本年累计损益额，在这种方法下需要在每个会计期末通过编制结账分录，结清各损益类账户。表结法是在每个会计期末（月末）各损益类账户余额不进行转账处理，而是通过编制利润表进行利润的结算，根据损益类项目的本期发生额、本年累计数额填报会计报表（主要是指利润表），在会计报表中直接计算确定损益额，即利润总额、净利润额，年终，在年度会计决算时再用账结法，将各损益类账户全年累计发生额通过编制结账分录转入“本年利润”账户。会计期末（月末或年末）结转各项收入时，借记“主营业务收入”、“其他业务收入”、“营业外收入”等科目，贷记“本年利润”科目；结转各项支出时，借记“本年利润”科目，贷记“主营业务成本”、“营业税金及附加”、“其他业务成本”、“管理费用”、“财务费用”、“销售费用”、“资产减值损失”、“营业外支出”、“所得税费用”等科目。

【例5-65】利民有限责任公司在期末将本期实现的各项收入转入“本年利润”科目。其中主营业务收入为1 000 000元，其他业务收入为432 800元，投资收益为20 270元，营业外收入为18 000元。

这项经济业务应编制的会计分录如下：

借：主营业务收入　　1 000 000
　　其他业务收入　　432 800
　　投资收益　　20 270
　　营业外收入　　18 000
　贷：本年利润　　1 471 070

【例5-66】利民有限责任公司在期末将本期发生的各项支出转入“本年利润”科目。

这项经济业务应编制的会计分录如下：

借：本年利润　　1 223 570
　贷：主营业务成本　　685 000
　　　其他业务成本　　31 000
　　　营业税金及附加　　90 000
　　　管理费用　　108 550
　　　销售费用　　156 800
　　　财务费用　　19 720
　　　营业外支出　　50 000
　　　所得税费用　　82 500

二、利润分配的账务处理

投资者投入企业的资金，作为股本或实收资本，参与企业的生产经营活动。企业在生产经营活动过程中取得各种收入，补偿了各项耗费之后形成盈利，并按照国家规定缴纳所得税费用，形成企业的净利润，即税后利润，对于税后利润需要按照规定在各有关方面进行合理的分配。利润分配是指企业根据国家有关规定和企业章程、投资者协议等，对企业当年可供分配利润指定其特定用途和分配给投资者的行为。利润分配的过程和结果不仅关系到每个股东的合法权益是否得到保障，而且还关系到企业的未来发展。

（一）利润分配的顺序

企业实现的净利润，应按照国家的规定和投资者的决议进行合理的分配。企业净利润的分配涉及各个方面的利益关系，包括投资者、企业以及企业内部职工的经济利益，所以必须遵循兼顾投资者利益、企业利益以及企业职工利益的原则对净利润进行分配。其分配的去向主要有以利润的形式分配给投资者，作为投资者对企业投资的回报；以公积金的形式留归企业，用于企业扩大生产经营；以未分配利润的形式留存于企业。企业向投资者分配利润，应按一定的顺序进行。按照我国《公司法》的有关规定，利润分配应按下列顺序进行：

1.计算可供分配的利润

企业在利润分配前，应根据本年净利润（或亏损）与年初未分配利润（或亏损）、其他转入的金额（如盈余公积弥补的亏损）等项目，计算可供分配的利润，即：

可供分配的利润=净利润（或亏损）+年初未分配利润-弥补以前年度的亏损+其他转入的金额

如果可供分配的利润为负数（即累计亏损），则不能进行后续分配；如果可供分配利润为正数（即累计盈利），则可进行后续分配。

2.提取法定盈余公积

按照《公司法》的有关规定，公司应当按照当年净利润（抵减年初累计亏损后）的10%提取法定盈余公积，提取的法定盈余公积累计额超过注册资本50%以上的，可以不再提取。

3.提取任意盈余公积

公司提取法定盈余公积后，经股东会或者股东大会决议，还可以从净利润中提取任意盈余公积。

4.向投资者分配利润（或股利）

企业可供分配的利润扣除提取的盈余公积后，形成可供投资者分配的利润，即：

可供投资者分配的利润=可供分配的利润-提取的盈余公积

企业可采用现金股利、股票股利和财产股利等形式向投资者分配利润（或股利）。

（二）账户设置

企业通常设置以下账户对利润分配业务进行会计核算：

1.“利润分配”账户

“利润分配”账户属于所有者权益类账户，用以核算企业利润的分配（或亏损的弥补）和历年分配（或弥补）后的余额。该账户借方登记实际分配的利润额，包括提取的盈余公积和分配给投资者的利润，以及年末从“本年利润”账户转入的全年发生的净亏损；贷方登记用盈余公积弥补的亏损额等其他转入数，以及年末从“本年利润”账户转入的全年实现的净利润。年末，应将“利润分配”账户下的其他明细账户的余额转入“未分配利润”明细账户，结转后，除“未分配利润”明细账户可能有余额外，其他各个明细账户均无余额。

“未分配利润”明细账户的贷方余额为历年累积的未分配利润（即可供以后年度分配的利润），借方余额为历年累积的未弥补亏损（即留待以后年度弥补的亏损）。该账户应当分别“提取法定盈余公积”、“提取任意盈余公积”、“应付现金股利或利润”、“转作股本的股利”、“盈余公积补亏”和“未分配利润”等进行明细核算。

2.“盈余公积”账户

“盈余公积”账户属于所有者权益类账户，用以核算企业从净利润中提取的盈余公积。该账户贷方登记提取的盈余公积，即盈余公积的增加额，借方登记实际使用的盈余公积，即盈余公积的减少额。期末余额在贷方，反映企业结余的盈余公积。该账户应当分别“法定盈余公积”、“任意盈余公积”进行明细核算。

3.“应付股利”账户

“应付股利”账户属于负债类账户，用以核算企业分配的现金股利或利润。该账户贷方登记应付给投资者股利或利润的增加额；借方登记实际支付给投资者的股利或利润，即应付股利的减少额。期末余额在贷方，反映企业应付未付的现金股利或利润。该账户可按投资者进行明细核算。

（三）账务处理

1.净利润转入利润分配

会计期末，企业应将当年实现的净利润转入“利润分配——未分配利润”科目，即借记“本年利润”科目，贷记“利润分配——未分配利润”科目，如为净亏损，则做相反会计分录。结转前，如果“利润分配——未分配利润”明细科目的余额在借方，上述结转当年所实现净利润的分录同时反映了当年实现的净利润自动弥补以前年度亏损的情况。因此，在用当年实现的净利润弥补以前年度亏损时，不需另行编制会计分录。

【例5-67】利民有限责任公司在期末将本期实现的净利润247 500元转入“利润分配”科目。

这项经济业务应编制的会计分录如下：

借：本年利润　　247 500

　贷：利润分配——未分配利润　　247 500

2.提取盈余公积

企业提取的法定盈余公积，借记“利润分配——提取法定盈余公积”科目，贷记“盈余公积——法定盈余公积”科目；提取的任意盈余公积，借记“利润分配——提取任意盈余公积”科目，贷记“盈余公积——任意盈余公积”科目。

【例5-68】利民有限责任公司按本期实现净利润的10%提取法定盈余公积金24 750元。

这项经济业务应编制的会计分录如下：

借：利润分配——提取法定盈余公积　　24 750

　贷：盈余公积——法定盈余公积　　24 750

【例5-69】利民有限责任公司按本期实现净利润的25%提取任意盈余公积61 875元。

这项经济业务应编制的会计分录如下：

借：利润分配——提取任意盈余公积　　61 875

　贷：盈余公积——任意盈余公积　　61 875

3.向投资者分配利润或股利

企业根据股东大会或类似机构审议批准的利润分配方案，按应支付的现金股利或利润，借记“利润分配——应付现金股利”科目，贷记“应付股利”等科目；以股票股利转作股本的金额，借记“利润分配——转作股本股利”科目，贷记“实收资本”

或“股本”等科目。

董事会或类似机构通过的利润分配方案中拟分配的现金股利或利润，不做账务处理，但应在附注中披露。

【例5-70】利民有限责任公司按照股东大会决议，分配给普通股股东现金股利50 000元，股票股利80 000元。

这项经济业务应编制如下的两笔会计分录：

借：利润分配——应付现金股利	50 000	
贷：应付股利		50 000
借：利润分配——转作资本的股利	80 000	
贷：实收资本		80 000

4.盈余公积补亏

企业发生的亏损，除用当年实现的净利润弥补外，还可使用累积的盈余公积弥补。以盈余公积弥补亏损时，借记“盈余公积”科目，贷记“利润分配——盈余公积补亏”科目。

【例5-71】利民有限责任公司以前年度的未弥补亏损30 000元，现决定用盈余公积金予以全额弥补。

这项经济业务应编制的会计分录如下：

借：盈余公积	30 000	
贷：利润分配——盈余公积补亏		30 000

5.企业未分配利润的形成

年度终了，企业应将“利润分配”科目所属其他明细科目的余额转入该科目“未分配利润”明细科目，即借记“利润分配——未分配利润”、“利润分配——盈余公积补亏”等科目，贷记“利润分配——提取法定盈余公积”、“利润分配——提取任意盈余公积”、“利润分配——应付现金股利”、“利润分配——转作股本股利”等科目。结转后，“利润分配”科目中除“未分配利润”明细科目外，所属其他明细科目无余额。“未分配利润”明细科目的贷方余额表示累积未分配的利润，该科目如果出现借方余额，则表示累积未弥补的亏损。

【例5-72】利民有限责任公司在会计期末结清利润分配所属各个明细科目。

这项经济业务应编制的两笔会计分录如下：

借：利润分配——未分配利润	216 625	
贷：利润分配——提取法定盈余公积		24 750
——提取任意盈余公积		61 875
——应付现金股利		50 000
——转作资本的股利		80 000
借：利润分配——盈余公积补亏	30 000	
贷：利润分配——未分配利润		30 000

>> 同步练习

一、单项选择题

1.库存现金收入不包括（ ）。

A.银行汇票转账结算取得的销售收入

B.销售商品取得的现金收入

C.提供劳务取得的现金收入

D.出差人员报销差旅费退回的多余款项

2.下列各项业务中，在进行会计处理时应计入管理费用的是（ ）。

A.支付离退休人员工资　　B.销售用固定资产计提折旧

C.生产车间管理人员的工资　　D.计提坏账准备

3.企业作为交易性金融资产持有的股票投资，在持有期间，对于被投资单位宣告发放的现金股利应当（ ）。

A.确认为应收股利，并冲减交易性金融资产的初始确认金额

B.确认为应收股利，并计入当期投资收益

C.增加交易性金融资产的成本，并计入当期投资收益

D.增加交易性金融资产的成本，并确认为公允价值变动损益

4.对于为购建固定资产而专门借入的款项所发生的折价或溢价的摊销，在所购建的固定资产达到预定可使用状态之前发生的，应（ ）。

A.借记“在建工程”科目　　B.贷记“在建工程”科目

C.借记“财务费用”科目　　D.贷记“财务费用”科目

5.“利润分配——未分配利润”科目的借方余额反映（ ）。

A.本年度发生的亏损　　B.本年度实现的净利润

C.历年累积的未分配利润　　D.历年累积的未弥补亏损

6.下列项目中，按照企业会计准则的规定，销售企业应当作为财务费用处理的是（ ）。

A.购货方获得的现金折扣　　B.购货方获得的商业折扣

C.购货方获得的销售折让　　D.购货方放弃的现金折扣

7.下列各科目中，年末结转后可能有余额的是（ ）。

A.营业外收入　　B.主营业务收入

C.营业外支出　　D.利润分配——未分配利润

8.在总价法下，当现金折扣实际发生时，应记入（ ）科目。

A.“制造费用”　　B.“财务费用”

C.“销售费用”　　D.“主营业务收入”

9.某企业的年初未分配利润为100万元，本年实现的净利润为200万元，按10%

和5%分别提取法定盈余公积和任意盈余公积，则该企业可供投资者分配的利润为（　　）万元。

A.200　　B.225　　C.270　　D.300

10.固定资产清理的净损失，若属于自然灾害原因造成的损失，应（　　）。

A.借记“营业外支出——非常损失”科目

B.贷记“营业外支出——非常损失”科目

C.借记“营业外支出——处置固定资产净损失”科目

D.贷记“营业外支出——处置固定资产净损失”科目

二、多项选择题

1.其他货币资金主要包括（　　）。

A.银行存款　　B.外埠存款

C.银行汇票存款、银行本票存款　　D.信用证存款

2.长期借款所发生的利息支出，可能借记的科目有（　　）。

A.“销售费用”　　B.“财务费用”　　C.“在建工程”　　D.“管理费用”

3.下列各项中，应计入固定资产成本的有（　　）。

A.固定资产进行日常修理发生的人工费用

B.固定资产安装过程中领用原材料所负担的增值税

C.固定资产达到预定可使用状态后发生的专门借款利息

D.固定资产达到预定可使用状态前发生的工程物资盘亏净损失

4.下列各项中，属于制造费用的有（　　）。

A.生产车间为组织和管理生产所发生的工资及福利费用

B.生产车间为组织和管理生产所发生的设备折旧费

C.企业管理部门房屋折旧费

D.生产车间为组织和管理生产所发生的办公费

5.下列各项中，应通过“应交税费——未交增值税”科目核算的有（　　）。

A.本月上交本月应交的增值税

B.本月上交上期的应交未交增值税

C.结转本月应交未交增值税

D.结转本月多交的增值税

6.下列各项中，构成应收账款入账价值的有（　　）。

A.销售商品的价款　　B.增值税销项税额

C.代购买方垫付的包装费　　D.代购买方垫付的运杂费

7.应通过“应付职工薪酬”科目核算的内容包括（　　）。

A.职工福利费

B.工伤保险费和生育保险费等社会保险费

C.住房公积金

D.工会经费和职工教育经费

8.下列应计入制造费用的有（　　）。

A.车间机物料消耗　　B.车间设备折旧费

C.车间管理人员工资　　D.车间办公费

9.下列各项中，影响年末未分配利润数额的因素有（　　）。

A.年初未分配利润　　B.提取盈余公积

C.结转本期实现的净利润　　D.盈余公积补亏

10.在“固定资产清理”科目借方登记的内容有（　　）。

A.转入清理的固定资产净值

B.转入清理的固定资产原值

C.发生的清理费用

D.由保险公司或过失人承担的损失

三、判断题

1.库存现金是存放于企业财会部门，由会计机构负责人经管的货币。（　　）

2.“主营业务成本”科目的期末余额应结转至“本年利润”科目的贷方。（　　）

3.企业在固定资产清理过程中发生的清理费用，应贷记“固定资产清理”科目。（　　）

4.生产车间管理人员的职工薪酬属于管理性费用，不能计入产品成本。（　　）

5.企业对于确实无法支付的应付账款，应冲减已计提的坏账准备。（　　）

6.应付职工薪酬包括职工在职期间和离职后企业提供给职工的全部货币性薪酬和非货币性薪酬。（　　）

7.“主营业务收入”科目的借方登记已确认实现的销售收入。（　　）

8.未分配利润是本期实现的净利润减去提取的各种盈余公积和分出利润后的余额。（　　）

9.企业为取得固定资产而缴纳的契税，应计入固定资产的入账价值。（　　）

10.企业专设销售机构的费用是企业产品成本的一个重要组成部分。（　　）

四、计算分析题

1.目的：练习材料采购业务的会计记录。

资料：星海公司20×4年2月发生下列业务（涉及运输费的均不考虑增值税）。

（1）从日盛公司购进甲材料1 100千克，每千克20元；乙材料900千克，每千克15元。甲、乙材料价款共计35 500元，支付运杂费4 800元、增值税进项税额6 035元。材料尚未到达，货款、运杂费及税金已用银行存款支付（运费按材料重量比例分摊）。

（2）从新星工厂购进丙材料4 800千克，每千克40元，发生运杂费2 400元、增值税进项税额32 640元，款项采用商业汇票结算。企业开出并承兑半年期商业承兑汇票1张，材料尚在途中。

（3）以银行存款向海河工厂预付购买乙材料货款186 000元。

（4）企业收到海河工厂发运的乙材料，尚未验收入库。该批材料的买价为160 000元，运杂费1 200元，增值税进项税额27 200元。

（5）接上笔业务，除冲销原预付货款186 000元外，其余以银行存款支付。

（6）月末，本月采购的甲、乙、丙三种材料均已验收入库，计算并结转已验收入库甲、乙、丙材料的实际采购成本。

要求：根据上述经济业务编制会计分录。

2. 目的：练习产品生产业务的会计记录。

资料：20×4年3月1日，星海公司"生产成本——A产品"科目的余额为20 000元。该公司3月发生下列业务。

（1）3月1日，生产A产品领用下列材料，见表5-2。

表5-2　**生产A产品领用材料**　金额单位：元

材料名称	数量（吨）	单价	金额
甲材料	400	100	40 000
乙材料	1 200	10	12 000
合　计			52 000

（2）3月5日，以库存现金支付企业行政管理部门的办公用品费120元。

（3）3月10日，从银行提取现金20 000元，准备发放上月工资。

（4）3月10日，以库存现金发放上月职工工资20 000元。

（5）3月12日，以银行存款支付本月基本生产车间水电费2 500元及办公费425元。

（6）3月25日，以银行存款支付本季度银行借款利息15 000元。

（7）3月31日，计提本月应负担的利息5 000元。

（8）3月31日，计提本月固定资产折旧，见表5-3。

表5-3　**固定资产折旧明细表**　单位：元

基本生产车间应计提的折旧费	6 075
企业行政管理部门应计提的折旧费	3 000
合　计	9 075

（9）3月31日，根据本月的考勤记录，计提本月职工工资21 000元，见表5-4。

（10）3月31日，结转本月发生的制造费用。

（11）3月31日，A产品200台全部完工，结转A产品的生产成本。

要求：（1）根据上述经济业务编制会计分录。

表5-4　**职工工资明细表**　单位：元

基本生产车间工人工资	16 600
车间管理人员工资	2 400
企业行政管理人员工资	2 000

（2）计算完工的200台A产品的总成本和单位成本。

3.目的：练习编制产品制造企业主要交易和事项的会计分录。

资料：星海公司20×4年12月发生有关经济业务如下：

（1）12月1日，公司签发现金支票从银行提取现金5 000元备用。

（2）12月2日，采购员王伟出差，预借差旅费3 000元，以现金付讫。

（3）12月2日，公司用银行存款80 000元预付给北华公司订购A材料。

（4）12月3日，公司接受某投资人的投资4 000 000元，款项已存入银行，各相关手续已办理完毕。

（5）12月3日，签发并承兑商业汇票购入B材料，发票注明的价款为100 000元，增值税进项税额17 000元。公司用银行存款1 600元支付了B材料的运费。B材料已验收入库。

（6）12月3日，接到银行通知，公司委托银行代收的销货款6 000元已收到。

（7）12月4日，公司用银行存款购买以下材料：C材料400千克，单价25元/千克，价款合计10 000元；D材料100千克，单价50元/千克，价款合计5 000元。增值税进项税额合计2 550元。

（8）12月4日，公司用银行存款600元支付本月购入C材料和D材料的外地运杂费，按材料的重量比例进行分配。

（9）12月5日，公司用银行存款4 800元预付明年的保险费。

（10）12月6日，采购员王伟出差归来，报销差旅费2 800元，剩余现金已退还给公司。

（11）12月9日，公司购入厂房一间，总款项300 000元已通过银行存款支付，厂房已投入使用。

（12）12月10日，公司从银行提取现金186 000元，直接发放工资。

（13）12月12日，公司向宝成公司销售甲产品，价款260 000元，增值税销项税额44 200元。公司还用银行存款代宝成公司垫付运杂费2 000元。全部款项已收到一张商业承兑汇票。

（14）12月13日，公司仓库发出原材料，用于生产产品耗用C材料4 000元，D材料1 500元；车间一般性耗用C材料1 000元，D材料500元；行政管理部门耗用D材料200元。

（15）12月14日，公司用库存现金1 200元，购买了行政管理部门办公用品。

（16）12月16日，公司职工报销市内交通费300元，已用库存现金支付。

（17）12月17日，公司赊销一批产品，发票注明价款128 000元，增值税税额21 760元，款项尚未收到。另外，公司用银行存款替购货方垫付运费960元。

（18）12月19日，公司月初预付款的A材料到货，随货附的发票载明材料借款60 000元，增值税进项税额10 200元，多付的款项已通过银行退回，材料已验收入库。

（19）12月20日，公司对资产进行盘查，发现一台设备盘亏。该设备的账面取得成本是35 000元，累计已提折旧27 000元，没有计提减值准备。

（20）12月23日，公司按合同规定，预收好得利商店订购本公司产品的货款34 000元，存入银行。

（21）12月25日，公司接受某单位投资给本公司的房屋一幢，双方评估确认价值为660 000元，直接投入使用（为简化起见，这里不考虑所得税问题）。

（22）12月28日，公司用银行存款支付本月水电费12 000元，其中车间的水电费8 200元，行政管理部门的水电费3 800元。

（23）12月30日，公司用银行存款10 000元，支付罚款支出。

（24）12月31日，公司提取本月固定资产折旧18 200元，其中车间设备折旧额为13 400元，行政管理部门设备折旧额为4 800元。

（25）12月31日，计提本月应负担的短期借款利息600元。

（26）12月31日，公司分配本月职工工资，其中生产工人的工资为13 000元，车间管理人员的工资9 600元，行政管理人员的工资为6 700元。

（27）12月31日，公司按各自工资额的14%提取职工福利费（工程人员的工资除外）。

（28）12月31日，计算本月应缴纳的增值税，分别按7%和3%的税率计算应缴纳的城市维护建设税和教育费附加。

（29）12月31日，公司取得一笔罚款收入20 000元，存入银行。

（30）12月31日，公司将本月发生的制造费用转入产品生产成本。

（31）12月31日，公司本月生产的产成品完工320 000元，验收入库，根据产品成本计算单结转其实际生产成本。

（32）12月31日，公司结转本月已销产品成本196 000元。

（33）12月31日，公司董事会批准将本月盘亏的设备按常规进行处理。

（34）12月31日，公司将本月实现的各项收入转入“本年利润”。

（35）12月31日，公司将本月实现的各项支出转入“本年利润”。

（36）12月31日，公司按照25%的税率计算本月的所得税并予以结转。

（37）12月31日，公司按照董事会的决议，将资本公积500 000元转增资本。

（38）12月31日，公司前11个月的净利润为1 400 000.25元，结转全年实现的净利润。

（39）12月31日，公司按照董事会的决议，按全年净利润的10%提取盈余公积。

（40）12月31日，公司董事会决定分配给股东现金股利11 000元。

（41）12月31日，结转利润分配。

要求：根据上述经济业务，运用借贷记账法，编制会计分录。

第六章 会计凭证

考纲知识体系

第一节	会计凭证概述	会计凭证的概念与作用（★★）
		会计凭证的种类（★★★）
第二节	原始凭证	原始凭证的种类（★★★）
		原始凭证的基本内容（★★★★）
		原始凭证的填制要求（★★★★）
		原始凭证的审核（★★★★）
第三节	记账凭证	记账凭证的种类（★★★）
		记账凭证的基本内容（★★★★）
		记账凭证的填制要求（★★★★）
		记账凭证的审核（★★★★）
第四节	会计凭证的传递与保管	会计凭证的传递（★★）
		会计凭证的保管（★★★）

考情分析

本章涉及的主要考点有会计凭证的概念与作用、会计凭证的种类、原始凭证的种类、原始凭证的基本内容、原始凭证的填制要求、原始凭证的审核、记账凭证的种类、记账凭证的基本内容、记账凭证的填制要求、记账凭证的审核、会计凭证的传递、会计凭证的保管，主要题型有单项选择题、多项选择题、判断题，有时也会涉及计算分析题。本章与会计实务联系较紧密，考生可找一些凭证帮助记忆。

第一节 会计凭证概述

一、会计凭证的概念与作用

(一) 会计凭证的概念

会计凭证是指记录经济业务发生或者完成情况的书面证明，是登记账簿的依据。

填制和审核会计凭证是会计核算工作的基础。企业、事业和机关等单位处理任何一项经济业务，都要办理凭证手续。由执行和完成该项经济业务的人员和会计人员填制会计凭证，写明经济业务的内容和数量，并在凭证上签名盖章，明确经济责任。根据可靠性会计信息质量的要求，在会计核算中，处理任何一项经济业务都必须以会计凭证作为依据。没有真凭实据就不能任意收付款项和动用财产物资，也不能进行账务处理。所有会计凭证都要由会计部门审核。只有经过审核无误的会计凭证才能作为经济业务的证明和登记账簿的依据。因此，填制和审核会计凭证就成为会计核算的一种专门方法。它体现了会计信息质量可靠性的要求，是核算和监督经济活动与财务收支的基础。

(二) 会计凭证的作用

合法地取得、正确地填制和审核会计凭证，是会计核算的基本方法之一，也是会计核算工作的起点，在会计核算中具有重要意义。

会计凭证的作用主要有：

(1) 记录经济业务，提供记账依据

通过填制和审核会计凭证，可以正确、及时地反映各项经济业务的发生或完成情况，可以保证会计核算资料真实可靠。在会计核算中，对每笔经济业务，都要取得和填制会计凭证，并经审核无误后再分门别类地登记到账簿中去。通过会计凭证的填制和汇总，可以简化和方便登记账簿工作，减少和避免记账当中的技术错误，保证账簿记录的正确性。

(2) 明确经济责任，强化内部控制

任何会计凭证除记录有关经济业务的基本内容外，还必须由有关部门和人员签章，对会计凭证所记录经济业务的真实性、完整性、合法性负责，以防止舞弊行为的发生，强化内部控制。

(3) 监督经济活动，控制经济运行

通过对会计凭证的审核，可以查明每一项经济业务是否符合国家有关法律、法规、制度的规定，是否符合计划、预算的进度，是否有违法乱纪、铺张浪费行为等。对于查出的问题，应积极采取措施予以纠正，实现对经济活动的事中控制，保证经济活动健康运行。

【真题演练】会计凭证的作用包括（　　）。

A.记录经济业务，提供记账依据　　B.明确内部控制，强化经济责任

C.明确经济责任，强化内部控制　　D.监督经济活动，控制经济运行

【答案】ACD

【解析】会计凭证的作用包括：①记录经济业务，提供记账依据；②明确经济责任，强化内部控制；③监督经济活动，控制经济运行。

二、会计凭证的种类

会计凭证按照填制程序和用途可分为原始凭证和记账凭证。

（一）原始凭证

原始凭证，又称单据，是指在经济业务发生或完成时取得或填制的，用以记录或证明经济业务的发生或完成情况的原始凭据。它是进行会计核算的原始资料和主要依据。经济业务的内容千变万化，原始凭证的种类也很繁杂，但基本可以按两种方法进行分类：一是按原始凭证的取得来源分类，二是按原始凭证记录经济业务的次数和时限的不同分类。

（二）记账凭证

记账凭证，又称记账凭单，是指会计人员根据审核无误的原始凭证，按照经济业务的内容加以归类，并据以确定会计分录后所填制的会计凭证，作为登记账簿的直接依据。记账凭证可以按反映经济业务的内容以及填制及传递方法的不同进行分类。

【真题演练】（　　）是会计人员根据审核无误的原始凭证对经济业务事项的内容加以归类，并据以确定会计分录后填制的会计凭证。

A.原始凭证　　B.原始账簿

C.会计分录　　D.记账凭证

【答案】D

【解析】记账凭证是会计人员根据审核无误的原始凭证对经济业务事项的内容加以归类，并据以确定会计分录后填制的会计凭证。

第二节　原始凭证

一、原始凭证的种类

原始凭证可以按照取得来源、格式、填制的手续和内容进行分类。

（一）按取得的来源分类

原始凭证按照取得的来源可分为自制原始凭证和外来原始凭证。

1.自制原始凭证

自制原始凭证是指由本单位有关部门和人员，在执行或完成某项经济业务时填制的，仅供本单位内部使用的原始凭证。自制原始凭证按其填制的人员和填制依据的不同，又可分为由业务部门或个人填制的凭证和由财会人员自行填制的凭证。前者是财会部门以外的有关业务部门或个人根据经济业务的执行和完成情况直接填制的，按照规定的传递程序和手续交由会计部门进行账务处理，如企业销售部门向外单位发出商品时填制的发货单（底联）、企业的车间或班组向仓库领用材料时填制的领料单、企业的出差人员填制的差旅费报销单等。由会计人员填制的原始凭证主要是各种收款收据、费用的计提与摊销计算表、费用与差价分配计算表、提取税费与留利计算表等。

2.外来原始凭证

外来原始凭证是指在经济业务发生或完成时，从其他单位或个人直接取得的原始凭证，如供货单位开来的发票、运输单位开来的运费收据、收货单位或个人开具的各种收据、银行送来的各种收款通知等。

（二）按照格式分类

原始凭证按照格式的不同可分为通用凭证和专用凭证。

1.通用凭证

通用凭证是指由有关部门统一印制、在一定范围内使用的具有统一格式和使用方法的原始凭证。

2.专用凭证

专用凭证是指由单位自行印制、仅在本单位内部使用的原始凭证。

【真题演练】增值税专用发票属于（　　）。

A.通用凭证　　B.专用凭证　　C.自制原始凭证　　D.记账凭证

【答案】A

【解析】通用凭证是指由有关部门统一印制、在一定范围内使用的具有统一格式和使用方法的原始凭证。增值税专用发票属于通用凭证。

（三）按填制的手续和内容分类

原始凭证按照填制的手续和内容可分为一次凭证、累计凭证和汇总凭证。

1.一次凭证

一次凭证是指一次填制完成，只记录一笔经济业务且仅一次有效的原始凭证。

2.累计凭证

累计凭证是指在一定时期内多次记录发生的同类型经济业务且多次有效的原始凭证。

3.汇总凭证

汇总凭证是指对一定时期内反映经济业务内容相同的若干张原始凭证，按照一定标准综合填制的原始凭证。

二、原始凭证的基本内容

原始凭证的格式和内容因经济业务和经营管理的不同而有所差异，但应当具备以下基本内容（也称为原始凭证要素）：

（1）凭证的名称，如“销售发票”、“收料单”、“差旅费报销单”等。

（2）填制凭证的日期。其与经济业务发生的日期有时是一致的，有时则不一致。例如，领料单上领料的日期与填制领料单的日期一般是一致的。又如，差旅费报销单上的出差日期和填制凭证的日期一般是不一致的，两个时间都应予以反映。

（3）填制凭证单位名称或者填制人姓名。

（4）经办人员的签名或者盖章。

（5）接受凭证单位名称。

（6）经济业务内容（含数量、单价和金额等），如销售发票中销售产品的名称、规格、销售数量、单位售价、金额合计等。

（7）数量、单价和金额。

【真题演练】下列各项中，属于原始凭证必须具备的内容有（　　）。

A.凭证的名称　　B.经济业务内容

C.接受凭证单位名称　　D.经办人员的签名或者盖章

【答案】ABCD

【解析】原始凭证必须具备的内容有：①凭证的名称；②填制凭证的日期；③填制凭证单位名称或者填制人姓名；④经办人员的签名或者盖章；⑤接受凭证单位名称；⑥经济业务内容；⑦数量、单价和金额。

三、原始凭证的填制要求

（一）原始凭证填制的基本要求

原始凭证的填制必须符合下列要求：

（1）记录真实。原始凭证所填列的经济业务内容和数字必须真实可靠，符合实际情况。

（2）内容完整。原始凭证所要求填列的项目必须逐项填列齐全，不得遗漏和省略。

（3）手续完备。单位自制的原始凭证必须有经办单位领导人或者其他指定人员的签名盖章；对外开出的原始凭证必须加盖本单位公章；从外部取得的原始凭证，必须盖有填制单位的公章；从个人取得的原始凭证，必须有填制人员的签名盖章。

（4）书写清楚、规范。原始凭证要按规定填写，文字要简要，字迹要清楚，易于辨认，不得使用未经国务院公布的简化汉字。大小写金额必须相符且填写规范。小写金额用阿拉伯数字逐个书写，不得写连笔字。在金额前要填写人民币符号“￥”。人民币符号“￥”与阿拉伯数字之间不得留有空白。金额数字一律填写到角、分。无角、分的，写“00”或符号“—”；有角无分的，分位写“0”，不得用符号“—”。大写金额用汉字壹、贰、叁、肆、伍、陆、柒、捌、玖、拾、佰、仟、万、亿、元、角、分、零、整等，一律用正楷或行书字书写。大写金额前未印有“人民币”字样的，应加写“人民币”三个字。“人民币”字样和大写金额之间不得留有空白。大写金额到元或角为止的，后面要写“整”字；有分的，不写“整”字。例如，小写金额为￥1 008.00，大写金额应写成“人民币壹仟零捌元整”。

（5）连续编号。如果原始凭证已预先印定编号，在写坏作废时，应加盖“作废”戳记，妥善保管，不得撕毁。

（6）不得涂改、刮擦、挖补。原始凭证有错误的，应当由出具单位重开或更正，更正处应当加盖出具单位印章。原始凭证金额有错误的，应当由出具单位重开，不得在原始凭证上更正。

（7）填制及时。各种原始凭证一定要及时填写，并按规定的程序及时送交会计机构、会计人员进行审核。

（二）自制原始凭证的填制要求

不同的自制原始凭证，填制要求也有所不同。

1.一次凭证的填制

一次凭证应在经济业务发生或完成时，由相关业务人员一次填制完成。该凭证往往只能反映一项经济业务，或者同时反映若干项同一性质的经济业务。一次凭证是一次有效的凭证，例如，领料单、发货票（格式见表6-1、表6-2）等都是一次凭证。

表6-1 **领料单**

领料单位：第一生产车间　　20×5年×月×日

<table>
<tr><td rowspan="2">材料名称</td><td rowspan="2" colspan="2">规格</td><td rowspan="2" colspan="2">单位</td><td colspan="2">数　量</td><td rowspan="2">单价</td><td rowspan="2">金额</td></tr>
<tr><td>请领</td><td>实发</td></tr>
<tr><td>圆钢</td><td colspan="2">φ25mm</td><td colspan="2">吨</td><td>4</td><td>4</td><td>620</td><td>2 480</td></tr>
<tr><td>产品名称</td><td colspan="2">柴油机</td><td colspan="2">部件名称</td><td colspan="2"></td><td rowspan="2">附记</td><td rowspan="2"></td></tr>
<tr><td>成本号</td><td colspan="2">195</td><td colspan="2">投产数量</td><td colspan="2">20台</td></tr>
</table>

保管员：田　元　　生产负责人：赵　显　　领料人：付允昌

表6-2 **发货票**

购货单位：××机械厂

结算方式：转账支票　　20×5年6月10日　　编号：07689

品名及规格	单位	数量	单价	金额
30m/m普通圆钢	千克	10 000	0.75	7 500
总计人民币（大写）柒仟伍佰元整				

会计（签章）：　　复核（签章）：　　制单（签章）：

2. 累计凭证的填制

累计凭证应在每次经济业务完成后，由相关人员在同一张凭证上重复填制完成。该凭证能在一定时期内不断重复地反映同类经济业务的完成情况。

其特点是在一张凭证内可以连续登记相同性质的经济业务，随时结出累计数及结余数，并按照费用限额进行费用控制，期末按实际发生额记账。它们的填制手续不是一次完成的，而是在规定时期内把同类经济业务在一张凭证中连续按行记载，直到期末求出总数以后，才作为记账的原始依据。例如，限额领料单（格式见表6-3）就是一种累计凭证。累计凭证是多次有效的原始凭证。

3. 汇总凭证的填制

汇总凭证应由相关人员在汇总一定时期内反映同类经济业务的原始凭证后填制完成。该凭证只能将类型相同的经济业务进行汇总，不能汇总两类或两类以上的经济业务。例如，月末根据月份内所有领料单编制的发料凭证汇总表（格式见表6-4）就是其中的一种汇总凭证。

（三）外来原始凭证的填制要求

外来原始凭证应在企业同外单位发生经济业务时，由外单位的相关人员填制完成。外来原始凭证一般由税务局等部门统一印制，或经税务部门批准由经营单位印制，在填制时加盖出具凭证单位公章方为有效。对于一式多联的原始凭证必须用复写纸套写或打印机套打。

表6-3 **限额领料单**

领料单位：二车间　　　　发料仓库：2号库

用途：生产乙产品　　　　20×5年4月　　　　编号：0112

材料类别	材料编号	材料名称及规格	计量单位	单价	全月领用限额	全月实领	
						数量	金额
黑色金属	030236	2.0m/m 普通圆钢	千克	0.90	2 000	2 000	1 800

供应部门负责人（签章）：　　　　生产计划部门负责人（签章）：

日期	请　领		实　发			限额结余	退　库	
	数量	领料单位负责人	数量	发料人	领料人		数量	退料单编　号
1	500	×××	500	×××	×××	1 500		
7	500	×××	500	×××	×××	1 000		
15	500	×××	500	×××	×××	500		
23	500	×××	500	×××	×××	0		
合计	2 000		2 000					

仓库负责人（签章）：

表6-4 发料凭证汇总表

20×5年×月

借方科目	原材料	燃　料	合　计
生产成本			
1—15日	3 500	155	3 655
16—30日	3 000	45	3 045
合计	6 500	200	6 700
制造费用			
1—15日	100	20	120
16—30日	50	15	65
合计	150	35	185
管理费用			
1—15日	30	40	70
16—30日	20	25	45
合计	50	65	115
本月发出总计	6 700	300	7 000

【真题演练】下列各项属于填制原始凭证的基本要求的有（　　）。

A.记录真实　　B.内容完整

C.手续完备　　D.填制及时

【答案】ABCD

【解析】填制原始凭证的基本要求有：原始凭证的填制必须符合下列要求：①记录真实；②内容完整；③手续完备；④书写清楚、规范；⑤连续编号；⑥不得涂改、刮擦、挖补；⑦填制及时。

四、原始凭证的审核

《会计法》第十四条规定：会计机构、会计人员必须按照国家统一的会计制度的规定对原始凭证进行审核，对不真实、不合法的原始凭证有权不予接受，并向单位负责人报告；对记载不准确、不完整的原始凭证予以退回，并要求按照国家统一的会计制度的规定更正、补充。这条规定为会计人员审核原始凭证提供了法律上的依据。

为了如实反映经济业务的发生和完成情况，充分发挥会计的监督职能，保证会计信息的真实、合法、完整和准确，会计人员必须对原始凭证进行严格审核。审核的内容主要包括：①审核原始凭证的真实性；②审核原始凭证的合法性；③审核原始凭证的合理性；④审核原始凭证的完整性；⑤审核原始凭证的正确性；⑥审核原始凭证的及时性。

（1）审核原始凭证的真实性，即审核原始凭证所记载的经济业务是否与实际业务情况相符合，包括经济业务有关的当事单位和当事人是否真实，经济业务发生的时间、地点和填制凭证的日期是否准确，经济业务的内容及数量方面（包括实物数量、计量单位、单价、金额）是否与实际情况相符等。

（2）审核原始凭证的合法性，即审核原始凭证所反映的经济业务是否符合国家法律法规、方针政策、财务制度和计划、预算的规定。成本费用开支的范围、标准是否按规定执行，有无违反制度规定报销的情况，各项支出是否符合增收节支、增产节约、提高经济效益的原则，有无铺张浪费现象等。

（3）审核原始凭证的完整性，即审核原始凭证填制的内容是否完整，有关手续是否齐全，有无遗漏的项目，文字和数字是否书写清楚，数量、单价、金额在计算上是否正确，大写与小写金额是否相符，凭证格式及填写方法是否规范，单位公章或财务专用章、发票专用章以及有关人员的签字盖章是否具备，须经政府有关部门或领导批准的经济业务其审批手续是否按规定履行等。

另外，原始凭证的合理性、正确性、及时性也是审核的要点。对于手续不完备、数字有差错、处理不及时的原始凭证，应向原经办部门和人员讲清楚，并退还给经办部门或人员补办手续或进行更正。

原始凭证经审核无误后才能作为登记明细分类账户和编制记账凭证的依据。对于真实、合法、合理但内容不够完整、填写有错误的原始凭证，应退回给有关经办人员，由其负责将有关凭证补充完整、更正错误或重开后，再办理正式会计手续。对于不真实、不合法的原始凭证，会计机构、会计人员有权不予接受，并向单位责任人报告。

【真题演练】审核原始凭证需关注的内容包括（　　）。

A.原始凭证的真实性

B.原始凭证的合法性

C.原始凭证的完整性

D.原始凭证的及时性

【答案】ABCD

【解析】原始凭证审核的内容包括：①审核原始凭证的真实性；②审核原始凭证的合法性；③审核原始凭证的完整性；④审核原始凭证的合理性；⑤审核原始凭证的正确性；⑥审核原始凭证的及时性。

第三节　记账凭证

一、记账凭证的种类

记账凭证可按不同的标准进行分类，按照用途可分为专用记账凭证和通用记账凭证；按照填列方式可分为单式记账凭证和复式记账凭证。

（一）按凭证的用途分类

1.专用记账凭证

专用记账凭证是指分类反映经济业务的记账凭证，按其反映的经济业务内容，可分为收款凭证、付款凭证和转账凭证。

（1）收款凭证

收款凭证是指用于记录现金和银行存款收款业务的记账凭证。它既可以作为登记库存现金和银行存款日记账及有关明细账的依据，也是出纳员收款的证明（格式见表6-5）。

表6-5　**收款凭证**

借方科目：银行存款　20×5年9月20日　收字第30号

摘　要	贷方科目		记　账	金　额
	一级科目	二级或明细科目		
收到青风厂前欠货款	应收账款	青风厂		8 000
合　计				8 000

附件　张

会计主管：　记账：　出纳：　审核：　制证：

（2）付款凭证

付款凭证是指用于记录现金和银行存款付款业务的记账凭证。它可以作为登记库存现金和银行存款日记账及有关明细账的依据，也是出纳员付出款项的证明（格式见表6-6）。

（3）转账凭证

转账凭证是指用于记录不涉及现金和银行存款业务的记账凭证。它是根据有关转账业务的原始凭证填制的，以作为登记有关账簿的依据（格式见表6-7）。

2.通用记账凭证

上述收款凭证、付款凭证和转账凭证，统称为专用记账凭证。有些经济业务比较

表6-6 **付款凭证**

贷方科目：库存现金　　20×5年9月25日　　付字第20号

摘　要	借方科目		记　账	金　额	
	一级科目	二级或明细科目			
王林出差借差旅费	其他应收款	王林		200	附件
					张
合　计				200	

会计主管：　记账：　出纳：　审核：　制证：

表6-7 **转账凭证**

20×5年×月×日　　转字第1号

摘　要	会计科目	账页	借方金额		贷方金额		
			一级科目	二级或明细科目	一级科目	二级或明细科目	
××单位投资转入机器一台	固定资产		85 000				附件2张
	机器			85 000			
	实收资本				85 000		
	法人资本					85 000	
合　计			85 000	85 000	85 000	85 000	

会计主管：　记账：　审核：　制证：

简单或收付款业务不多的单位，可以使用一种通用格式的记账凭证。通用记账凭证是指用来反映所有经济业务的记账凭证，为各类经济业务所共同使用，其格式与转账凭证基本相同。这种记账凭证既可用于反映收付款业务，又可用于反映转账业务，称为通用记账凭证（格式见表6-8）。

表6-8 **记账凭证**

20×5年×月×日　　收字第1号

摘　要	一级科目	明细科目	账页	借方金额	贷方金额	
收回××单位前欠货款	银行存款			3 560		附件1张
	应收账款	××单位			3 560	
合　计				3 560	3 560	

会计主管：　记账：　复核：　制证：

【真题演练】下列记账凭证中，不会涉及“库存现金”和“银行存款”科目的凭证是（　　）。

A.收款凭证　　B.转账凭证

C.原始凭证　　D.记账凭证

【答案】B

【解析】转账凭证是用于记录不涉及库存现金和银行存款业务的凭证。

（二）按凭证的填列方式分类

1.单式记账凭证

单式记账凭证是指只填列经济业务所涉及的一个会计科目及金额的记账凭证。就是说，一笔经济业务涉及几个会计科目，就填制几张凭证。填列借方科目的称为借项凭证，填列贷方科目的，称为贷项凭证。下面列举一种通用格式的单式记账凭证，经济业务如下：某企业20×5年×月×日收到开户银行通知，收到外地某购货单位前欠货款3 560元。记账凭证见表6-9。

表6-9　　**收款凭证**

借方：银行存款　　20×5年×月×日　　银收字第1号

摘　要	贷方科目	账页	金　额	
			一级科目	二级或明细科目
收回××单位前欠货款	应收账款——××单位		3 560	3 560
合　计			3 560	3 560

附件1张

会计主管：　记账：　出纳：　复核：　制证：

2.复式记账凭证

复式记账凭证是将每一笔经济业务所涉及的全部科目及其发生额均在同一张记账凭证中反映的一种凭证。就是说，不论一笔经济业务涉及几个会计科目，均可以反映在一张记账凭证上。前面列举的收款凭证、付款凭证和转账凭证，都是复式记账凭证。采用复式记账凭证，在登记账簿（主要指登记日记账和明细账）时，记账凭证需要在不同记账人员之间依次传递，因此，记账凭证也被称为“传票”。

无论哪一种记账凭证，都必须根据审核无误的原始凭证来编制，并按原始凭证所反映的经济业务的内容作出相应的会计分录，填明记账符号、科目名称和金额以便据以登记有关账簿。

二、记账凭证的基本内容

记账凭证是登记账簿的依据，因其所反映经济业务的内容不同、各单位规模大小及其对会计核算繁简程度的要求不同，其内容有所差异，但应当具备以下基本内容：（1）填制凭证的日期；（2）凭证编号；（3）经济业务摘要；（4）会计科目；（5）金额；(6) 所附原始凭证张数；(7) 填制凭证人员、稽核人员、记账人员、会计机构负责人、会计主管人员签名或者盖章。收款和付款记账凭证还应当由出纳人员签名或者盖章。以自制的原始凭证或者原始凭证汇总表代替记账凭证的，也必须具备记账凭证应有的项目。

收款凭证和付款凭证，是根据有关库存现金和银行存款收付业务的原始凭证填制的。凡是引起库存现金、银行存款增加的业务，都要根据库存现金、银行存款增加的原始凭证，编制库存现金、银行存款的收款凭证；凡是引起库存现金、银行存款减少的业务，都要根据库存现金、银行存款减少的原始凭证，编制库存现金、银行存款的付款凭证。对于库存现金和银行存款之间的相互划转，如从银行提取库存现金或把库存现金送存银行，为避免重复记账，一般只编制付款凭证，而不再编制收款凭证；或既编收款凭证又同时编付款凭证，但都不记入对方账户。出纳人员对于已经收讫的收款凭证和已经付讫的付款凭证及其所附的各种原始凭证，都要加盖“收讫”和“付讫”的戳记，以免重收重付。出纳人员和有关记账人员都应根据盖有收、付讫戳记的收、付款凭证登记有关账簿。

转账凭证是根据有关转账业务的原始凭证填制的，作为登记有关账簿的直接依据。

为了简化和便于记账凭证的填制工作，可以先将同类的原始凭证编制原始凭证汇总表，再根据原始凭证汇总表编制记账凭证。例如，根据月份内所有领料单可以编制“发料凭证汇总表”，月终加计总数以后，据以编制一张转账凭证。

三、记账凭证的填制要求

记账凭证根据审核无误的原始凭证或原始凭证汇总表填制。记账凭证填制正确与否，直接影响整个会计系统最终提供信息的质量。与原始凭证的填制相同，记账凭证也有记录真实，内容完整，手续齐全，填制及时等要求。

(一) 记账凭证填制的基本要求

(1) 记账凭证各项内容必须完整。

(2) 记账凭证的书写应当清楚、规范。相关要求同原始凭证。

(3) 除结账和更正错账可以不附原始凭证外，其他记账凭证必须附原始凭证。

(4) 记账凭证可以根据每一张原始凭证填制，或根据若干张同类原始凭证汇总填制，也可以根据原始凭证汇总表填制；但不得将不同内容和类别的原始凭证汇总填制在一张记账凭证上。

(5) 记账凭证应连续编号。凭证应由主管该项业务的会计人员，按业务发生的顺序并按不同种类的记账凭证采用“字号编号法”连续编号。如果一笔经济业务需要填制两张以上（含两张）记账凭证的，可以采用“分数编号法”编号。

(6) 填制记账凭证时若发生错误，应当重新填制。已登记入账的记账凭证在当年内发现填写错误时，可以用红字填写一张与原内容相同的记账凭证，在摘要栏注明

“注销某月某日某号凭证”字样，同时再用蓝字重新填制一张正确的记账凭证，注明“订正某月某日某号凭证”字样。如果会计科目没有错误，只是金额错误，也可将正确数字与错误数字之间的差额，另编一张调整的记账凭证，调增金额用蓝字、调减金额用红字。发现以前年度记账凭证有错误的，应当用蓝字填制一张更正的记账凭证。

（7）记账凭证填制完成后，如有空行，应当自金额栏最后一笔金额数字下的空行处至合计数上的空行处划线注销。

（二）收款凭证的填制要求

收款凭证左上角的“借方科目”按收款的性质填写“库存现金”或“银行存款”；日期填写的是填制本凭证的日期；右上角填写填制收款凭证的顺序号；“摘要”填写对所记录的经济业务的简要说明；“贷方科目”填写与收入“库存现金”或“银行存款”相对应的会计科目；“记账”是指该凭证已登记账簿的标记，防止经济业务重记或漏记；“金额”是指该项经济业务的发生额；该凭证右边“附件×张”是指本记账凭证所附原始凭证的张数；最下边分别由有关人员签章，以明确经济责任。

【例6-1】20×5年7月2日，甲公司出售废旧物资获得650元现金。收款凭证见表6-10。

表6-10　　**收款凭证**

借方科目：库存现金　　20×5年7月2日　　现收字第10号

摘　要	贷　方		金　额										过账页次
	总账科目	明细科目	千	百	十	万	千	百	十	元	角	分	
出售废旧物资	营业外收入	废旧物资收入						6	5	0	0	0	
附原始凭证　张		合　计						6	5	0	0	0	

会计主管：　　记账：　　审核：　　出纳：　　制单：

（三）付款凭证的填制要求

付款凭证是根据审核无误的有关库存现金和银行存款的付款业务的原始凭证填制的。付款凭证的填制方法与收款凭证基本相同，不同的是在付款凭证的左上角应填列贷方科目，即“库存现金”或“银行存款”科目，“借方科目”栏应填写与“库存现金”或“银行存款”相应的一级科目和明细科目。

对于涉及“库存现金”和“银行存款”之间的相互划转业务，为了避免重复记账，一般只填制付款凭证，不再填制收款凭证。

出纳人员在办理收款或付款业务后，应在原始凭证上加盖“收讫”或“付讫”的戳记，以免重收重付。

【例6-2】20×5年7月6日，甲公司以银行存款支付前欠宏伟公司购货款65 000元。付款凭证见表6-11。

表6-11 付款凭证

贷方科目：银行存款　　20×5年7月6日　　银付字第10号

摘要	借方		金额										过账页次
	总账科目	明细科目	千	百	十	万	千	百	十	元	角	分	
支付宏伟公司前欠货款	应付账款	宏伟公司				6	5	0	0	0	0	0	
附原始凭证　张		合　计				6	5	0	0	0	0	0	

会计主管：　　记账：　　审核：　　出纳：　　制单：

【真题演练】涉及“库存现金”和“银行存款”之间的经济业务，既要填制付款凭证，又要填制收款凭证。

【答案】×

【解析】对于涉及“库存现金”和“银行存款”之间的经济业务，一般只填制付款凭证，不填制收款凭证。

（四）转账凭证的填制要求

转账凭证通常是根据有关转账业务的原始凭证填制的。转账凭证中“总账科目”和“明细科目”栏应填写应借、应贷的总账科目和明细科目，借方科目应记金额应在同一行的“借方金额”栏填列，贷方科目应记金额应在同一行的“贷方金额”栏填列，“借方金额”栏合计数与“贷方金额”栏合计数应相等。

此外，某些既涉及收款业务，又涉及转账业务的综合性业务，可分开填制不同类型的记账凭证。

【例6-3】20×5年7月12日，甲公司向育才学校销售商品，价款26 000元，增值税销项税额4 420元，冲销育才学校预付账款。转账凭证格式见表6-12。

表6-12　　　　　　　　　　　　**转账凭证**

20×5年7月12日　　　　　　　　　　　　转字第10号

摘要	总账科目	明细科目	借方金额										贷方金额										登记
			千	百	十	万	千	百	十	元	角	分	千	百	十	万	千	百	十	元	角	分	
销售商品冲减预收育才学校款	预收账款	育才学校				3	0	4	2	0	0	0											
	主营业务收入															2	6	0	0	0	0	0	
	应交税费	应交增值税（销项税额）															4	4	2	0	0	0	
附原始凭证　张	合　计					3	0	4	2	0	0	0				3	0	4	2	0	0	0	

会计主管：　　　记账：　　　审核：　　　出纳：　　　制单：

四、记账凭证的审核

为了保证会计信息的质量，在记账之前应由有关稽核人员对记账凭证进行严格的审核，审核的内容主要包括：

（1）内容是否真实。记账凭证是否附有原始凭证；记账凭证的内容与所附原始凭证的内容是否相符；记账凭证上填写的附件张数与实际原始凭证张数是否相符。

（2）项目是否齐全。记账凭证中有关项目是否填列齐全，有关人员是否签字或盖章。

（3）科目是否正确。会计科目应用是否正确；二级或明细科目是否齐全；科目对应关系是否清晰。

（4）金额是否正确。

（5）书写是否规范。填写的摘要是否清楚，是否正确归纳了经济业务的实际内容。

（6）手续是否完备。

另外，出纳人员在办理收款或付款业务后，应在凭证上加盖“收讫”或“付讫”戳记，以避免重收重付。

在审核过程中若发现记账凭证填制有错误或者不符合要求，则需要由填制人员重新填制或按规定的方法进行更正。经过审核无误的记账凭证，便可据以记账。

第四节 会计凭证的传递与保管

一、会计凭证的传递

会计凭证的传递是指从会计凭证的取得或填制时起至归档保管过程中，在单位内部有关部门和人员之间的传送程序。会计凭证的传递，应当满足内部控制制度的要求，使传递程序合理有效，同时尽量节约传递时间，减少传递的工作量。各单位应根据具体情况确定每一种会计凭证的传递程序和方法。

会计凭证的传递具体包括传递程序和传递时间。各单位应根据经济业务特点、内部机构设置、人员分工和管理要求，具体规定各种凭证的传递程序；根据有关部门和经办人员办理业务的情况，确定凭证的传递时间。明确规定凭证传递的路线和时间，不仅可以及时地反映和监督经济业务的发生或完成情况，而且可以促使经办业务的部门和人员及时、正确地完成经济业务和办理凭证手续，从而加强经营管理岗位责任制。例如，对材料收入业务的凭证传递，应明确规定：材料运达企业后需要多长时间验收入库，由谁负责填制收料单，在何时将收料单送交到会计部门及有关部门，会计部门接到收料单由谁负责审核，由谁在何时编制记账凭证和登记账簿，由谁负责整理及保管凭证等等。这样，就可以把材料收入业务从验收入库到登记入账的全部工作在本单位内部进行分工协作，共同完成。同时还可以考核经办业务的有关部门和人员是否按照规定的会计手续办事。

科学而又合理的凭证传递程序应能适应经济业务的特点，结合本单位各部门和人员分工的具体情况，满足各个工作环节加强经营管理的需要。这就要求会计凭证沿着最迅速、最合理的轨道传递，使会计凭证在传递过程中只经过必要的部门和人员，而且明确规定凭证在每个部门和业务环节停留的最长时间，并指定专人负责按照规定的顺序和时间监督凭证传递，做到凭证传递满足需要、手续完备、层次清楚、责任明确、传递及时。

二、会计凭证的保管

会计凭证的保管是指会计凭证记账后的整理、装订、归档和存查工作。会计凭证作为记账的依据，是重要的会计档案和经济资料。本单位以及其他有关单位，可能因为各种需要查阅会计凭证，特别是发生贪污、盗窃、违法乱纪行为时，会计凭证还是依法处理的有效证据。因此，任何单位在完成经济业务手续和记账后，必须将会计凭证按规定的立卷归档制度形成会计档案资料，妥善保管，防止丢失，不得任意销毁，以便日后随时查阅。

会计凭证的保管要求主要有：

（1）会计凭证应定期装订成册，防止散失。会计部门在依据会计凭证记账以后，应定期（每天、每旬或每月）对各种会计凭证进行分类整理，将各种记账凭证按照编号顺序，连同所附的原始凭证一起加具封面和封底，装订成册，并在装订线上加贴封签，由装订人员在装订线封签处签名或盖章。

从外单位取得的原始凭证遗失时，应取得原签发单位盖有公章的证明，并注明原始凭证的号码、金额、内容等，由经办单位会计机构负责人（会计主管人员）和单位负责人批准后，才能代作原始凭证。若确实无法取得证明的，如车票丢失，则应由当事人写明详细情况，由经办单位会计机构负责人（会计主管人员）和单位负责人批准后，代作原始凭证。

会计凭证的装订要求为每月记账完毕，要将本月的记账凭证按类别及编号顺序整理，检查有无缺号、附件是否齐全，然后加上封面和封底，装订成册；装订时要按凭证封面大小折叠整齐。从外单位取得的原始凭证遗失时，应取得原签发单位盖有公章的证明，并注明原始凭证的号码、金额、内容等，由经办单位会计机构负责人、会计主管人员和单位负责人批准后，才能代作原始凭证。确实无法取得证明的，如车票丢失，则应由当事人写明详细情况，由经办单位会计机构负责人、会计主管人员和单位负责人批准后，代作原始凭证。

（2）会计凭证封面应注明单位名称、凭证种类、凭证张数、起止号数、年度、月份、会计主管人员和装订人员等有关事项，会计主管人员和保管人员应在封面上签章。

（3）会计凭证应加贴封条，防止抽换凭证。原始凭证不得外借，其他单位如有特殊原因确实需要使用时，经本单位会计机构负责人（会计主管人员）批准，可以复制。向外单位提供的原始凭证复制件，应在专设的登记簿上登记，并由提供人员和收取人员共同签名、盖章。装订人应在装订线封签处签名或盖章。

（4）原始凭证较多时，可单独装订，但应在凭证封面注明所属记账凭证的日期、编号和种类，同时在所属的记账凭证上应注明“附件另订”及原始凭证的名称和编号，以便查阅。对各种重要的原始凭证，如押金收据、提货单等，以及各种需要随时查阅和退回的单据，应另编目录，单独保管，并在有关的记账凭证和原始凭证上分别注明日期和编号。

（5）每年装订成册的会计凭证，在年度终了时可暂由单位会计管理机构保管1年，期满后应当移交本单位档案管理机构统一保管；未设立档案机构的，应当在会计机构内部指定专人保管。出纳人员不得兼管会计档案。

（6）严格遵守会计凭证的保管期限要求，期满前不得任意销毁。《会计档案管理办法》规定，原始凭证、记账凭证和汇总凭证的保管期限为15年。保存期满需要销毁时，必须开列清单，按照规定手续报经批准，批准后方可销毁。

各种经济合同、存出保证金收据和涉外交付等重要的原始凭证，应当另编目录单独保管，并在有关记账凭证和原始凭证上相互注明日期和编号。

【真题演练】（ ）是指会计凭证登账后的整理、装订和归档存查。

A.会计凭证的编制　　B.会计凭证的传递

C.会计凭证的保管　　D.会计凭证的记录

【答案】C

【解析】会计凭证的保管是指会计凭证登账后的整理、装订和归档存查。

>> 同步练习

一、单项选择题

1.出纳人员在办理收款或付款后，应在（ ）上加盖“收讫”或“付讫”的戳记，以避免重收重付。

A.记账凭证　　B.原始凭证　　C.收款凭证　　D.付款凭证

2.仓库保管人员填制的产品入库单，属于企业的（ ）。

A.外来原始凭证　　B.自制原始凭证

C.累计原始凭证　　D.汇总原始凭证

3.在原始凭证上书写阿拉伯数字，错误的做法是（ ）。

A.金额数字前书写货币币种符号

B.币种符号与金额数字之间不得留有空白

C.币种符号与金额数字之间要留有空白

D.数字前写有币种符号的，数字后不再写货币单位

4.某会计人员在审核记账凭证时，发现误将6 000元写成600元，尚未入账，一般应采用（ ）改正。

A.重新编制记账凭证　　B.红字更正法

C.补充登记法　　D.冲账法

5.下列原始凭证中，属于通用凭证的是（ ）。

A.领料单　　B.差旅费报销单

C.折旧计算表　　D.银行转账结算凭证

6.会计凭证登记账簿后的整理、装订和归档存查称为（ ）。

A.会计凭证的传递　　B.会计凭证的编制

C.会计凭证的保管　　D.会计凭证的销毁

7.某企业根据一项不涉及库存现金和银行存款的会计业务编制记账凭证，由于涉及项目较多，需填制两张记账凭证，则记账凭证编号为（ ）。

A.收字第××号　　B.转字第××号

C.收字第1/2号和收字第2/2号　　D.转字第1/2号和转字第2/2号

8.付款凭证左上角的“贷方科目”可能登记的科目是（ ）。

A.“应付账款”　　B.“银行存款”　　C.“预付账款”　　D.“其他应付款”

9.审核原始凭证所记录的经济业务是否符合企业生产经营的需要，是否符合有关的计划和预算，属于（　　）审核。

A.合理性　　B.合法性　　C.真实性　　D.完整性

10.外来原始凭证一般都是（　　）。

A.一次凭证　　B.累计凭证　　C.汇总原始凭证　　D.记账凭证

二、多项选择题

1.在原始凭证上书写阿拉伯数字，正确的有（　　）。

A.金额数字一律写到角、分

B.无角无分的，角位和分位可写“00”或者符号“—”

C.有角无分的，分位应当写“0”

D.有角无分的，分位也可以用符号“—”代替

2.原始凭证审核的内容包括（　　）。

A.经济业务内容是否真实

B.原始凭证的内容和填制手续是否完整

C.凭证上的有关数量、单价和金额是否正确无误

D.经济业务是否有违法乱纪行为

3.下列原始凭证中，属于单位自制原始凭证的有（　　）。

A.收料单　　B.限额领料单　　C.产品入库单　　D.领料单

4.下列属于原始凭证填制要求的有（　　）以及填制要及时。

A.记录真实　　B.内容完整　　C.手续完备　　D.连续编号

5.专用记账凭证按其所反映的经济业务是否与库存现金和银行存款有关，通常可分为（　　）。

A.收款凭证　　B.付款凭证　　C.转账凭证　　D.结算凭证

6.记账凭证的基本内容有填制凭证的日期及（　　）。

A.会计科目　　B.凭证编号

C.所附原始凭证张数　　D.经济业务摘要

7.记账凭证的填制除必须做到记录真实、内容完整、手续齐全、填制及时外，还必须符合（　　）要求。

A.如有空行，应当自金额栏最后一笔金额数字下的空行处至合计数上的空行处划线注销

B.填制记账凭证时若发生错误，应当重新填制

C.记账凭证应连续编号

D.所有记账凭证都必须附原始凭证

8.对原始凭证发生的错误，正确的更正方法有（　　）。

A.由出具单位重开或更正

B.由本单位的会计人员代为更正

C.金额发生错误的，可由出具单位在原始凭证上更正

D.金额发生错误的，应由出具单位重开

9.下列人员中，应在记账凭证上签名或盖章的有（　　）。

A.稽核人员　　B.会计主管人员

C.记账人员　　D.填制凭证人员

10.下列项目中，符合填制会计凭证要求的有（　　）。

A.汉字大小写金额必须相符且填写规范

B.阿拉伯数字可以连笔书写

C.阿拉伯数字前面的人民币符号写为“¥”

D.大写金额有分的，分字后面不写“整”或“正”字

三、判断题

1.原始凭证金额有错误的，应当由出具单位重开，不得在原始凭证上更正。（　　）

2.原始凭证不得外借，其他单位如因特殊原因需要使用原始凭证时，经本单位领导批准后，方可外借。（　　）

3.会计凭证的传递是指从原始凭证的填制或取得起，到会计凭证归档保管止，在财会部门内部按规定的路线进行传递和处理的程序。（　　）

4.会计凭证的保管中强调：会计凭证应加贴封条，防止抽换凭证。（　　）

5.从外单位取得的原始凭证，可以没有公章，但必须有经办人员的签名或盖章。（　　）

6.记账凭证填制完经济业务事项后，如有空行，应当自金额栏最后一笔金额数字下的空行处至合计数上的空行处用文字注销。（　　）

7.填制会计凭证，所有以元为单位的阿拉伯数字，除单价等情况外，一般填写到角分；有角无分的，分位应当写“0”或用符号“—”代替。（　　）

8.已登记入账的记账凭证在当年内发生填写错误时，可以用红字填写一张与原内容相同的记账凭证，在摘要栏注明“注销某月某日某号凭证”字样，同时再用蓝字重新填制一张正确的记账凭证，注明“订正某月某日某号凭证”字样。（　　）

9.如果原始凭证已预先印定编号，则在写坏作废时，应加盖“作废”戳记，妥善保管，不得撕毁。（　　）

10.发料凭证汇总表是一种汇总原始凭证。（　　）

四、计算分析题

目的：练习专用记账凭证的编制（以会计分录代替）。

资料：某企业20×4年6月发生的部分交易或者事项如下：

（1）从银行取得1年期借款100 000元，存入银行。

（2）某职工暂借差旅费600元，付给现金。

（3）领用材料一批，其中生产车间生产产品领用60 000元，管理部门领用

5 000元。

（4）以银行存款支付本月厂部办公费 7 000元。

（5）计算本月应纳所得税5 000元。

要求：根据上述交易或者事项编制专用记账凭证的会计分录，并按现收、银收、现付、银付、转字进行编号。

第七章
会计账簿

考纲知识体系

第一节	会计账簿概述	会计账簿的概念与作用（★★） 会计账簿的基本内容（★★） 会计账簿与账户的关系（★★★） 会计账簿的种类（★★）
第二节	会计账簿的启用与登记要求	会计账簿的启用（★★） 会计账簿的登记要求（★★★）
第三节	会计账簿的格式与登记方法	日记账的格式与登记方法（★★★★） 总分类账的格式与登记方法（★★★★） 明细分类账的格式与登记方法（★★★★） 总分类账户与明细分类账户的平行登记（★★★）
第四节	对账与结账	对账（★★★★） 结账（★★★★）
第五节	错账查找与更正的方法	错账查找方法（★★★★） 错账更正方法（★★★★）
第六节	会计账簿的更换与保管	会计账簿的更换（★★） 会计账簿的保管（★★）

考情分析

本章涉及的主要考点有会计账簿的概念与作用、会计账簿的基本内容、会计账簿与账户的关系、会计账簿的种类、会计账簿的启用、会计账簿的登记要求、日记账的格式与登记方法、总分类账的格式与登记方法、明细分类账的格式与登记方法、总分类账户与明细分类账户的平行登记、对账、结账、错账查找方法、错账更正方法、会计账簿的更换、会计账簿的保管，主要题型有单项选择题、多项选择题、判断题、计算分析题。本章内容较容易理解，考生针对考点进行记忆，结合练习题查缺补漏即可。

第一节 会计账簿概述

一、会计账簿的概念与作用

会计账簿是指由一定格式的账页组成的，以经过审核的会计凭证为依据，全面、系统、连续地记录各项经济业务的簿籍。设置和登记账簿，是编制财务报表的基础，是连接会计凭证和财务报表的中间环节。各单位应当按照国家统一的会计制度的规定和会计业务的需要设置会计账簿。对于账簿的概念，可以从两个方面来理解：一是从外表形式上看，账簿是由具有专门格式而又相互联结的若干账页组成的簿籍；二是从记录的内容上看，账簿是对各项经济业务进行分类和序时记录的簿籍。

如前所述，各企业、行政事业单位每发生一项经济业务必须取得和填制会计凭证，用以反映和监督经济业务的发生和完成情况。但是，会计凭证的数量多，又很分散，而且会计凭证对经济业务的反映是零散的，不能把单位在一定时期内发生的全部经济业务全面、系统、分类地反映出来，也不便于日后查阅，因而不能满足经营管理的需要。因此，为了把分散在会计凭证中的大量核算资料加以集中和归类整理，为经营管理提供系统、完整的核算资料，就必须利用设置和登记账簿这一会计核算的专门方法。

设置和登记账簿，是加工整理、积累、贮存会计资料的一种方法，是会计核算工作的一个重要内容，对加强经营管理具有重要作用。其主要有以下四个方面的作用：（1）记载和储存会计信息；（2）分类和汇总会计信息；（3）检查和校正会计信息；（4）编报和输出会计信息。

此外，通过设置和登记账簿，既便于保存会计资料和日后查阅使用，又便于会计核算工作的分工。

【真题演练】会计账簿具有（　　）的作用。

A.记载会计信息　B.储存会计信息　C.汇总会计信息　D.校正会计信息

【答案】ABCD

【解析】会计账簿具有记载和储存会计信息、分类和汇总会计信息、检查和校正会计信息、编报和输出会计信息的作用，故选项A、B、C、D均正确。

二、会计账簿的基本内容

在实际工作中，由于各种会计账簿所记录的经济业务不同，账簿的格式也多种多样，但各种账簿都应具备以下基本内容：

（1）封面

封面主要标明账簿的名称，如总账、债权债务明细账等。

（2）扉页

扉页主要列明科目索引、账簿启用和经管人员一览表。一般将科目索引列于账簿最前面，将账簿使用登记表列于账簿最后面。其格式见表7-1和表7-2。

表7-1 目录表

科目代号	总账科目	明细科目	账页起页	科目代号	总账科目	明细科目	账页起页

表 7-2 **账簿使用登记表**

<table>
<tr><td colspan="5">辽财会账证04号</td></tr>
<tr><td colspan="2">单位名称</td><td colspan="3"></td></tr>
<tr><td colspan="2">账簿名称</td><td colspan="3"></td></tr>
<tr><td colspan="2">册次及起讫页数</td><td colspan="3">自　　页起至　　页止共　　页</td></tr>
<tr><td colspan="2">启用日期</td><td colspan="3">年　　月　　日</td></tr>
<tr><td colspan="2">停用日期</td><td colspan="3">年　　月　　日</td></tr>
<tr><td>经管人员姓名</td><td>接管日期</td><td>交出日期</td><td>经管人员盖章</td><td>会计主管人员盖章</td></tr>
<tr><td></td><td>年　　月　　日</td><td>年　　月　　日</td><td></td><td></td></tr>
<tr><td></td><td>年　　月　　日</td><td>年　　月　　日</td><td></td><td></td></tr>
<tr><td>年月日</td><td>年　　月　　日</td><td></td><td></td><td></td></tr>
<tr><td>年月日</td><td>年　　月　　日</td><td></td><td></td><td></td></tr>
<tr><td>年月日</td><td>年　　月　　日</td><td></td><td></td><td></td></tr>
<tr><td>年月日</td><td>年　　月　　日</td><td></td><td></td><td></td></tr>
<tr><td rowspan="2">备考</td><td>单位公章</td><td rowspan="2"></td><td colspan="2" rowspan="2"></td></tr>
<tr><td></td></tr>
</table>

（3）账页

账页是账簿用来记录经济业务事项的载体，一般包括以下六个方面：

①账户名称或称会计科目、二级科目等。

②登账日期栏。

③凭证种类和号数栏。

④摘要栏（记录经济业务内容的简要说明）。

⑤借、贷方金额及余额的方向、金额栏。

⑥总页次和分户页次。

三、会计账簿与账户的关系

账簿与账户的关系是形式和内容的关系。账簿是由若干账页组成的一个整体，账簿中的每一账页就是账户的具体存在形式和载体，没有账簿，账户就无法存在；账簿序时、分类地记录经济业务，是在各个具体的账户中完成的。因此，账簿只是一个外在形式，账户才是它的实质内容。账簿与账户的关系是形式和内容的关系。

【真题演练】下列关于账簿与账户的关系表述，正确的有（ ）。

A.账户存在于账簿之中，没有账簿，账户就无法存在

B.账簿存在于账户之中，没有账户，账簿就无法存在

C.账簿只是一个外在形式，账户才是它的真实内容

D.账户只是一个外在形式，账簿才是它的真实内容

【答案】AC

【解析】账户存在于账簿之中，账簿中的每一账页就是账户的存在形式和信息载体。如果没有账户也就没有账簿；如果没有账簿，账户也无法存在。账簿只是一种外在形式，账户是它的真实内容，因此，选项AC正确。

四、会计账簿的种类

会计账簿的种类很多，不同类别的会计账簿可以提供不同的信息，满足不同的需要。这些账簿可以按不同的标准进行分类。

（一）按用途分类

账簿按用途分类，可以分为序时账簿、分类账簿和备查账簿。

1.序时账簿

序时账簿，又称日记账，是按照经济业务发生时间的先后顺序逐日、逐笔登记的账簿。序时账簿有两种使用方式：一是用来登记全部经济业务的发生情况，即把全部经济业务的各项会计分录都按照时间顺序记录在账簿中，故亦称分录簿。由于这种日记账不能分类反映经济业务的发生情况，也不便于分工记账，且记账工作繁重，因而很少被采用。另一种使用方式是用来记录某一类经济业务的发生情况，如库存现金日记账、银行存款日记账等。通常各单位只对库存现金和银行存款的收付业务设置库存现金日记账和银行存款日记账进行序时核算，以便加强对货币资金的管理。库存现金日记账和银行存款日记账的一般格式见表7-3和表7-4。

序时账簿按其记录的内容，可分为普通日记账和特种日记账。

普通日记账是对全部经济业务按其发生时间的先后顺序逐日、逐笔登记的账簿；特种日记账是对某一特定种类的经济业务按其发生时间的先后顺序逐日、逐笔登记的账簿。

表 7-3

库存现金日记账

年		凭证号	摘要	对方科目	借方										贷方										核对号	余额									
月	日				千	百	十	万	千	百	十	元	角	分	千	百	十	万	千	百	十	元	角	分		千	百	十	万	千	百	十	元	角	分

表 7-4

银行存款日记账

会计科目名称__________ 开户银行__________ 账户__________

年		凭证号	摘要	对方科目	借方												贷方												余额											
月	日				十	亿	千	百	十	万	千	百	十	元	角	分	十	亿	千	百	十	万	千	百	十	元	角	分	十	亿	千	百	十	万	千	百	十	元	角	分

2.分类账簿

分类账簿是按照会计要素的具体类别而设置的分类账户进行登记的账簿。账簿按其反映经济业务的详略程度，可分为总分类账簿和明细分类账簿。

总分类账簿，又称总账，是根据总分类账户开设的，能够全面地反映企业的经济活动；明细分类账簿，又称明细账，是根据明细分类账户开设的，用来提供明细的核算资料。总账对所属的明细账起统驭作用，明细账对总账进行补充和说明。

总账的一般格式见表7-5。

表7-5　**总账**

会计科目名称__________

年		凭证号	摘要	借方												贷方												核对号	借或贷	余额											
月	日			十	亿	千	百	十	万	千	百	十	元	角	分	十	亿	千	百	十	万	千	百	十	元	角	分			十	亿	千	百	十	万	千	百	十	元	角	分

明细分类账簿，又称明细分类账，简称明细账，是根据总账科目设置，按其所属二级或明细科目开设，用以记录某一类经济业务详细核算资料的分类账。明细账的格式见表7-6。

3.备查账簿

备查账簿，又称辅助登记簿或补充登记簿，是指对某些在序时账簿和分类账簿中未能记载或记载不全的经济业务进行补充登记的账簿，主要为某些经济业务的内容提供必要的参考资料，如以经营租赁方式租入固定资产的登记簿、受托加工材料的登记簿等。备查账簿只是对其他账簿记录的一种补充，与其他账簿之间不存在严密的依存和勾稽关系。备查账簿根据企业的实际需要设置，没有固定的格式要求。

【真题演练】账簿按用途分类时，管理费用明细账属于（　　）。

A.序时账簿　　B.分类账簿　　C.订本账簿　　D.备查账簿

【答案】B

【解析】账簿按用途分为序时账簿、分类账簿、备查账簿，分类账簿是对全部经济业务事项按照会计要素的具体类别而设置的分类账户进行登记的账簿，管理费用明细账属于分类账簿。

（二）按账页格式分类

1.两栏式账簿

两栏式账簿是指只有借方和贷方两个金额栏目的账簿。

2.三栏式账簿

三栏式账簿是指设有借方、贷方和余额三个金额栏目的账簿。各种日记账、总分类账以及资本、债权、债务明细账都可采用三栏式账簿。三栏式账簿又分为设对方科目和不设对方科目两种，其区别是在摘要栏和借方科目栏之间是否有一栏“对方科目”。有“对方科目”栏的，称为设对方科目的三栏式账簿；不设“对方科目”栏的，称为不设对方科目的三栏式账簿。

3.多栏式账簿

多栏式账簿是指在账簿的两个金额栏目（借方和贷方）按需要分设若干专栏的账簿。收入、费用明细账一般均采用这种格式的账簿。

4.数量金额式账簿

数量金额式账簿是指在账簿的借方、贷方和余额三个栏目内，每个栏目再分设数量、单价和金额三小栏，借以反映财产物资的实物数量和价值量的账簿。原材料、库存商品、产成品等明细账一般都采用数量金额式账簿。

5.横线登记式账簿

横线登记式账簿，又称平行式账簿，是指将前后密切相关的经济业务登记在同一行上，以便检查每笔业务的发生和完成情况的账簿。

（三）按外形特征分类

账簿按其外形特征，可以分为订本式账簿、活页式账簿和卡片式账簿三种。

1.订本式账簿

订本式账簿，简称订本账，是在启用前将编有顺序页码的一定数量账页装订成册的账簿。其优点是：可以避免账页散失，防止账页被抽换，比较安全。其缺点是：在分类账中，要为每一账户预留若干空白账页，如留页不够则会影响账户的连续记录，留页过多又会造成浪费；同一账簿在同一时间只能由一人登记，不便于记账人员分工。订本式账簿，一般用于具有统驭性和重要的账簿，如总分类账、库存现金日记账和银行存款日记账等。

2.活页式账簿

活页式账簿，简称活页账，是将一定数量的账页置于活页夹内，可根据记账内容的变化而随时增加或减少部分账页的账簿。其优点是：可以根据实际需要增添账页，不会浪费账页，使用灵活，便于分工记账。其缺点是：账页容易散失和被抽换。为克服其缺点，空白账页在使用时必须连续编号，装置在账夹中或临时装订成册，并由有关人员在账页上盖章，以防舞弊。使用完毕后，应装订成册。活页账一般用于明细分类账。

3.卡片式账簿

卡片式账簿，简称卡片账，是将一定数量的卡片式账页存放于专设的卡片箱中，可以根据需要随时增添账页的账簿。这种账簿的优缺点与活页账相同。使用时，亦应在卡片上连续编号，加盖有关人员的印章，并置放在卡片箱中，以保证安全。卡片账多用于固定资产的明细分类核算。

【真题演练】下列明细账中可以采用三栏式账簿的有（　　）。

A.预收账款明细账　　B.原材料明细账

C.产成品明细账　　D.应付账款明细账

【答案】AD

【解析】三栏式账簿是设有借方、贷方和余额三个基本栏目的账簿。各种日记账、总分类账以及资本、债权、债务明细账都可采用三栏式账簿。原材料、库存商品、产成品等明细账一般都采用数量金额式账簿。预收账款和应付账款属于债权债务类明细账，采用三栏式账簿。

第二节　会计账簿的启用与登记要求

一、会计账簿的启用

启用会计账簿时，应当在账簿封面上写明单位名称和账簿名称，并在账簿扉页上附启用表。启用订本式账簿应当从第一页到最后一页顺序编定页数，不得跳页、缺号。使用活页式账簿应当按账户顺序编号，并须定期装订成册，装订后再按实际使用的账页顺序编定页码，另加目录以便于记明每个账户的名称和页次。记账人员或者会计机构负责人、会计主管人员调动工作时，应当在账簿扉页的经管人员一览表中注明交接日期、接办人员或者监交人员姓名，并由交接双方人员签名或者盖章，以明确有关人员的责任，加强有关人员的责任感，维护会计记录的严肃性。

二、会计账簿的登记要求

为了保证账簿记录的正确性，必须根据审核无误的会计凭证登记会计账簿，并符合有关法律、行政法规和国家统一的会计准则制度的规定，主要有：

（1）准确完整。登记会计账簿时，应当将会计凭证日期、编号、业务内容摘要、金额和其他有关资料逐项记入账内，做到数字准确、摘要清楚、登记及时、字迹工整。

（2）注明记账符号。登记完毕后，要在记账凭证上签名或者盖章，并注明已经登账的符号表示已经登账。

（3）书写留空。账簿中书写的文字和数字上面要留有适当空格，不要写满格，一般应占格距的1/2。

（4）正常记账使用蓝黑墨水。登记账簿要用蓝黑墨水或者碳素墨水书写，不得使用圆珠笔（银行的复写账簿除外）或者铅笔书写。

（5）特殊记账使用红墨水。

下列情况可以用红色墨水记账：

①按照红字冲账的记账凭证，冲销错误记录；

②在不设借贷等栏的多栏式账页中，登记减少数；

③在三栏式账户的余额栏前，如未印明余额方向的，在余额栏内登记负数余额；

④根据国家统一的会计制度的规定可以用红字登记的其他会计记录。

（6）顺序连续登记。各种账簿应按页次顺序连续登记，不得跳行、隔页。如果发生跳行、隔页，应当将空行、空页划线注销，或者注明“此行空白”、“此页空白”字样，并由记账人员签名或者盖章。

（7）结出余额。凡需要结出余额的账户，应按时结出余额。库存现金日记账和银行存款日记账必须逐日结出余额；债权债务明细账和各种财产物资明细账，每次记账后，都要随时结出余额；总账平时每月需要结出月末余额。结出余额后，应当在“借或贷”等栏内写明“借”或者“贷”等字样。没有余额的账户，应在“借或贷”栏内写“平”字，并在“余额”栏用“θ”表示。一般来说，“θ”应当放在“元”位。

（8）过次承前。每一账页登记完毕结转下页时，应当结出本页合计数及余额，写在本页最后一行和下页第一行有关栏内，并在摘要栏内注明“过次页”和“承前页”字样，也可以将本页合计数及金额只写在下页第一行有关栏内，并在摘要栏内注明“承前页”字样。

对需要结计本月发生额的账户，如库存现金日记账、银行存款日记账、收入明细账等结计“过次页”的本页合计数应当为自本月初起至本页末止的发生额合计数；对需要结计本年累计发生额的账户，如主营业务收入明细账等结计“过次页”的本页合计数应当为自年初起至本页末止的累计数；对既不需要结计本月发生额，也不需要结计本年累计发生额的账户，如原材料明细账等可以只将每页末的余额结转次页。

（9）不得涂改、刮擦、挖补。

【真题演练】可以用红色墨水记账的有（　　）。

A.按照红字冲账的记账凭证，冲销错误记录

B.在不设借贷等栏的多栏式账页中，登记减少数

C.在三栏式账户的余额栏前，如未印明余额方向的，在余额栏内登记负数余额

D.根据国家统一的会计制度的规定可以用红字登记的其他会计记录

【答案】ABCD

【解析】下列情况，可以用红色墨水记账：①按照红字冲账的记账凭证，冲销错误记录；②在不设借贷等栏的多栏式账页中，登记减少数；③在三栏式账户的余额栏前，如未印明余额方向的，在余额栏内登记负数余额；④根据国家统一的会计制度的规定可以用红字登记的其他会计记录。

第三节　会计账簿的格式与登记方法

一、日记账的格式与登记方法

日记账是按照经济业务发生或完成的时间先后顺序逐日逐笔进行登记的账簿。设置日记账的目的是为了使经济业务的时间顺序清晰地反映在账簿记录中。日记账按其所核算和监督经济业务的范围，可分为特种日记账和普通日记账。

在我国，大多数企业一般只设库存现金日记账和银行存款日记账。

（一）库存现金日记账的格式与登记方法

库存现金日记账是用来核算和监督库存现金日常收、付和结存情况的序时账簿。库存现金日记账的格式主要有三栏式和多栏式两种，库存现金日记账必须使用订本账。

库存现金日记账由出纳人员根据同库存现金收付有关的记账凭证，按时间顺序逐日逐笔进行登记，并根据“上日余额+本日收入-本日支出=本日余额”的公式，逐日结出现金余额，与库存现金实存数核对，以检查每日现金收付是否有误。

1.三栏式库存现金日记账

三栏式库存现金日记账是用来登记库存现金的增减变动及其结果的日记账。设借方、贷方和余额三个金额栏目，一般将其分别称为收入、支出和结余三个基本栏目。三栏式库存现金日记账是由出纳人员根据库存现金收款凭证、库存现金付款凭证以及银行存款的付款凭证，按照库存现金收、付款业务和银行存款付款业务发生时间的先后顺序逐日逐笔登记。

三栏式库存现金日记账的登记方法如下：

①日期栏，指记账凭证的日期，应与库存现金的实际收付日期一致。

②凭证栏，指登记入账的收、付款凭证的种类和编号，如“库存现金收（付）款凭证”简写为“现收（付）”，“银行存款收（付）款凭证”简写为“银收（付）”。凭证栏还应登记凭证的编号数，其作用在于便于查账和核对。

③摘要栏，摘要说明登记入账的交易或者事项的内容。

④对方科目栏，指库存现金收入的来源科目或支出的用途科目。如李某预借差旅费，其支出的用途科目（即对方科目）为“其他应收款”，其作用在于了解交易或者事项的来龙去脉。

⑤借方、贷方（或收入、支出）栏，指库存现金实际收付的金额。如李某预借差旅费3 000元，应在“贷方”或“支出”金额栏登记“3 000”。

⑥日清月结，每日终了，应分别计算库存现金收入和支出的合计数，结出余额，做到“日清”，以便将账面余额与实存库存现金核对。月终，应计算出全月库存现金收入、支出合计数和余额，并在该行的上下各划一条通栏红线，做到“月结”。

2.多栏式库存现金日记账

多栏式库存现金日记账是在三栏式库存现金日记账基础上发展起来的。这种日记账的借方（收入）和贷方（支出）金额栏都按对方科目设专栏，也就是按收入的来源和支出的用途设专栏。这种格式在月末结账时，可以结出各收入来源专栏和支出用途专栏的合计数，便于对现金收支的合理性、合法性进行审核分析，便于检查财务收支计划的执行情况，其全月发生额还可以作为登记总账的依据。

多栏式库存现金日记账的登记方法是：先根据有关库存现金收入业务的记账凭证登记库存现金收入日记账，根据有关库存现金支出业务的记账凭证登记库存现金支出日记账，每日营业终了，根据库存现金支出日记账结计的支出合计数，一笔转入库存现金收入日记账的“支出合计”栏中，并结出当日余额。

【真题演练】库存现金日记账包括（　　）。

A.凭证栏　　B.日期栏

C.摘要栏　　D.对方科目栏

【答案】ABCD

【解析】三栏式库存现金日记账包括：①日期栏；②凭证栏；③摘要栏；④对方科目栏；⑤借方、贷方（或收入、支出）栏。

（二）银行存款日记账的格式与登记方法

银行存款日记账是用来核算和监督银行存款每日的收入、支出和结余情况的账簿。银行存款日记账应按企业在银行开立的账户和币种分别设置，每个银行账户设置一本日记账。由出纳员根据与银行存款收付业务有关的记账凭证，按时间先后顺序逐日逐笔进行登记。根据银行存款收款凭证和有关的库存现金付款凭证登记银行存款收入栏，根据银行存款付款凭证登记其支出栏，每日结出存款余额。

银行存款日记账的格式和登记方法与库存现金日记账相同。

二、总分类账的格式与登记方法

（一）总分类账的格式

总分类账是指按照总分类账户分类登记以提供总括会计信息的账簿。总分类账最常用的格式为三栏式，设有借方、贷方和余额三个金额栏目。

（二）总分类账的登记方法

总分类账的登记方法因登记的依据不同而有所不同。经济业务少的小型单位的总分类账可以根据记账凭证逐笔登记；经济业务多的大中型单位的总分类账可以根据记账凭证汇总表（又称科目汇总表）或汇总记账凭证等定期登记。

三、明细分类账的格式与登记方法

明细分类账是根据有关明细分类账户设置并登记的账簿。它能提供交易或事项比较详细、具体的核算资料，以补充总账所提供核算资料的不足。因此，各企业单位在设置总账的同时，还应设置必要的明细账。明细分类账一般采用活页式账簿、卡片式账簿。明细分类账一般根据记账凭证和相应的原始凭证来登记。

明细分类账是根据二级账户或明细账户开设账页，分类、连续地登记经济业务以提供明细核算资料的账簿，其格式有三栏式、多栏式、数量金额式、横线登记式等多种。

（一）三栏式

三栏式账页是设有借方、贷方和余额三个栏目，用以分类核算各项经济业务，提供详细核算资料的账簿，其格式与三栏式总账格式相同（见表7-6）。它适用于只进行金额核算的账户，如“应收账款”、“应付账款”、“短期借款”、“待摊费用”等账户的明细账户。

（二）多栏式

多栏式账页是将属于同一个总账科目的各个明细科目合并在一张账页上进行登记，即在这种格式账页的借方或贷方金额栏内按照明细项目设若干专栏。这种格式适用于收入、成本、费用类科目的明细核算，如“生产成本”、“制造费用”、“管理费用”等账户的明细账户。

（三）数量金额式

数量金额式账页适用于既要进行金额核算又要进行数量核算的账户，如原材料、库存商品等存货账户，其借方（收入）、贷方（发出）和余额（结存）都分别设有数量、单价和金额三个专栏（见表7-7）。

数量金额式账页提供了企业有关财产物资数量和金额收、发、存的详细资料，从而能加强财产物资的实物管理和使用监督，保证这些财产物资的安全完整。

（四）横线登记式

横线登记式账页是采用横线登记，即将每一相关的业务登记在一行，从而可依据

表 7-6 **明细账**

会计科目__________ 明细账户__________ 子目__________

年		凭证号	摘要	借方												贷方												借或贷	余额											
月	日			十	亿	千	百	十	万	千	百	十	元	角	分	十	亿	千	百	十	万	千	百	十	元	角	分		十	亿	千	百	十	万	千	百	十	元	角	分

表 7-7 **账簿名称**

类别： 编号：

品名或规格： 存放地点：

储备定额： 计量单位：

年		凭证		摘要	收入			发出			结存		
月	日	字	号		数量	单价	金额	数量	单价	金额	数量	单价	金额

每一行各个栏目的登记是否齐全来判断该项业务的进展情况。这种格式适用于登记材料采购、在途物资、应收票据和一次性备用金业务。

四、总分类账户与明细分类账户的平行登记

（一）总分类账户与明细分类账户的关系

在会计核算工作中，为了适应经营管理的需要，对于企业的一切经济业务都要在

有关会计科目中进行记录，既要提供总括的核算指标，又要提供明细的核算指标，因此，就必须同时设置总分类账户和明细分类账户。

总分类账户，是按照总分类会计科目分别开设的。总分类账户用来提供总括的核算资料，因而它只用货币计量单位进行金额核算。例如，设置和登记“原材料”总分类账户就可以提供有关全部材料的总分类核算资料，如期初结存数额、在一定时期内的增加数额和减少数额以及期末结存数额。根据这些资料就可以充分了解材料的储备是否能满足生产需要。又例如，通过“应付账款”总分类账户可以了解企业在一定时期内发生和偿还应付账款的总额，还有多少尚未偿还。这对企业合理调配资金的使用、及时清偿账款都是很必要的。

明细分类账户是对某一个总分类账户的核算内容，根据实际需要，按照详细的分类来分别设置的账户。在明细分类账户中，除应用货币计量单位进行金额核算外，有些账户还应用实物计量单位进行数量核算。例如，企业为了掌握各种原材料的收入、发出、结存情况和资金周转、占用情况，就有必要在原材料的总分类账户下，进一步按照材料的品种设置明细分类账户，进行明细分类核算。这样就可以在明细账中，既用货币度量又用实物度量来记录某一种材料的收入、发出、结存的数额，以满足生产经营及管理的需要。

由此可见，在实际会计核算工作中，有必要同时设置和应用两类账户，即总分类账户和明细分类账户。总分类账户是所属明细分类账户的统驭账户，对所属明细分类账户起着控制作用；明细分类账户则是总分类账户的从属账户，对其所隶属的总分类账户起着辅助作用。总分类账户及其所属明细分类账户的核算对象是相同的，它们所提供的核算资料互相补充，只有把二者结合起来，才能既总括又详细地反映同一核算内容。因此，总分类账户和明细分类账户必须平行登记。

（二）总分类账户与明细分类账户平行登记的要点

总分类账户是所属明细分类账户核算资料的综合，对所属明细分类账户起着统驭的作用；明细分类账户是有关总分类账户的具体化，对有关总分类账户起着补充说明的作用。两者反映的经济内容是相同的，只是它们所提供资料的详细程度不同。总分类账户和所属明细分类账户提供的资料互相补充，二者结合起来，既总括又详细地反映了同一经济业务。在账务处理上，总分类账户和所属明细分类账户存在着平等关系，因此，总分类账户和明细分类账户应平行登记。

平行登记是指对所发生的每项经济业务都要以会计凭证为依据，一方面记入有关总分类账户，另一方面记入所属明细分类账户的方法。

总分类账户与明细分类账户平行登记的要点是：

（1）方向相同。对每项经济业务在有关总分类账户及其所属明细分类账户中进行登记时，它们的记账方向相同，即凡是记入有关总分类账户借方的，也必须记入其所属各有关明细分类账户的借方；凡是记入总分类账户贷方的，也必须记入其所属各有关明细分类账户的贷方。

（2）期间一致。对每项经济业务，在登记总分类账户时，也必须同时在其所属明细分类账户中进行登记。

（3）金额相等。对每项经济业务，记入有关总分类账户中的金额，必须与记入其所属各有关明细分类账户中的金额之和相等。

总之，总分类账户与明细分类账户平行登记要求做到：所依据会计凭证相同、借贷方向相同、所属会计期间相同、记入总分类账户的金额与记入其所属明细分类账户的金额合计相等。

【真题演练】总分类账户与明细分类账户平行登记的要点包括（　　）。

A.必须由同一名会计人员登记

B.借贷方向相同

C.所属会计期间相同

D.记入总分类账户的金额与记入其所属明细分类账户的金额合计相等

【答案】BCD

【解析】总分类账户与明细分类账户平行登记的要点包括：①方向相同；②期间一致；③金额相等。

第四节　对账与结账

一、对账

（一）对账的概念

对账就是核对账目，是对账簿记录所进行的核对工作。

在会计工作中，由于种种原因，难免发生记账、计算等差错，也难免出现账实不符的现象。为了确保账簿记录的正确、完整、真实，在有关经济业务入账之后，必须进行账簿记录的核对。对账工作的目的就是保证账证相符、账账相符和账实相符。

对账工作一般在月末进行，即在记账之后、结账之前进行对账。遇特殊情况，如有人员办理调动手续前或发生非常事件后，应随时进行对账。

（二）对账的内容

对账一般可以分为账证核对、账账核对和账实核对。

对账的内容和方法如下：

1.账证核对

账簿是根据经过审核之后的会计凭证登记的，但实际工作中仍有可能发生账证不符的情况，记账后，应将账簿记录与会计凭证核对，核对账簿记录与原始凭证、记账凭证的时间、凭证字号、内容、金额等是否一致，记账方向是否相符，做到账证相符。

会计期末，如果发现账账不符，也可以再将账簿记录与有关会计凭证进行核对，以保证账证相符。

这种核对主要在日常编制凭证和记账过程中进行。必要时，也可以采用抽查核对和目标核对的方法进行。核对的重点是凭证所记载的业务内容、金额和分录是否与账簿中的记录一致。

2.账账核对

账账核对就是核对不同会计账簿之间的账簿记录是否相符。账账核对的内容主要包括：（1）总分类账簿之间的核对；（2）总分类账簿与所属明细分类账簿之间的核对；（3）总分类账簿与序时账簿之间的核对；（4）明细分类账簿之间的核对。

3.账实核对

账实核对是指各项财产物资、债权债务等账面余额与实有数额之间的核对。

账实核对的内容主要包括：（1）库存现金日记账账面余额与库存现金实际库存数逐日核对是否相符；（2）银行存款日记账账面余额与银行对账单的余额定期核对是否相符；（3）各项财产物资明细账账面余额与财产物资的实有数额定期核对是否相符；（4）有关债权债务明细账账面余额与对方单位的账面记录核对是否相符等。

通过上述的对账工作，就能做到账证相符、账账相符、账实相符，使会计核算资料真实、准确、可靠。

【真题演练】账实核对包括（　　）。

A.银行存款日记账账面余额与银行对账单的余额定期核对是否相符

B.库存现金日记账账面余额与库存现金实际库存数逐日核对是否相符

C.账簿记载内容应与记账凭证核对一致

D.有关债权债务明细账账面余额与对方单位的账面记录核对是否相符

【答案】ABD

【解析】账实核对包括：①库存现金日记账账面余额与库存现金实际库存数逐日核对是否相符；②银行存款日记账账面余额与银行对账单的余额定期核对是否相符；③各项财产物资明细账账面余额与财产物资的实有数额定期核对是否相符；④有关债权债务明细账账面余额与对方单位的账面记录核对是否相符等。

二、结账

（一）结账的概念

结账是一项将账簿记录定期结算清楚的账务工作。在一定时期结束时（如月末、季末或年末），为了编制财务报表，需要进行结账，具体包括月结、季结和年结。结账的内容通常包括两个方面：一是结清各种损益类账户，并据以计算确定本期利润；二是结出各资产、负债和所有者权益账户的本期发生额合计和期末余额。

（二）结账的程序

（1）结账前，将本期发生的经济业务全部登记入账，并保证其正确性。对于发现的错误，应采用适当的方法进行更正。

（2）在本期经济业务全面入账的基础上，根据权责发生制的要求，调整有关账项，合理确定应计入本期的收入和费用。

（3）将各损益类账户余额全部转入"本年利润"账户，结平所有损益类账户。

（4）结出资产、负债和所有者权益账户的本期发生额和余额，并转入下期。

上述工作完成后，就可以根据总分类账和明细分类账的本期发生额和期末余额，分别进行试算平衡。

（三）结账的方法

结账方法的要点主要有：

（1）对不需按月结计本期发生额的账户，每次记账以后，都要随时结出余额，每月最后一笔余额是月末余额，即月末余额就是本月最后一笔经济业务记录的同一行内余额。月末结账时，只需要在最后一笔经济业务记录之下通栏划单红线，不需要再次结计余额。

（2）库存现金、银行存款日记账和需要按月结计发生额的收入、费用等明细账，每月结账时，要在最后一笔经济业务记录下面通栏划单红线，结出本月发生额和余额，在摘要栏内注明"本月合计"字样，并在下面通栏划单红线。

（3）对于需要结计本年累计发生额的明细账户，每月结账时，应在"本月合计"行下结出自年初起至本月末止的累计发生额，登记在月份发生额下面，在摘要栏内注明"本年累计"字样，并在下面通栏划单红线。12月末的"本年累计"就是全年累计发生额，全年累计发生额下通栏划双红线。

（4）总账账户平时只需结出月末余额。年终结账时，为了总括地反映全年各项资金运动情况的全貌，核对账目，要将所有总账账户结出全年发生额和年末余额，在摘要栏内注明"本年合计"字样，并在合计数下通栏划双红线。

（5）年度终了结账时，有余额的账户，应将其余额结转下年，并在摘要栏注明"结转下年"字样；在下一会计年度新建有关账户的第一行余额栏内填写上年结转的余额，并在摘要栏注明"上年结转"字样，使年末有余额账户的余额如实地在账户中加以反映，以免混淆有余额的账户和无余额的账户。

【真题演练】每一账页登记完毕结转下页时，应当结出本页合计数及余额，写在本页最后一行和下页第一行相关栏内，并在摘要栏内注明"过次页"和"承前页"字样。（　　）

【答案】√

第五节 错账查找与更正的方法

一、错账查找方法

1.差数法

差数法是指按照错账的差数查找错账的方法。

2.尾数法

尾数法是指对于发生的差错只查找末位数，以提高查错效率的方法。这种方法适合于借贷方金额其他位数都一致，而只有末位数出现差错的情况。

3.除2法

除2法是指以差数除以2来查找错账的方法。当某个借方金额错记入贷方（或相反）时，出现错账的差数表现为错误的2倍，将此差数用2去除，得出的商即是反向的金额。

4.除9法

除9法是指以差数除以9来查找错账的方法，适用于以下三种情况：（1）将数字写小；（2）将数字写大；（3）邻数颠倒。

二、错账更正方法

按照《会计基础工作规范》的规定，更正错账的方法一般有三种，即划线更正法、红字更正法、补充登记法。涂改、挖补或用消字灵消除错误数字，都是违反《会计法》的行为。

（一）划线更正法

在结账前发现账簿记录有文字或数字错误，而记账凭证没有错误，采用划线更正法。

更正的方法是：先在错误的文字或数字上划一条红线，以表示予以注销，然后，将正确的文字或数字用蓝字写在被注销的文字或数字的上方，并由会计机构负责人及记账人员在更正处盖章。应当注意的是，更正时，必须将错误数字全部划销，而不能只划销更正其中个别数字，对于错误的文字，可以只划去更正错误的部分并应保持原有字迹仍可辨认，以备查考。

举例说明，会计在根据记账凭证记账时，将4 860.00元误写成4 800.00元。采用划线更正法是：应将错误数字4 800.00元全部用红线划销，然后在其上方写上正确的数字4 860.00元，并在更正处盖章或签名。

（二）红字更正法

红字更正，又称红字冲销。在会计上，以红字记录表明对记录的冲减。红字更正法，适用于以下两种情形：

（1）记账后发现记账凭证中的应借、应贷会计科目有错误所引起的记账错误。

更正的方法是：先用红字填制一张与原错误记账凭证内容完全相同的记账凭证，

并据以用红字登记入账，冲销原有错误的账簿记录；然后，再用蓝字或黑字填制一张正确的记账凭证，据以用蓝字或黑字登记入账。

例如，厂部管理人员预借差旅费700元，以现金付给。这项经济业务应借记“其他应收款”科目，贷记“库存现金”科目，但在填制记账凭证时，误编为如下会计分录，并已据以登记入账：

借：应收账款　　700

　贷：库存现金　　700

更正时，先用红字（以下用□表示红字）填制一张会计分录与原错误记账凭证相同的记账凭证，并据以用红字登记入账，以冲销原有错误的账簿记录：

借：应收账款　　[700]

　贷：库存现金　　[700]

然后，再用蓝字填制一张正确的记账凭证并据以登记入账：

借：其他应收款　　700

　贷：库存现金　　700

（2）记账后发现记账凭证和账簿记录中应借、应贷会计科目无误，只是所记金额大于应记金额所引起的记账错误。

更正的方法是：将多记的金额用红字填制一张与原错误记账凭证所记载的借贷方向，应借、应贷会计科目相同的记账凭证，并据以登记入账，以冲销多记金额，求得正确金额。

例如，将200元现金存入银行。在根据这项经济业务填制记账凭证时，误将金额填为2 000元，并已据以登记入账：

借：银行存款　　2 000

　贷：库存现金　　2 000

更正时，按多记的金额1 800元，用红字填制一张应借、应贷科目与原错误记账凭证相同的记账凭证，并据以用红字登记入账，以冲销多记的金额：

借：银行存款　　[1 800]

　贷：库存现金　　[1 800]

【真题演练】记账以后，如果发现记账凭证上的应借、应贷科目并无错误，只有金额错误，将1 500元记成了1 600元，应采用的更正方法是（　　）。

A.划线更正法　　B.补充登记法

C.划线登记法　　D.红字更正法

【答案】D

【解析】根据记账凭证所记录的内容记账以后，发现记账凭证中应借、应贷的会计科目，记账方向都没有错误，记账凭证和账簿记录的金额相吻合，只是所记金额大于应记的正确金额，应采用红字更正法。

（三）补充登记法

记账后发现记账凭证和账簿记录中应借、应贷会计科目无误，只是所记金额小于应记金额时，采用补充登记法。

更正的方法是：按少记的金额用蓝字填制一张应借、应贷会计科目与原错误记账凭证相同的记账凭证，并据以登记入账，以补充少记的金额。

例如，某公司李军预借差旅费100元，以现金付给。这项经济业务在填写记账凭证时，误将金额填写为10元，并已据以登记入账：

借：其他应收款　　10

　贷：库存现金　　10

更正时，按少记的金额90元用蓝字填制一张应借、应贷会计科目与原错误记账凭证相同的记账凭证，并据以登记入账，以补充少记的金额：

借：其他应收款　　90

　贷：库存现金　　90

【真题演练】记账以后，如果发现记账凭证上的应借、应贷科目并无错误，只有金额错误，将1 600元记成了1 500元，应采用的更正方法是（　　）。

A.划线更正法　　B.补充登记法

C.划线登记法　　D.红字更正法

【答案】B

【解析】记账以后，如果发现记账凭证和账簿的所记金额小于应记金额，而应借、应贷的会计科目并无错误，那么应用补充登记的方法予以更正。

第六节　会计账簿的更换与保管

一、会计账簿的更换

会计账簿的更换通常在新会计年度建账时进行。总账、日记账和多数明细账应每年更换一次。这些账簿在每年年终按规定办理完毕结账手续后，就应更换、启用新的账簿，并将余额结转记入新账簿中。有些明细账，如财产物资明细账和债权、债务明细账等，由于材料等财产物资的品种、规格繁多，债权、债务单位也较多，如果更新新账，重抄一遍的工作量相当大，因此，可以跨年度使用，不必每年更换一次。固定资产卡片等卡片式账簿，以及各种备查账簿可以跨年度连续使用。

二、会计账簿的保管

年度终了，各种账户在结转下年、建立新账后，一般应将旧账集中统一管理。会计账簿暂由本单位财务会计部门保管一年，期满后，由本单位财务会计部门编造清册移交本单位的档案部门保管。

各种账簿应当按年度分类归档，编造目录，妥善保管。既保证在需要时迅速查阅，又保证各种账簿的安全和完整。

保管期满后，还要按照规定的审批程序经批准后才能销毁。

账簿日常应由各自分管的记账人员专门保管，未经领导和会计负责人或有关人员批准，不许非经管人员翻阅、查看、摘抄和复制。会计账簿除非特殊需要或司法介入要求，一般不允许携带外出。

新会计年度对更换下来的旧账簿应进行整理、分类，对有些缺少手续的账簿，应补办必要的手续，然后装订成册，并编制目录，办理移交手续，按期归档保管。对会计账簿的保管既是会计人员应尽的职责，又是会计工作的重要组成部分。

【真题演练】新的会计年度开始，下列账簿可以继续使用，不必更换新账的是（ ）。

A.总分类账　　B.固定资产卡片账

C.库存现金日记账　　D.银行存款日记账

【答案】B

【解析】总账、日记账和多数明细账应每年更换一次；有些明细账，如财产物资明细账和债权、债务明细账等不必每年更换；固定资产卡片等卡片式账簿以及各种备查账簿可以跨年度连续使用。

>> 同步练习

一、单项选择题

1.不需要在会计账簿扉页上的启用表中填列的内容是（ ）。

A.记账人员　　B.启用日期　　C.账簿页数　　D.账户名称

2.将账簿划分为序时账簿、分类账簿和备查账簿的依据是（ ）。

A.账簿的用途　　B.账页的格式

C.账簿的外形特征　　D.账簿的性质

3.对全部经济业务事项按照会计要素的具体类别而设置的分类账户进行登记的账簿称为（ ）。

A.备查账簿　　B.序时账簿　　C.分类账簿　　D.三栏式账簿

4.下列对账工作中，属于账实核对的是（ ）。

A.银行存款日记账与银行对账单核对

B.总分类账与日记账核对

C.总分类账与所属明细分类账核对

D.会计部门的财产物资明细账与财产物资保管部门的有关明细账核对

5.会计账簿暂由本单位财务会计部门保管（ ）年，期满后，由财务会计部门编造清册移交本单位的档案部门保管。

A.1　B.3　C.5　D.10

6.下列做法不符合会计账簿的记账规则的是（　）。

A.账簿中书写的文字和数字占格距的1/2

B.使用圆珠笔登记账簿

C.登记账簿后，在记账凭证上注明已经登账的符号

D.按账簿页次顺序连续登记，不得跳行隔页

7.对账时，账账核对不包括（　）。

A.总账有关账户的余额核对　B.总账与明细账之间的核对

C.总账与备查簿之间的核对　D.总账与日记账的核对

8.在登记账簿过程中，每一账页的最后一行及下一页第一行都要办理转页手续，是为了（　）。

A.便于查账　B.防止遗漏

C.防止隔页　D.保持记录的连续性

9.错账更正时，划线更正法的适用范围是（　）。

A.记账凭证中会计科目或借贷方向错误，导致账簿记录错误

B.记账凭证正确，登记账簿时发生文字或数字错误

C.记账凭证中会计科目或借贷方向正确，所记金额大于应记金额，导致账簿记录错误

D.记账凭证中会计科目或借贷方向正确，所记金额小于应记金额，导致账簿记录错误

10.下列错账中，可以采用补充登记法更正的是（　）。

A.记账后发现记账凭证填写的会计科目无误，只是所记金额小于应记金额

B.在结账前发现账簿记录有文字或数字错误，而记账凭证没有错误

C.记账后在当年发现记账凭证所编制的会计分录错误

D.记账后在当年发现记账凭证所记金额大于应记金额

二、多项选择题

1.总分类账户与明细分类账户平行登记的要点包括（　）。

A.所属会计期间相同

B.借贷方向相同

C.记入总分类账户的金额与记入所属明细分类账户的金额合计相等

D.总分类账户与所属明细分类账户的核算对象是相同的

2.采用划线更正法，其要点包括（　）。

A.在错误的文字或数字上划一条蓝线注销

B.在错误的文字或数字（整个数字）上划一条红线注销

C.更正人在划线处盖章

D.将正确的文字或数字用蓝字写在划线的上端

3.明细分类账可以采用的账页格式有（　　）。

A.三栏式　　B.多栏式　　C.数量金额式　　D.横线登记式

4.账簿按用途不同可分为（　　）。

A.序时账簿　　B.分类账簿　　C.订本账簿　　D.备查账簿

5.收回货款1 000元存入银行，记账凭证误填为10 000元，并已入账，该错误的更正方法有（　　）。

A.采用划线更正法更正

B.用蓝字借记“应收账款”，贷记“银行存款”

C.用蓝字借记“银行存款”，贷记“应收账款”

D.用红字借记“银行存款”，贷记“应收账款”

6.错账的查找方法包括（　　）。

A.差数法　　B.尾数法　　C.除2法　　D.除9法

7.账簿按外形特征可分为（　　）。

A.订本式账簿　　B.多栏式账簿　　C.活页式账簿　　D.卡片账

8.下列账簿中，一般采用数量金额式的有（　　）。

A.原材料明细账　　B.库存商品明细账

C.应收账款明细账　　D.应交税费等往来结算账户

9.银行存款日记账的登记依据可以有（　　）。

A.银行存款收款凭证　　B.银行存款付款凭证

C.库存现金收款凭证　　D.库存现金付款凭证

10.采用划线更正法，其要点包括（　　）。

A.在错误的文字或数字（单个数字）上划一条红线注销

B.在错误的文字或数字（整个数字）上划一条红线注销

C.将正确的文字或数字用蓝字写在划线的上端

D.在划线处加盖会计机构负责人及记账人员名章

三、判断题

1.货币资金的日记账可以取代其总账。（　　）

2.明细账必须逐日逐笔登记，总账必须定期汇总登记。（　　）

3.新的会计年度开始时，必须更换全部账簿，不得只更换总账和库存现金日记账、银行存款日记账。（　　）

4.结账之前，如果发现账簿中所记文字或数字有过账笔误或计算错误，而记账凭证并没有错，可用划线更正法更正。（　　）

5.总分类账、库存现金及银行存款日记账一般都采用活页式账簿。（　　）

6.补充登记法一般适用于记账凭证所记会计科目无误，只是所记金额大于应记金额，从而引起的记账错误。（　　）

7.通过平行登记可以使总分类科目与其所属明细分类科目保持统驭关系，便于核对与检查，纠正错误与遗漏。（　　）

8.每一账页登记完毕结转下页时，应当结出本页合计数及余额，写在本页最后一行和下页第一行有关栏内，并在摘要栏内注明“过次页”和“承前页”字样。（　　）

9.每年年初，除了少数明细账不必更换新账外，总账、日记账和大部分明细账，都必须更换新账。（　　）

10.设置和登记账簿是编制会计报表的基础，是连接会计凭证与会计报表的中心环节。（　　）

四、计算分析题

目的：练习错账更正的方法。

资料：某企业20×4年6月查账时发现下列错账：

（1）行政管理部门购买办公用品100元，以现金支付，办公用品已交付使用。原编制的记账凭证的会计分录为：

借：管理费用　　1 000

　贷：库存现金　　1 000

（2）以银行存款10 600元购入设备一台，设备已交付使用。原编制的记账凭证的会计分录为：

借：固定资产　　1 060

　贷：银行存款　　1 060

（3）收到购货单位偿还上月所欠货款8 700元，存入银行。原编制的记账凭证的会计分录为：

借：银行存款　　8 700

　贷：应收账款　　8 700

该记账凭证在登记总账时，“应收账款”账户贷方所记金额为7 800元。

（4）接受某企业投资固定资产，评估确认价值为90 000元。原编制的记账凭证的会计分录为：

借：固定资产　　90 000

　贷：资本公积　　90 000

（5）用银行存款支付所欠供应单位货款1 000元。原编制的记账凭证的会计分录为：

借：应付账款　　7 000

　贷：银行存款　　7 000

要求：根据以上资料，分别采用适当的错账更正方法，予以更正。

第八章
账务处理程序

考纲知识体系

第一节	账务处理程序概述	账务处理程序的概念与意义（★★） 账务处理程序的种类（★★★★）
第二节	记账凭证账务处理程序	一般步骤（★★★） 记账凭证账务处理程序的内容（★★★★）
第三节	汇总记账凭证账务处理程序	汇总记账凭证的编制方法（★★★） 一般步骤（★★★） 汇总记账凭证账务处理程序的内容（★★★★）
第四节	科目汇总表账务处理程序	科目汇总表的编制方法（★★★） 一般步骤（★★★） 科目汇总表账务处理程序的内容（★★★★）

考情分析

本章涉及的主要考点有账务处理程序的概念与意义，账务处理程序的种类，汇总记账凭证、科目汇总表的编制方法，记账凭证账务处理程序、汇总记账凭证账务处理程序、科目汇总表账务处理程序的一般步骤和内容，主要题型有单项选择题、多项选择题、判断题，分值在考试中比例较低，但对考生将来的实务工作具有重要作用。考生应记忆三大账务处理程序的特点、优缺点、适用范围，并结合三大账务处理程序流程图比较它们的异同，加深记忆。

第一节　账务处理程序概述

一、账务处理程序的概念与意义

账务处理程序，又称会计核算组织程序或会计核算形式，是指会计凭证、会计账簿、财务报表相结合的方式，包括账簿组织和记账程序。账簿组织是指会计凭证和会计账簿的种类、格式，会计凭证与账簿之间的联系方法；记账程序是指由填制、审核原始凭证到填制、审核记账凭证，登记日记账、明细分类账和总分类账，编制财务报表的工作程序和方法等。把不同的会计凭证组织、账簿组织按不同的记账程序和方法结合在一起，就形成不同的账务处理程序。

账务处理程序解决的是会计核算工作的技术组织方式问题。科学、合理地选择账务处理程序的意义主要有：（1）有利于规范会计工作，保证会计信息加工过程的严密性，提高会计信息质量；（2）有利于保证会计记录的完整性和正确性，增强会计信息的可靠性；（3）有利于减少不必要的会计核算环节，提高会计工作效率，保证会计信息的及时性。

二、账务处理程序的种类

企业常用的账务处理程序主要有记账凭证账务处理程序、汇总记账凭证账务处理程序和科目汇总表账务处理程序等。它们之间的主要区别为登记总分类账的依据和方法不同。

（一）记账凭证账务处理程序

记账凭证账务处理程序是指对发生的经济业务，先根据原始凭证或汇总原始凭证填制记账凭证，再直接根据记账凭证登记总分类账的一种账务处理程序。

（二）汇总记账凭证账务处理程序

汇总记账凭证账务处理程序是指先根据原始凭证或汇总原始凭证填制记账凭证，定期根据记账凭证分类编制汇总收款凭证、汇总付款凭证和汇总转账凭证，再根据汇总记账凭证登记总分类账的一种账务处理程序。

（三）科目汇总表账务处理程序

科目汇总表账务处理程序，又称记账凭证汇总表账务处理程序，是指根据记账凭证定期编制科目汇总表，再根据科目汇总表登记总分类账的一种账务处理程序。

以上三种账务处理程序中，记账凭证账务处理程序是最基本的账务处理程序，是其他账务处理程序的基础。

【真题演练】在下列会计账务处理程序中，最基本的账务处理程序是（　　）。

A.通用日记账账务处理程序　　B.多栏式日记账账务处理程序

C.记账凭证汇总表账务处理程序　　D.记账凭证账务处理程序

【答案】D

【解析】记账凭证账务处理程序是指对发生的经济业务，先根据原始凭证或汇总原始凭证填制记账凭证，再直接根据记账凭证登记总分类账的一种账务处理程序，是最基本的一种账务处理程序。

第二节 记账凭证账务处理程序

一、一般步骤

记账凭证账务处理程序是指对发生的经济业务事项，根据原始凭证或汇总原始凭证编制记账凭证，然后直接根据记账凭证逐笔登记总分类账的一种账务处理程序。它是最基本的一种账务处理程序。

在记账凭证账务处理程序下，记账凭证可以采用通用格式，但一般都采用收款凭证、付款凭证和转账凭证三种格式：账簿需设置库存现金日记账、银行存款日记账、明细账和总账。明细账可根据实际需要采用三栏式、多栏式和数量金额式。

记账凭证账务处理程序的一般步骤是：

（1）根据原始凭证填制汇总原始凭证；

（2）根据原始凭证或汇总原始凭证，填制收款凭证、付款凭证和转账凭证，也可以填制通用记账凭证；

（3）根据收款凭证和付款凭证逐笔登记库存现金日记账和银行存款日记账；

（4）根据原始凭证、汇总原始凭证和记账凭证，登记各种明细分类账；

（5）根据记账凭证逐笔登记总分类账；

（6）期末，将库存现金日记账、银行存款日记账和明细分类账的余额与有关总分类账的余额核对相符；

（7）期末，根据总分类账和明细分类账的记录，编制财务报表。

二、记账凭证账务处理程序的内容

（一）特点

记账凭证账务处理程序的特点是直接根据记账凭证对总分类账进行逐笔登记。

（二）优缺点

记账凭证账务处理程序的优点是简单明了，易于理解，总分类账可以较详细地反映经济业务的发生情况；缺点是登记总分类账的工作量较大。

（三）适用范围

该账务处理程序适用于规模较小、经济业务量较少的单位。

上述记账凭证账务处理程序下会计凭证与账簿种类示意图及基本程序如图8-1、

图8-2所示。

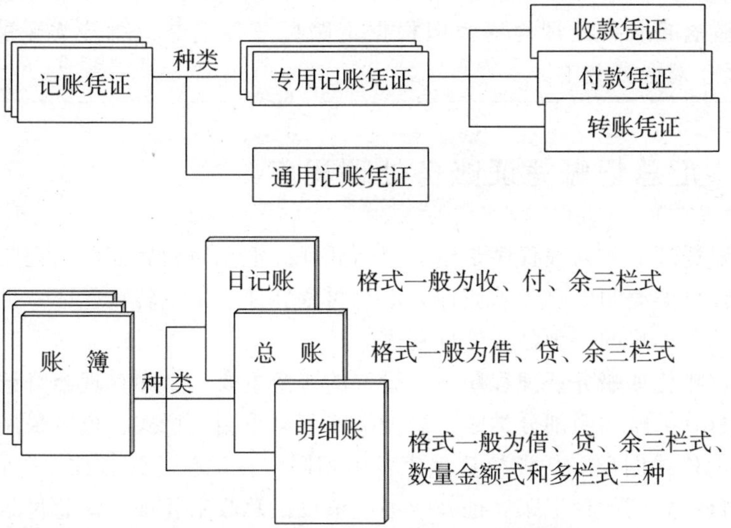

图8-1　记账凭证账务处理程序下会计凭证与账簿种类示意图

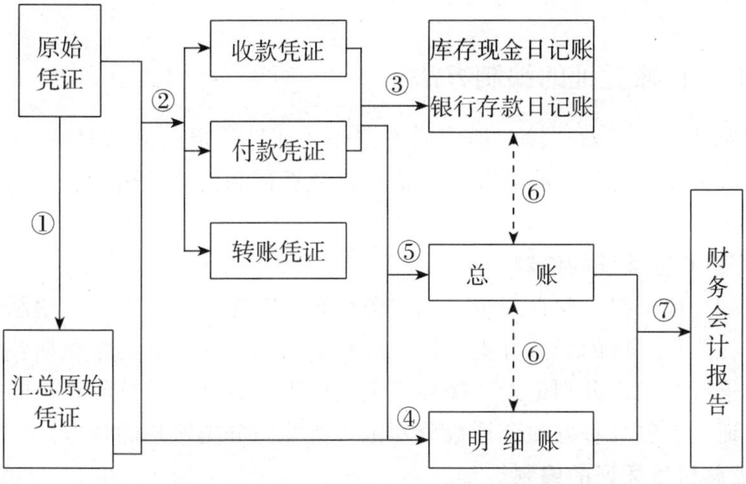

图8-2　记账凭证账务处理程序流程图

【真题演练】有关记账凭证账务处理程序的说法，正确的有（　　）。

A.简单明了、手续简便

B.登记总分类账的工作量较大

C.是最基本的账务处理程序

D.适用于规模较大、经济业务量较多的单位

【答案】ABC

【解析】记账凭证账务处理程序简单明了，手续简便，方法易学，总分类账可

以较详细地反映经济业务的发生情况。一般适用于规模较小、业务量较少的单位，是最基本的账务处理程序。但根据记账凭证逐笔登记总分类账的工作量较大，也不便于对会计分工。

第三节 汇总记账凭证账务处理程序

汇总记账凭证账务处理程序是根据原始凭证或汇总原始凭证编制记账凭证，定期根据记账凭证分类编制汇总收款凭证、汇总付款凭证、汇总转账凭证，再根据汇总记账凭证登记总分类账的一种账务处理程序。

在汇总记账凭证账务处理程序下，设置的账簿主要有：库存现金日记账、银行存款日记账、总分类账和明细分类账。总分类账可以采用三栏式，也可采用多栏式，其他各种账簿的格式同记账凭证核算程序基本相同。在记账凭证方面，除设收款凭证、付款凭证和转账凭证三种记账凭证外，还应增设汇总收款凭证、汇总付款凭证和汇总转账凭证，并分别根据库存现金、银行存款的收款和付款凭证以及转账凭证汇总填制。

一、汇总记账凭证的编制方法

汇总记账凭证是指对一段时期内同类记账凭证进行定期汇总而编制的记账凭证。汇总记账凭证可以分为汇总收款凭证、汇总付款凭证和汇总转账凭证，三种凭证有不同的编制方法。

（一）汇总收款凭证的编制

汇总收款凭证根据“库存现金”和“银行存款”账户的借方进行编制。汇总收款凭证是在对各账户对应的贷方分类之后，进行汇总编制。总分类账根据各汇总收款凭证的合计数进行登记，分别记入“库存现金”、“银行存款”总分类账户的借方，并将汇总收款凭证上各账户贷方的合计数分别记入有关总分类账户的贷方。

（二）汇总付款凭证的编制

汇总付款凭证根据“库存现金”和“银行存款”账户的贷方进行编制。汇总付款凭证是在对各账户对应的借方分类之后，进行汇总编制。总分类账根据各汇总付款凭证的合计数进行登记，分别记入“库存现金”、“银行存款”总分类账户的贷方，并将汇总付款凭证上各账户借方的合计数分别记入有关总分类账户的借方。

在填制时，应注意库存现金和银行存款之间相互划转的业务，如同时填制收款凭证和付款凭证，应以付款凭证为依据。汇总收款凭证和汇总付款凭证要定期，一般5天或10天填制一次，每月填制一张。

（三）汇总转账凭证的编制

汇总转账凭证通常根据所设置账户的贷方进行编制。汇总转账凭证是在对所设置账户相对应的借方账户分类之后，进行汇总编制。总分类账根据各汇总转账凭证的合计数进行登记，分别记入对应账户的总分类账户的贷方，并将汇总转账凭证上各账户借方的合计数分别记入有关总分类账户的借方。月终，根据汇总转账凭证的合计数，分别记入总分类账户中各个应借账户的借方以及该汇总转账凭证所列的应贷账户的贷方。值得注意的是，在编制的过程中贷方账户必须唯一，借方账户可一个或多个，即转账凭证必须一借一贷或多借一贷。

如果在一个月内某一贷方账户的转账凭证不多，可不编制汇总转账凭证，直接根据单个的转账凭证登记总分类账。

汇总收款凭证、汇总付款凭证和汇总转账凭证的格式见表8-1、表8-2、表8-3。

表8-1　　**汇总收款凭证**

借方科目：库存现金（或银行存款）　20×5年×月

贷方科目	金　额				总账页数	
	1—10日收款凭证______号	11—20日收款凭证______号	21—30日收款凭证______号	合计	借方	贷方
其他业务收入 其他应收款						
合　计						

表8-2　　**汇总付款凭证**

贷方科目：库存现金（或银行存款）　20×4年×月

借方科目	金　额				总账页数	
	1—10日付款凭证______号	11—20日付款凭证______号	21—30日付款凭证______号	合计	借方	贷方
原材料 应交税费						
合　计						

表8-3　　**汇总转账凭证**

贷方科目：××××　　20×4年×月

借方科目	金　额				总账页数	
	1—10日转账凭证______号	11—20日转账凭证______号	21—30日转账凭证______号	合计	借方	贷方
生产成本 管理费用						
合　计						

二、一般步骤

汇总记账凭证账务处理程序的一般步骤是：

（1）根据原始凭证填制汇总原始凭证；

（2）根据原始凭证或汇总原始凭证，填制收款凭证、付款凭证和转账凭证，也可以填制通用记账凭证；

（3）根据收款凭证、付款凭证逐笔登记库存现金日记账和银行存款日记账；

（4）根据原始凭证、汇总原始凭证和记账凭证，登记各种明细分类账；

（5）根据各种记账凭证编制有关汇总记账凭证；

（6）根据各种汇总记账凭证登记总分类账；

（7）期末，将库存现金日记账、银行存款日记账和明细分类账的余额与有关总分类账的余额核对相符；

（8）期末，根据总分类账和明细分类账的记录，编制财务报表。

三、汇总记账凭证账务处理程序的内容

（一）特点

汇总记账凭证账务处理程序的特点是先根据记账凭证编制汇总记账凭证，再根据汇总记账凭证登记总分类账。

（二）优缺点

汇总记账凭证账务处理程序的优点是减轻了登记总分类账的工作量；缺点是当转账凭证较多时，编制汇总转账凭证的工作量较大，并且按每一贷方账户编制汇总转账凭证，不利于会计核算的日常分工。

（三）适用范围

该账务处理程序适用于规模较大、经济业务较多的单位。

上述汇总记账凭证账务处理程序下会计凭证与账簿种类示意图及基本程序如图8-3、图8-4所示。

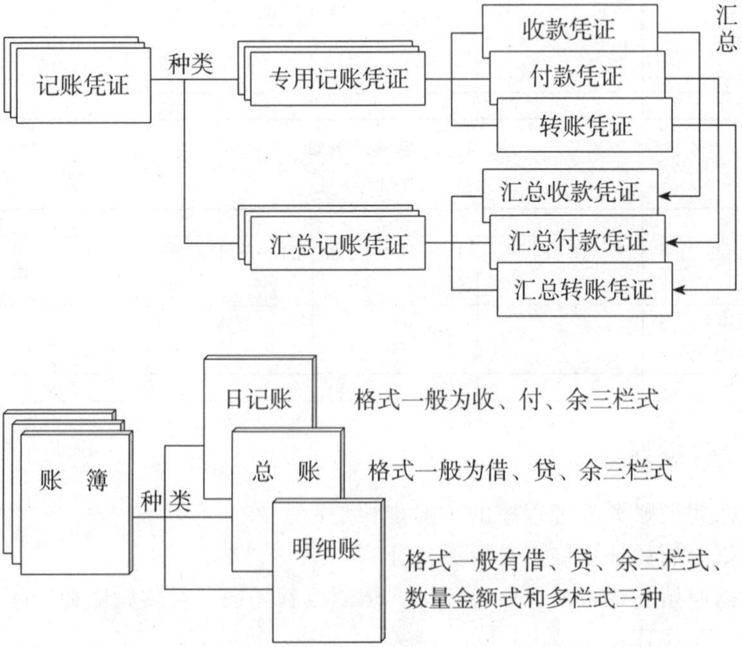

图8-3 汇总记账凭证账务处理程序下会计凭证与账簿种类示意图

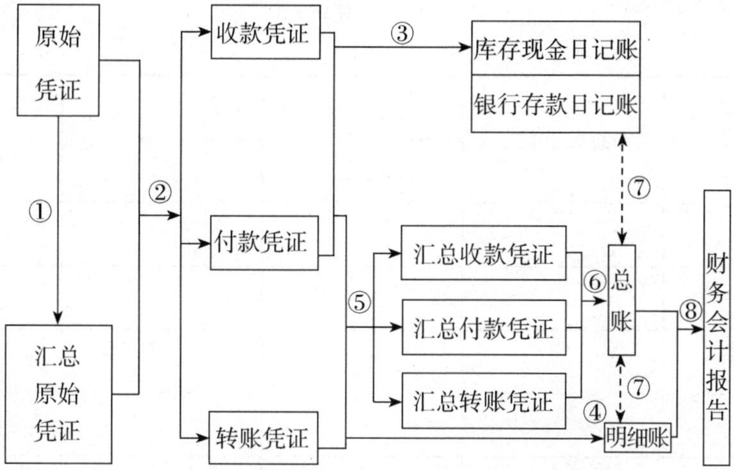

图8-4　汇总记账凭证账务处理程序流程图

【真题演练】汇总记账凭证账务处理程序不便了解账户之间的对应关系。(　　)

【答案】×

【解析】汇总记账凭证核算程序简化了登记总分类账的次数，记账数字也不易发生错误，便于了解账户之间的对应关系。

第四节　科目汇总表账务处理程序

一、科目汇总表的编制方法

科目汇总表，又称记账凭证汇总表，是企业通常定期对全部记账凭证进行汇总后，按照不同的会计科目分别列示各账户借方发生额和贷方发生额的一种汇总凭证。科目汇总表的编制方法是，根据一定时期内的全部记账凭证，按照会计科目进行归类，定期汇总出每一个账户的借方本期发生额和贷方本期发生额，填写在科目汇总表的相关栏内。科目汇总表可每月编制一张，按旬汇总，也可每旬汇总一次编制一张。任何格式的科目汇总表，都只反映各个账户的借方本期发生额和贷方本期发生额，不反映各个账户之间的对应关系。

科目汇总表的格式见表8-4。

表8-4 **科目汇总表**

年 月 日至 日 编号：

会计科目	总账页数	本期发生额		记账凭证起讫号数
		借方	贷方	
合 计				

二、一般步骤

科目汇总表账务处理程序的一般步骤是：

（1）根据原始凭证填制汇总原始凭证；

（2）根据原始凭证或汇总原始凭证填制记账凭证；

（3）根据收款凭证、付款凭证逐笔登记库存现金日记账和银行存款日记账；

（4）根据原始凭证、汇总原始凭证和记账凭证，登记各种明细分类账；

（5）根据各种记账凭证编制科目汇总表；

（6）根据科目汇总表登记总分类账；

（7）期末，将库存现金日记账、银行存款日记账和明细分类账的余额同有关总分类账的余额核对相符；

（8）期末，根据总分类账和明细分类账的记录，编制财务报表。

【真题演练】在科目汇总表账务处理程序下，记账凭证可以用来（　　）。

A.编制科目汇总表　　B.登记银行存款日记账

C.登记总分类账　　D.登记明细分类账

【答案】ABD

【解析】在科目汇总表账务处理程序下，可以根据记账凭证登记库存现金日记账、银行存款日记账、各种明细分类账，编制科目汇总表。

三、科目汇总表账务处理程序的内容

（一）特点

科目汇总表账务处理程序的特点是先将所有记账凭证汇总编制成科目汇总表，然后以科目汇总表为依据登记总分类账。

（二）优缺点

科目汇总表账务处理程序的优点是减轻了登记总分类账的工作量，易于理解，方便学习，并可做到试算平衡；缺点是科目汇总表不能反映各个账户之间的对应关系，不利于对账目进行检查。

（三）适用范围

该账务处理程序适用于经济业务较多的单位。

上述科目汇总表账务处理程序下会计凭证与账簿种类示意图及基本程序如图8-5、图8-6所示。

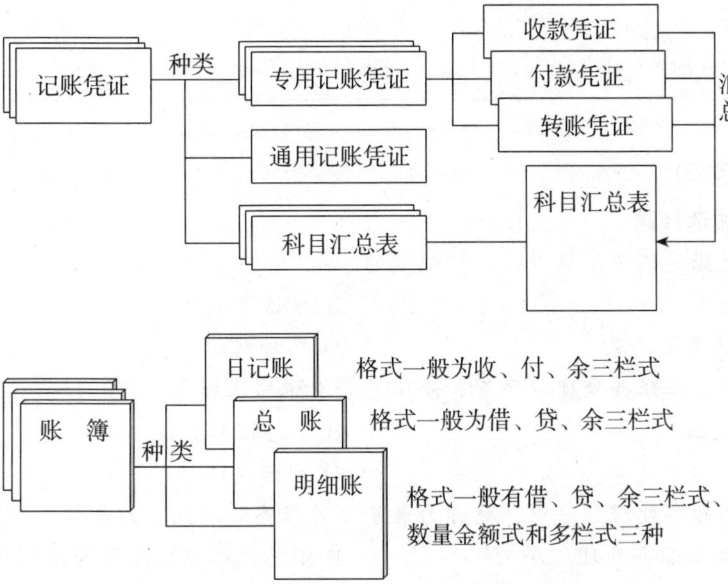

图8-5　科目汇总表账务处理程序下会计凭证与账簿种类示意图

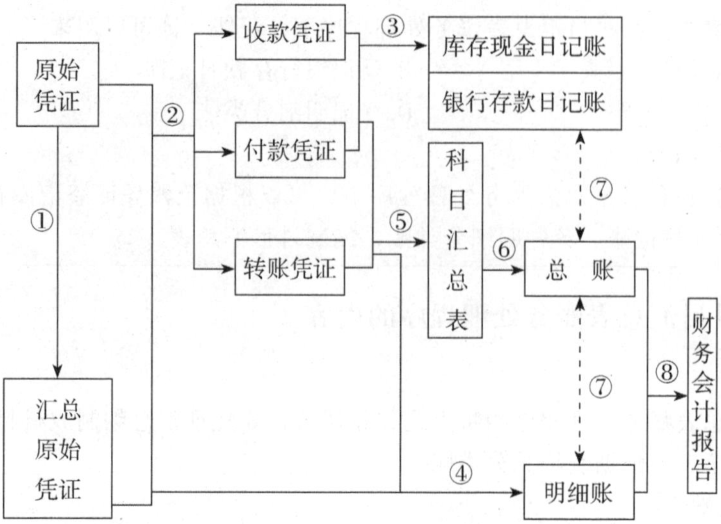

图 8-6 科目汇总表账务处理程序流程图

【真题演练】在各种账务处理程序中，不能作为登记总账依据的是（ ）。

A.记账凭证账务处理程序　　B.汇总记账凭证账务处理程序

C.汇总原始凭证账务处理程序　　D.科目汇总表账务处理程序

【答案】C

【解析】记账凭证账务处理程序根据记账凭证登记总账，汇总记账凭证账务处理程序根据各种汇总记账凭证登记总账，科目汇总表账务处理程序根据科目汇总表登记总账。汇总原始凭证是登记记账凭证的依据。考生应对比各种账务处理程序的流程图，加深记忆。

>> 同步练习

一、单项选择题

1.汇总记账凭证是依据（ ）编制的。

A.记账凭证　　B.原始凭证

C.原始凭证汇总表　　D.各种总账

2.在记账凭证账务处理程序下，登记总分类账的依据是（ ）。

A.记账凭证　　B.汇总记账凭证

C.科目汇总表　　D.原始凭证

3.在下列账务处理程序中，被称为最基本的账务处理程序的是（ ）。

A.记账凭证账务处理程序　　B.汇总记账凭证账务处理程序

C.科目汇总表账务处理程序　　D.日记账账务处理程序

4.记账凭证账务处理程序的特点为（ ）。

A.根据各种记账凭证直接逐笔登记总分类账
B.根据各种记账凭证直接逐笔登记日记总账
C.根据各种记账凭证直接逐笔登记明细分类账
D.根据各种记账凭证直接逐笔登记日记账
5.下列选项中，属于科目汇总表账务处理程序缺点的是（　　）。
A.增加了会计核算的账务处理程序　　B.增加了登记总分类账的工作量
C.不便于检查、核对账目　　D.不便于进行试算平衡
6.科目汇总表的基本编制方法是（　　）。
A.按照不同会计科目进行归类定期汇总
B.按照相同会计科目进行归类定期汇总
C.按照借方会计科目进行归类定期汇总
D.按照贷方会计科目进行归类定期汇总
7.汇总记账凭证账务处理程序的优点是（　　）。
A.可以做到试算平衡　　B.详细反映经济业务的发生情况
C.便于了解账户之间的对应关系　　D.处理程序简单
8.关于记账凭证账务处理程序，下列说法中，不正确的是（　　）。
A.根据记账凭证逐笔登记总分类账是最基本的账务处理程序
B.简单明了，易于理解，总分类账可以较详细地反映经济业务的发生情况
C.登记总分类账的工作量较大
D.适用于规模较大、经济业务量较多的单位
9.各种账务处理程序之间的区别主要在于（　　）。
A.总账的格式不同　　B.编制财务会计报告的依据不同
C.登记总账的依据和方法不同　　D.会计凭证的种类不同
10.规模不大、经济业务量不多的单位可以采用（　　）。
A.记账凭证账务处理程序　　B.科目汇总表账务处理程序
C.汇总记账凭证账务处理程序　　D.多栏式日记账账务处理程序

二、多项选择题

1.在我国，常用的账务处理程序主要有（　　）。
A.记账凭证账务处理程序　　B.汇总记账凭证账务处理程序
C.多栏式日记账账务处理程序　　D.科目汇总表账务处理程序
2.记账凭证账务处理程序的优点有（　　）。
A.在记账凭证上，能够清晰地反映账户之间的对应关系
B.在总分类账上，能够比较详细地反映经济业务的发生情况
C.总分类账登记方法易于掌握
D.可以减轻总分类账登记的工作量
3.企业选用哪一种账务处理程序，应符合以下要求（　　）。

A.与单位规模大小、业务繁简程度相适应

B.有利于满足对账的要求

C.手续力求简便，有利于节约记账时间

D.保证账务处理各个环节高度衔接

4.记账凭证账务处理程序适用于（　　）的单位。

A.规模不大　　B.经济业务数量不多

C.规模很大　　D.经济业务数量较多

5.采用汇总记账凭证账务处理程序，各总分类账的借方发生额应根据（　　）登记。

A.汇总收款凭证的合计数　　B.汇总付款凭证的合计数

C.汇总转账凭证的合计数　　D.记账凭证汇总表的合计数

6.下列属于科目汇总表账务处理程序的优点的有（　　）。

A.提高了会计核算的工作效率　　B.简化了登记总分类账的手续

C.减少了登记总分类账的工作量　　D.反映了会计科目的对应关系

7.在各种账务处理程序中，能够减少登记总账工作量的有（　　）。

A.记账凭证账务处理程序　　B.科目汇总表账务处理程序

C.汇总记账凭证账务处理程序　　D.普通日记账账务处理程序

8.下列选项中，属于汇总记账凭证账务处理程序优点的有（　　）。

A.能保持账户间的对应关系　　B.便于查对账目

C.能减少登记总账的工作量　　D.能起到试算平衡作用

9.就会计核算方法来说，会计循环主要是通过下列三个会计核算方法来实现的（　　）。

A.填制和审核会计凭证　　B.登记账簿

C.编制财务会计报告　　D.复式记账

10.科目汇总表账务处理程序的主要特点包括（　　）。

A.直接根据记账凭证登记总账　　B.直接根据记账凭证登记明细账

C.定期编制科目汇总表　　D.根据科目汇总表登记总账

三、判断题

1.各种账簿都是直接根据记账凭证进行登记的。（　　）

2.各种账务处理程序之间的区别在于编制会计报表的依据和方法不同。（　　）

3.为保证总账与其所属明细账的记录相符，总账应根据其所属明细账记录转入登记。（　　）

4.采用科目汇总表账务处理程序，总账、明细账和日记账都应根据科目汇总表登记。（　　）

5.科目汇总表可以反映账户之间的对应关系，但不能起到试算平衡的作用。（　　）

6.记账凭证账务处理程序的特点是直接根据记账凭证逐笔登记总分类账，是最基本的账务处理程序。（ ）

7.汇总收款凭证是按照贷方科目设置，按照借方科目归类，定期汇总，按月编制的。（ ）

8.汇总记账凭证账务处理程序和科目汇总表账务处理程序都适用于经济业务较多的单位。（ ）

9.库存现金日记账和银行存款日记账不论在何种账务处理程序下，都是根据收款凭证和付款凭证逐日逐笔顺序登记的。（ ）

10.各种账务处理程序登记库存现金日记账的直接依据都是相同的。（ ）

第九章
财产清查

考纲知识体系

第一节	财产清查概述	财产清查的概念与意义（★★）
		财产清查的种类（★★★）
		财产清查的一般程序（★★★）
第二节	财产清查的方法	货币资金的清查方法（★★★★）
		实物资产的清查方法（★★★）
		往来款项的清查方法（★★★）
第三节	财产清查结果的处理	财产清查结果处理的要求（★★）
		财产清查结果处理的步骤与方法（★★）
		财产清查结果的账务处理（★★★★）

考情分析

本章涉及的主要考点有财产清查的概念与意义、财产清查的种类、财产清查的一般程序，库存现金、银行存款、实物资产、往来款项的清查方法，银行存款余额调节表的编制，财产清查结果处理的要求、步骤、方法，财产清查结果的账务处理等，主要题型有单项选择题、多项选择题、判断题、计算分析题。本章内容以记忆为主，通过理解、记忆和练习来完成本章的学习。

第一节 财产清查概述

一、财产清查的概念与意义

准确反映财产物资和债权债务的真实情况是会计核算的基本原则，也是经济管理对会计核算的客观要求。在实际工作中，由于种种原因，诸如收发差错或计量、检验误差，财产物资自然损耗，凭证漏记、错记，不法分子贪污盗窃、营私舞弊，发生自然灾害和意外损失等都可能使财产物资、货币资金和债权债务等出现账实不符。财产清查是指通过对货币资金、实物资产和往来款项等财产物资进行盘点或核对，确定其实存数，查明账存数与实存数是否相符的一种专门方法。加强财产清查工作，对于加强企业管理、充分发挥会计的监督作用具有重要意义。

企业应当建立健全财产物资清查制度，加强管理，以保证财产物资核算的真实性和完整性。具体而言，财产清查的意义主要有：（1）保证账实相符，提高会计资料的准确性；（2）切实保障各项财产物资的安全完整；（3）加速资金周转，提高资金使用效益。

【真题演练】财产清查的目的是为了使得（　　）。

A.账账相符　　B.账证相符　　C.账实相符　　D.账表相符

【答案】C

【解析】财产清查的目的就是为了保证账实相符。

二、财产清查的种类

（一）按照清查的范围分类

1.全面清查

全面清查是指对所有的财产进行全面的盘点和核对。全面清查的对象包括固定资产、存货、库存现金、银行存款、往来结算款、缴拨款等。

全面清查的内容多、范围广、需要投入的人力多、花费的时间长，因此只有在年终决算前，单位撤销、合并或改变隶属关系以及清产核资时才进行全面清查。

【真题演练】一般而言，在以下情况中，需要进行财产全面清查的有（　　）。

A.单位主要负责人调离工作　　B.单位撤销、分立

C.单位改变隶属关系　　D.开展清产核资

【答案】ABCD

【解析】全面清查适用于以下情况：年终决算前；单位撤销、合并或改变隶属关系前；开展全面清产核资、资产评估等活动；单位主要负责人调离工作前。

2.局部清查

局部清查是指根据需要只对部分财产进行盘点和核对。

局部清查需投入人力较少、花费的时间也较少。一般适用于流动性较大的财产物资及货币资金。对原材料、在产品、库存商品等会计年度内要进行轮流盘点或重点抽查；对贵重物资每月都应清查盘点一次；对于库存现金，应由出纳员每日清点核对；对银行存款和银行借款，每月应同银行核对；对各种债权债务每年应至少同对方核对一至两次。

【真题演练】局部清查是根据需要只对部分财产物资进行的清查，具体对象通常是流动性较强的财产物资，如库存现金、原材料、在产品及产成品等。(　　)

【答案】√

【解析】局部清查是指根据需要对一部分财产进行的清查，清查的对象包括：库存现金、银行存款、库存商品、原材料、包装物、债权债务等。

（二）按照清查的时间分类

1.定期清查

定期清查是指按照预先计划安排的时间对财产进行的盘点和核对。定期清查一般在年末、季末、月末进行。定期清查，可以是全面清查，也可以是局部清查。企业在编制年度财务会计报告前，应当进行全面清查，季末、月末进行局部清查。通过定期清查，可以在编制会计报表前发现账实不符的情况，从而调整有关账簿记录，保证了财务报表资料的真实性。

【真题演练】定期清查一般是在（　　）进行。

A.年度终了时　　B.季度终了时

C.月末结账时　　D.单位撤销时

【答案】ABC

【解析】定期清查一般在年末、季末、月末进行。

2.不定期清查

不定期清查是指事前不规定清查日期，而是根据特殊需要，比如更换财产物资保管员和现金出纳员时，发生自然灾害和意外损失时，临时进行的盘点和核对。不定期清查，可以是全面清查，也可以是局部清查，应根据实际需要来确定清查的对象和范围。

企业在编制年度财务会计报告前，应当全面清查财产、核实债务。各单位应当定期将会计账簿记录与实物、款项及有关资料相互核对，保证会计账簿记录与实物及款项的实有数额相符。

【真题演练】企业在遭受自然灾害后，对其受损的财产物资进行的清查，属于（ ）。

A.局部清查和定期清查　　B.局部清查和不定期清查

C.全面清查和不定期清查　　D.全面清查和定期清查

【答案】B

【解析】企业在遭受自然灾害后，对其受损的财产物资进行的清查，属于局部、不定期清查，故选项B正确。

（三）按照清查的执行系统分类

1.内部清查

内部清查是指由本单位内部自行组织清查工作小组所进行的财产清查工作。大多数财产清查都是内部清查。

2.外部清查

外部清查是指由上级主管部门、审计机关、司法部门、注册会计师根据国家有关规定或情况需要对本单位所进行的财产清查。一般来讲，进行外部清查时应有本单位相关人员参加。

三、财产清查的一般程序

财产清查既是会计核算的一种专门方法，又是财产物资管理的一项重要制度。企业必须有计划、有组织地进行财产清查。

财产清查一般包括以下程序：

（1）建立财产清查组织；

（2）组织清查人员学习有关政策规定，掌握有关法律、法规和相关业务知识，以提高财产清查工作的质量；

（3）确定清查对象、范围，明确清查任务；

（4）制定清查方案，具体安排清查内容、时间、步骤、方法，以及必要的清查前准备；

（5）清查时本着先清查数量、核对有关账簿记录等，后认定质量的原则进行；

（6）填制盘存清单；

（7）根据盘存清单，填制实物、往来账项清查结果报告表。

【真题演练】企业在遭受自然灾害后，对其受损的财产物资进行的清查属于（ ）。

A.全面清查和定期清查　　B.全面清查和不定期清查

C.局部清查和定期清查　　D.局部清查和不定期清查

【答案】D

【解析】企业在遭受自然灾害后，有针对性地对其受损的财产物资进行清查，属于局部清查和不定期清查。

第二节 财产清查的方法

财产清查一般包括被清查对象数量清查和价值清查两方面内容。由于货币资金、实物、往来款项的特点各有不同，在进行财产清查时，应采用与其特点和管理要求相适应的方法。对于固定资产、材料物资等各种财产物资数量的清查一般采用实地盘点法或技术推算法，对其价值的确定一般采用账面价值法、评估确认法或协商议价法。对于各种结算款项一般采用查询核实法。

一、货币资金的清查方法

（一）库存现金的清查

库存现金的清查是采用实地盘点法确定库存现金的实存数，然后与库存现金日记账的账面余额相核对，确定账实是否相符。清查库存现金时应注意不能以借条、收据充抵现金。盘点结束后应根据盘点结果编制“库存现金盘点报告表”，并由盘点人员和出纳人员签章，格式见表9-1。

表9-1 **库存现金盘点报告表**

单位名称： 年 月 日

实存金额	账存金额	对比结果		备注
		盘盈	盘亏	

盘点人（签章）： 出纳员（签章）：

【真题演练】库存现金清查时，出纳人员不需在场。（ ）

【答案】×

【解析】库存现金盘点时，出纳人员必须在场。

（二）银行存款的清查

银行存款的清查是采用与开户银行核对账目的方法进行的，即将本单位银行存款日记账的账簿记录与开户银行转来的对账单逐笔进行核对，来查明银行存款的实有数额。银行存款的清查一般在月末进行。

1.银行存款日记账与银行对账单不一致的原因

将截止到清查日所有银行存款的收付业务都登记入账后，对发生的错账、漏账应及时查清更正，再与银行的对账单逐笔核对。如果二者余额相符，通常说明没有错误；如果二者余额不相符，则可能是企业或银行一方或双方记账过程有错误或者存在未达账项。

未达账项，是指企业和银行之间，由于记账时间不一致而发生的一方已经入账，而另一方尚未入账的事项。概括说来，未达账项有两大类型：一是企业已经入账而银行尚未入账的款项；二是银行已经入账而企业尚未入账的款项。具体来讲，未达账项一般分为以下四种情况：

（1）企业已收款记账，银行未收款未记账的款项；

（2）企业已付款记账，银行未付款未记账的款项；

（3）银行已收款记账，企业未收款未记账的款项；

（4）银行已付款记账，企业未付款未记账的款项。

上述任何一种未达账项的存在，都会使企业银行存款日记账的余额与银行开出的对账单的余额不符。所以，在与银行对账时首先应查明是否存在未达账项，如果存在未达账项，就应该编制“银行存款余额调节表”，据以调节双方的账面余额，确定企业银行存款实有数。

【真题演练】下列项目中属于调增项目的是（　　）。

A.企业已收，银行未收　　　B.企业已付，银行未付

C.银行已收，企业未收　　　D.银行已付，企业未付

【答案】AC

【解析】企业已收，银行未收，应调增银行对账单余额；银行已收，企业未收，要调增银行存款日记账余额。

2.银行存款清查的步骤

银行存款的清查按以下四个步骤进行。

（1）将本单位银行存款日记账与银行对账单，以结算凭证的种类、号码和金额为依据，逐日逐笔核对。凡双方都有记录的，用铅笔在金额旁打上记号“√”。

（2）找出未达账项（即银行存款日记账和银行对账单中没有打“√”的款项）。

（3）将日记账和对账单的月末余额及找出的未达账项填入“银行存款余额调节表”，并计算出调整后的余额。

（4）将调整平衡的“银行存款余额调节表”，经主管会计签章后，呈报开户银行。

凡有几个银行户头以及开设有外币存款户头的单位，应分别按存款户头开设“银行存款日记账”。每月月底，应分别将各户头的“银行存款日记账”与各户头的“银行对账单”核对，并分别编制各户头的“银行存款余额调节表”。

银行存款余额调节表的编制，是以双方账面余额为基础，各自分别加上对方已收款入账而己方尚未入账的数额，减去对方已付款入账而己方尚未入账的数额。其计算公式如下：

企业银行存款日记账余额+银行已收企业未收款-银行已付企业未付款=银行对账单存款余额+企业已收银行未收款-企业已付银行未付款

现举例说明“银行存款余额调节表”的具体编制方法。

【例9-1】某企业20×5年8月31日银行存款日记账的余额为224 000元，银行对账单的余额为296 000元，经核对发现以下未达账项：

（1）企业将收到的销货款8 000元存入银行，企业已登记银行存款增加，而银行尚未记增加。

（2）企业开出转账支票72 000元支付购料款，企业已登记银行存款减少，而银行尚未记减少。

（3）收到某单位汇来的购货款40 000元，银行已登记增加，企业尚未记增加。

（4）银行代企业支付水电费32 000元，银行已登记减少，企业尚未记减少。

根据上述资料编制“银行存款余额调节表”，见表9-2。

表9-2 **银行存款余额调节表**

20×5年8月31日　　单位：元

项目	金额	项目	金额
企业银行存款日记账余额	224 000	银行对账单余额	296 000
加：银行已收企业未收	40 000	加：企业已收银行未收	8 000
减：银行已付企业未付	32 000	减：企业已付银行未付	72 000
调节后的存款余额	232 000	调节后的存款余额	232 000

应该指出，表9-2中的“调节后的存款余额”，只表明企业可以实际动用的银行存款数，并非企业银行存款的实际数；“银行存款余额调节表”只是银行存款清查的一种形式，它只起到对账作用，不能作为调节账面余额的原始凭证；银行存款日记账的登记，必须待收到有关原始凭证后再予以进行。

3.银行存款余额调节表的作用

（1）银行存款余额调节表是一种对账记录或对账工具，不能作为调整账面记录的依据，即不能根据银行存款余额调节表中的未达账项来调整银行存款账面记录，未达账项只有在收到有关凭证后才能进行有关的账务处理。

（2）调节后的余额如果相等，通常说明企业和银行的账面记录一般没有错误，该余额通常为企业可以动用的银行存款实有数。

（3）调节后的余额如果不相等，通常说明一方或双方记账有误，需进一步追查，查明原因后予以更正和处理。

二、实物资产的清查方法

实物资产主要包括固定资产、存货等。实物资产的清查就是对实物资产在数量和质量上所进行的清查。常用的清查方法主要有实地盘点法和技术推算法。

（1）实地盘点法，是指在财产物资存放现场逐一清点数量或用计量仪器确定其实存数的一种方法。

（2）技术推算法，是指利用技术方法推算财产物资实存数的方法。

盘点财产物资，盘点人员要做好盘点记录。盘点结束后，盘点人员应根据财产物资盘点记录，编制“盘点报告表”（格式见表9-3），由盘点人员、财产物资保管人员及有关责任人签名盖章，同时根据有关账簿资料和盘存表填制“清查结果报告表”（格式见表9-4），最后根据对比结果调整账簿记录，分析差异原因，进行相应处理。

表9-3 **盘点报告表**

单位名称： 盘点地点： 编号：

财产类别： 存放地点：

编号	名称	计量单位	数量	单价	金额	备注

盘点人（签章）： 保管人（签章）：

表9-4 **清查结果报告表**

单位名称： 年 月 日

编号	类别及名称	计量单位	单价	实存		账存		对比结果				备注
								盘盈		盘亏		
				数量	金额	数量	金额	数量	金额	数量	金额	

【真题演练】下列各项中，不属于实物财产清查方法的是（ ）。

A.实地盘点法 B.技术推算法 C.抽样盘存法 D.函证法

【答案】D

【解析】函证法是往来款项的清查方法。

三、往来款项的清查方法

往来款项主要包括应收、应付款项和预收、预付款项等。往来款项的清查一般采用发函询证的方法进行核对。

往来款项的清查首先应检查本单位各项结算往来款项账目的正确性和完整性，然后根据有关明细分类账账面记录按账户编制对账单，送交对方单位核对。对账单一式两联，其中一联作为回单。若对方单位核对相符，则在回单上盖章后退回；若数字不符，则应将不符的情况在回单上注明，或另抄对账单退回，以便进一步清查。在核对过程中，如果发现未达账项，双方都应采用调节账面余额的办法来核对往来款项是否相符。往来款项清查以后，将清查结果编制“往来款项清查报告单”，填列各项债权、债务的余额。对于有争执的款项以及无法收回的款项，应在报告单上详细列明情况，以便及时采取措施进行处理，避免或减少坏账损失。

【真题演练】在进行库存现金和存货清查时，出纳人员和仓库保管人员不得在场。（ ）

【答案】×

【解析】在进行库存现金和存货清查时，出纳人员和仓库保管人员必须在场。

第三节 财产清查结果的处理

一、财产清查结果处理的要求

对于财产清查中发现的问题，如财产物资的盘盈、盘亏、毁损或其他各种损失，应核实情况，调查分析产生的原因，按照国家有关法律法规的规定，进行相应的处理。

财产清查结果处理的具体要求有：（1）分析产生差异的原因和性质，提出处理建议；（2）积极处理多余积压财产，清理往来款项；（3）总结经验教训，建立和健全各项管理制度；（4）及时调整账簿记录，保证账实相符。

二、财产清查结果处理的步骤与方法

财产清查中发现的各种问题，应认真分析差异性质及产生原因，按规定程序报批，同时应及时进行账务处理，保证账实相符。对于财产清查结果的处理可分为以下两种情况：

1.审批之前的处理

根据“清查结果报告表”、“盘点报告表”等已经查实的数据资料，填制记账凭证，记入有关账簿，使账簿记录与实际盘存数相符。如果财产清查是年终时进行的，这些差异必须在结账前记入有关账簿，以保证会计报表能如实反映各项财产的实际结存数。同时根据权限，将处理建议报股东大会或董事会，或经理（厂长）会议或类似机构批准。

2.审批之后的处理

企业清查的各种财产的损溢，应于期末前查明原因，并根据企业的管理权限，经股东大会或董事会，或经理（厂长）会议或类似机构批准后，在期末结账前处理完

毕。企业应严格按照有关部门对财产清查结果提出的处理意见进行账务处理，填制有关记账凭证，登记有关账簿，并追回由于责任者原因造成的财产损失。

企业清查的各种财产的损溢，如果在期末结账前尚未经批准，在对外提供财务报表时，先按上述规定进行处理，并在附注中作出说明；其后批准处理的金额与已处理金额不一致的，调整财务报表相关项目的年初数。

三、财产清查结果的账务处理

（一）设置“待处理财产损溢”账户

为了反映和监督企业在财产清查过程中查明的各种财产物资的盘盈、盘亏、毁损及其处理情况，应设置“待处理财产损溢”账户（但固定资产盘盈和毁损分别通过“以前年度损益调整”、“固定资产清理”账户核算）。该账户属于双重性质的资产类账户，下设“待处理流动资产损溢”和“待处理非流动资产损溢”两个明细分类账户进行明细分类核算。

该账户的借方登记财产物资的盘亏数、毁损数和批准转销的财产物资盘盈数；贷方登记财产物资的盘盈数和批准转销的财产物资盘亏及毁损数。企业清查的各种财产的盘盈、盘亏和毁损应在期末结账前处理完毕，所以“待处理财产损溢”账户在期末结账后没有余额。

（二）库存现金清查结果的账务处理

1.库存现金盘盈的账务处理

库存现金盘盈时，应及时办理库存现金的入账手续，调整库存现金账簿记录，即按盘盈的金额借记“库存现金”科目，贷记“待处理财产损溢——待处理流动资产损溢”科目。

对于盘盈的库存现金，应及时查明原因，按管理权限报经批准后，按盘盈的金额借记“待处理财产损溢——待处理流动资产损溢”科目，按需要支付或退还他人的金额贷记“其他应付款”科目，按无法查明原因的金额贷记“营业外收入”科目。

【例9-2】某企业进行库存现金清查中发现长款126元。其会计处理如下：

（1）批准前：

借：库存现金　126

　贷：待处理财产损溢——待处理流动资产损溢　126

（2）经反复核查，未查明原因，报经批准转作营业外收入：

借：待处理财产损溢——待处理流动资产损溢　126

　贷：营业外收入　126

2.库存现金盘亏的账务处理

库存现金盘亏时，应及时办理盘亏的确认手续，调整库存现金账簿记录，即按盘亏的金额借记“待处理财产损溢——待处理流动资产损溢”科目，贷记“库存现金”

科目。

对于盘亏的库存现金，应及时查明原因，按管理权限报经批准后，按可收回的保险赔偿和过失人赔偿的金额借记“其他应收款”科目，按管理不善等原因造成净损失的金额借记“管理费用”科目，按自然灾害等原因造成净损失的金额借记“营业外支出”科目，按原记入“待处理财产损溢——待处理流动资产损溢”科目借方的金额贷记本科目。

【例9-3】某企业在库存现金清查中发现短款50元。其会计处理如下：

（1）批准前：

借：待处理财产损溢——待处理流动资产损溢　　50

　贷：库存现金　　50

（2）经查，该短款属于出纳员李×的责任，应由该出纳员赔偿。

借：其他应收款——李×　　50

　贷：待处理财产损溢——待处理流动资产损溢　　50

（三）存货清查结果的账务处理

1.存货盘盈的账务处理

存货盘盈时，应及时办理存货入账手续，调整存货账簿的实存数。盘盈的存货应按其重置成本作为入账价值借记“原材料”、“库存商品”等科目，贷记“待处理财产损溢——待处理流动资产损溢”科目。

对于盘盈的存货，应及时查明原因，按管理权限报经批准后，冲减管理费用，即按其入账价值，借记“待处理财产损溢——待处理流动资产损溢”科目，贷记“管理费用”科目。

【例9-4】某企业财产清查中盘盈G材料120千克。经查明是由于收发计量上的错误所造成的，按每千克6元入账。其会计处理如下：

（1）批准前：

借：原材料——G材料　　720

　贷：待处理财产损溢——待处理流动资产损溢　　720

（2）批准后，冲减管理费用。

借：待处理财产损溢——待处理流动资产损溢　　720

　贷：管理费用　　720

2.存货盘亏的账务处理

存货盘亏时，应按盘亏的金额借记“待处理财产损溢——待处理流动资产损溢”科目，贷记“原材料”、“库存商品”等科目。材料、产成品、商品采用计划成本（或售价）核算的，还应同时结转成本差异（或商品进销差价）。涉及增值税的，还应进行相应处理。

对于盘亏的存货，应及时查明原因，按管理权限报经批准后，按可收回的保险赔偿和过失人赔偿的金额借记“其他应收款”科目，按管理不善等原因造成净损失的金额借记“管理费用”科目，按自然灾害等原因造成净损失的金额借记“营业外支出”科目，按原记入“待处理财产损溢——待处理流动资产损溢”科目借方的金额贷记本科目。

【例9-5】某企业盘亏外购的甲产品200千克，单位成本100元/千克。经查明，属于定额内合理损耗。其会计处理如下：

（1）批准前：

借：待处理财产损溢——待处理流动资产损溢 23 400

贷：库存商品 20 000

应交税费——应交增值税（进项税额转出） 3 400

（2）批准后，记入“管理费用”科目。

借：管理费用 23 400

贷：待处理财产损溢——待处理流动资产损溢 23 400

【例9-6】某企业盘亏甲材料5件，每件200元。经查明，是由于工作人员失职造成的材料毁损，应由过失人赔偿600元，毁损材料残值200元。其会计处理如下：

（1）批准前：

借：待处理财产损溢——待处理流动资产损溢 1 170

贷：原材料——甲材料 1 000

应交税费——应交增值税（进项税额转出） 170

（2）批准后，分别不同情况处理。

①由过失人赔偿。

借：其他应收款——×× 600

贷：待处理财产损溢——待处理流动资产损溢 600

②残料作价入库。

借：原材料——甲材料 200

贷：待处理财产损溢——待处理流动资产损溢 200

③扣除过失人的赔款和残值后的盘亏数，记入“管理费用”科目。

借：管理费用 370

贷：待处理财产损溢——待处理流动资产损溢 370

【例9-7】某企业甲材料盘亏一批，实际成本为3 000元。经查明，属于非常事故造成的损失，保险公司应给予1 900元的赔偿。其会计处理如下：

（1）批准前：

借：待处理财产损溢——待处理流动资产损溢 3 510

贷：原材料——甲材料 3 000

应交税费——应交增值税（进项税额转出） 510

（2）批准后，分别不同情况处理。

①应由保险公司赔偿部分。

借：其他应收款——保险公司　　1 900
　贷：待处理财产损溢——待处理流动资产损溢　　1 900

②计入营业外支出部分。

借：营业外支出　　1 610
　贷：待处理财产损溢——待处理流动资产损溢　　1 610

【真题演练】存货清查过程中发现的定额内损耗记入“营业外支出”科目。(　　)

【答案】×

【解析】存货清查过程中发现的定额内损耗记入“管理费用”科目。

(四) 固定资产清查结果的账务处理

1.固定资产盘盈的账务处理

企业在财产清查过程中盘盈的固定资产，经查明确属企业所有，按管理权限报经批准后，应根据盘存凭证填制固定资产交接凭证，经有关人员签字后送交企业会计部门，填写固定资产卡片账，并作为前期差错处理，通过“以前年度损益调整”科目核算。盘盈的固定资产通常按其重置成本作为入账价值借记“固定资产”科目，贷记“以前年度损益调整”科目。涉及增值税、所得税和盈余公积的，还应按相关规定处理。

2.固定资产盘亏的账务处理

固定资产盘亏时，应及时办理固定资产注销手续，按盘亏固定资产的账面价值，借记“待处理财产损溢——待处理非流动资产损溢”科目，按已提折旧额，借记“累计折旧”科目，按其原价，贷记“固定资产”科目。涉及增值税和递延所得税的，还应按相关规定处理。

对于盘亏的固定资产，应及时查明原因，按管理权限报经批准后，按过失人及保险公司应赔偿额，借记“其他应收款”科目，按盘亏固定资产的原价扣除累计折旧和过失人及保险公司赔偿后的差额，借记“营业外支出”科目，按盘亏固定资产的账面价值，贷记“待处理财产损溢——待处理非流动资产损溢”科目。

【例9-8】某企业在财产清查中盘亏设备一台，其账面原价3 000元，已提折旧1 000元，后经批准列作营业外支出。

(1) 报批前，根据“清查结果报告表”所确定的固定资产盘亏情况，作如下分录并登记入账。

借：待处理财产损溢——待处理非流动资产损溢　　2 000
　　累计折旧　　1 000
　贷：固定资产　　3 000

(2) 经批准，列作营业外支出。

借：营业外支出　　2 000

贷：待处理财产损溢——待处理非流动资产损溢 2 000

（五）结算往来款项盘存的账务处理

在财产清查过程中发现的长期未结算的往来款项，应及时清查。对于经查明确实无法支付的应付款项可按规定程序报经批准后，转作营业外收入。

对于无法收回的应收款项则作为坏账损失冲减坏账准备。坏账是指企业无法收回或收回的可能性极小的应收款项。由于发生坏账而产生的损失，称为坏账损失。

企业通常应将符合下列条件之一的应收款项确认为坏账：（1）债务人死亡，以其遗产清偿后仍然无法收回；（2）债务人破产，以其破产财产清偿后仍然无法收回；（3）债务人较长时间内未履行其偿债义务，并有足够的证据表明无法收回或者收回的可能性极小。

企业对有确凿证据表明确实无法收回的应收款项，经批准后作为坏账损失。

对于已确认为坏账的应收款项，并不意味着企业放弃了追索权，一旦重新收回，应及时入账。

【例9-9】某企业在财产清查中，发现应收甲单位货款1 000元，因其单位撤销，无法收回，该单位已提坏账准备金，经批准，冲销提取的坏账准备金。

该企业作如下会计分录：

借：坏账准备 1 000

贷：应收账款 1 000

【例9-10】某企业在财产清查中发现应收乙单位货款500元，该单位已撤销，确实无法收回，经批准列作管理费用。

该企业作如下会计分录：

借：管理费用 500

贷：应收账款 500

【例9-11】某企业在财产清查中，发现应付丙单位货款400元，该单位已撤销，确实无法支付，经批准转作营业外收入。

该企业作如下会计分录：

借：应付账款 400

贷：营业外收入 400

【真题演练】在库存现金清查中发现长款，经批准应记入（　　）科目。

A.“管理费用” B.“营业外收入”

C.“其他应收款” D.“其他应付款”

【答案】BD

【解析】盘盈现金，借记“库存现金”科目，贷记“待处理财产损溢”科目；待查明原因、批准后，属于应支付给有关单位和人员的，记入“其他应付款”科目，属于无法查明原因的，记入“营业外收入”科目。

>> 同步练习

一、单项选择题

1.在财产清查中发现的存货盘亏，若是属于自然损耗产生的定额内损耗，应于批准时列入（　　）科目。

A.其他应收款　　B.营业外支出　　C.管理费用　　D.财务费用

2.出纳员在每日业务终了时进行的清查工作属于（　　）。

A.全面清查和定期清查　　B.全面清查和不定期清查

C.局部清查和不定期清查　　D.局部清查和定期清查

3.银行存款清查的方法是（　　）。

A.日记账与总账核对　　B.日记账与收付款凭证核对

C.日记账与对账单核对　　D.总分类账和收付款凭证核对

4.对于在财产清查中发现的财产物资盘盈、盘亏和毁损，财务会计部门进行账务处理依据的原始凭证是（　　）。

A.银行存款余额调节表　　B.实存账存对比表

C.盘存单　　D.入库单

5.对于盘亏的固定资产的净值经批准后，应借记的会计科目是（　　）。

A.营业外收入　　B.营业外支出

C.管理费用　　D.待处理财产损溢

6.银行存款余额调节表中调节后的余额是（　　）。

A.银行存款账面余额

B.对账单余额与日记账余额的平均数

C.对账日企业可以动用的银行存款实有数额

D.银行方面的账面余额

7.对企业与其开户银行之间的未达账项进行账务处理的时间是（　　）。

A.编制银行存款余额调节表时　　B.查明未达账项时

C.收到银行对账单时　　D.实际收到有关结算凭证时

8.对库存现金和实物进行清查应采用的方法是（　　）。

A.实地盘点　　B.永续盘存

C.盘存计耗　　D.询证核对

9.对银行存款进行清查时，应将（　　）与银行对账单逐笔核对。

A.银行存款总账　　B.银行存款日记账

C.银行支票备查簿　　D.库存现金日记账

10.单位主要领导调离工作前进行的财产清查属于（　　）。

A.重点清查　　B.全面清查

C.局部清查　　D.定期清查

二、多项选择题

1.财产清查按照清查的时间可分为（　　）。

A.全面清查　　B.局部清查

C.定期清查　　D.不定期清查

2.对于盘亏的财产物资，经批准后进行会计处理，可能涉及的借方账户有（　　）。

A.管理费用　　B.营业外支出

C.营业外收入　　D.其他应收款

3.对于盘亏、毁损的存货，经批准后进行账务处理时，可能涉及的借方科目有（　　）。

A.其他应收款　　B.营业外支出　　C.管理费用　　D.营业外收入

4.全面清查的对象包括（　　）。

A.货币资金　　B.各种实物资产　　C.往来款项　　D.在途物资

5.库存现金清查的内容主要有（　　）。

A.检查是否有白条抵库　　B.检查是否有短款

C.检查是否有未达账项　　D.检查是否有超限额留存现金

6.使企业银行存款日记账的余额小于银行对账单余额的未达账项有（　　）。

A.企业已收款记账而银行尚未收款记账

B.企业已付款记账而银行尚未付款记账

C.银行已收款记账而企业尚未收款记账

D.银行已付款记账而企业尚未付款记账

7.银行存款日记账余额与银行对账单余额不一致，原因可能有（　　）。

A.银行存款日记账有误　　B.银行记账有误

C.存在未达账项　　D.存在企业与银行均未付的款项

8.下列记录中，可以作为调整账面数字的原始凭证有（　　）。

A.盘存单　　B.实存账存对比表

C.银行存款余额调节表　　D.库存现金盘点报告表

9.关于银行存款余额调节表，下列说法中，正确的有（　　）。

A.调节后的余额表示企业实际可动用的银行存款数额

B.该表是通知银行更正错误的依据

C.不能够作为调整本单位银行存款日记账记录的原始凭证

D.是更正本单位银行存款日记账记录的依据

10.进行局部财产清查时，正确的做法包括（　　）。

A.库存现金每月清点一次　　B.银行存款每月至少同银行核对一次

C.贵重物品每月盘点一次　　D.债权债务每年至少核对一至两次

三、判断题

1.实物的清查方法主要包括实地盘点法和技术推算法。（　　）

2.财产清查是指通过对货币资金、实物资产和往来款项的盘点或核对，确定其账存数，查明账存数与实存数是否相符的一种专门方法。（　　）

3.属于自然灾害造成的存货毁损，扣除保险公司赔款和残值后的净损失，应记入“管理费用”科目。（　　）

4.财产清查按照清查对象和范围，可分为全面清查和局部清查。（　　）

5.对盘亏存货的净损失，属于一般经营损失部分经批准应计入管理费用。（　　）

6.银行存款余额调节表不是记账凭证，不能据以调整账簿记录。（　　）

7.“库存现金盘点报告表”应由盘点人员和会计机构负责人共同签章方能生效。（　　）

8.对应付账款应采用询证核对法进行清查。（　　）

9.银行存款余额调节表只是为了核对账目，并不能作为调整银行存款账面余额的原始凭证。（　　）

10.实物盘点后，应将“实存账存对比表”作为调整账面余额记录的原始凭证。（　　）

四、计算分析题

1.目的：练习固定资产盘亏的账务处理。

资料：某公司在年终进行财产清查时，发现盘亏机床一台，原价4 000元，账面已提折旧2 600元。

上述盘亏情况，经查属实，报请领导批准做以下处理：盘亏机床系因保管不善造成，保管员责任赔偿600元，其余做非常损失处理，款项存入银行。

要求：(1）编制审批前的会计分录。

(2）根据批准情况，编制会计分录。

2.目的：练习掌握银行存款余额调节表的填制方法。

资料：某企业20×4年11月30日银行存款日记账账面余额为462 000元，银行对账单上的余额为462 200元。经与银行对账，发现有以下几笔未达账项：

(1）销售商品，收到货款50 000元，支票已送存银行，企业已经入账，银行尚未入账。

(2）用银行存款支付广告费9 000元，转账支票已开出，银行尚未记账。

(3）本月水电费1 800元，银行已划转支付，企业尚未记账。

(4）收到其他企业前欠货款43 000元，银行已收入企业账户，企业尚未记账。

要求：编制企业银行存款余额调节表。

表9-5 **银行存款余额调节表** 单位：元

项目	金额	项目	金额
银行存款日记账余额		银行对账单余额	
加：银行已收企业未收款		加：企业已收银行未收款	
减：银行已付企业未付款		减：企业已付银行未付款	
调节后余额		调节后余额	

第十章
财务报表

考纲知识体系

第一节　财务报表概述	财务报表的概念与分类（★★）
	财务报表编制的基本要求（★★★）
	财务报表编制前的准备工作（★★）
第二节　资产负债表	资产负债表的概念与作用（★★★★）
	资产负债表的列示要求（★★★）
	我国企业资产负债表的一般格式（★★★）
	资产负债表编制的基本方法（★★★）
第三节　利润表	利润表的概念与作用（★★★★）
	利润表的列示要求（★★★）
	我国企业利润表的一般格式（★★★）
	利润表编制的基本方法（★★★）

考情分析

本章涉及的主要考点有财务报表的概念与分类、财务报表编制的基本要求、财务报表编制前的准备工作、资产负债表和利润表的概念与作用、资产负债表和利润表的列示要求、我国企业资产负债表和利润表的一般格式、资产负债表和利润表编制的基本方法，主要题型有单项选择题、多项选择题、判断题、计算分析题。本章是重点章，考生应加强理解和记忆，尤其是有关资产负债表和利润表的考点。

第一节 财务报表概述

一、财务报表的概念与分类

（一）财务报表的概念

在日常会计核算中，对于企业、行政、事业等单位在一定时期内所发生的各项经济业务都要按照一定的会计程序，在有关账簿中进行连续、系统、全面、分类的记录和归集。但这些会计核算资料是分散地反映在各个会计账户中的，不能集中、概括、相互联系地反映企业、单位的经济活动和财务收支的全貌。为了满足经营管理的各方面的需要，就有必要定期地对日常会计核算资料加以总结，按照一定的表格形式编制财务报表，总括、综合地反映企业的经济活动过程和结果，为有关方面进行管理和决策提供科学、准确的会计信息。

财务报表是对企业财务状况、经营成果和现金流量的结构性表述。

财务报表至少应当包括下列组成部分：（1）资产负债表；（2）利润表；（3）现金流量表；（4）所有者权益变动表；（5）附注。财务报表上述组成部分具有同等的重要程度。

【真题演练】财务报表至少应当包括（　　）。

A.资产负债表　　B.利润表和现金流量表

C.所有者权益变动表　　D.财务报表附注

【答案】ABCD

（二）财务报表的分类

财务报表可以按其编报期间不同分为中期财务报表和年度财务报表，其中中期财务报表分为半年度、季度、月度财务报表；按其编报主体不同分为个别财务报表和合并财务报表。

通常情况下，企业年度财务报表的会计期间是指公历每年的1月1日至12月31日；半年度财务报表的会计期间是指公历每年的1月1日至6月30日，或7月1日至12月31日；季度财务报表的会计期间是指公历每一季度；月度财务报表的会计期间则是指公历每月1日至最后一日。

【真题演练】中期财务报表包括（　　）。

A.月报　B.季报　C.半年报　D.旬报

【答案】ABC

【解析】中期财务报表包括月报、季报和半年报，不包括旬报。

二、财务报表编制的基本要求

财务报表是按照一定的格式和一定的指标体系，对日常会计核算资料进行加工整理而编制出来的，它对国家宏观经济管理、企业内部的经营管理决策以及投资人、债权人对企业经营管理进行考察都有十分重要的意义，因此企业在编制财务报表时一定要做到以下几点：

（一）以持续经营为基础编制

企业应当以持续经营为基础，根据实际发生的交易和事项，按照《企业会计准则——基本准则》和其他各项会计准则的规定进行确认和计量，在此基础上编制财务报表。以持续经营为基础编制财务报表不再合理，企业应当采用其他基础编制财务报表，并在附注中声明财务报表未以持续经营为基础编制的事实、披露未以持续经营为基础编制的原因和财务报表的编制基础。

【真题演练】我国《财务报表列报》准则规范企业财务报表以（　　）为基础编制。

A.会计分期　　B.持续经营　　C.货币计量　　D.会计主体

【答案】B

【解析】《财务报表列报》准则规范企业财务报表以持续经营为基础编制。

（二）按正确的会计基础编制

除现金流量表按照收付实现制原则编制外，企业应当按照权责发生制原则编制财务报表。

（三）至少按年编制财务报表

企业至少应当按年编制财务报表。年度财务报表涵盖的期间短于一年的，应当披露年度财务报表的涵盖期间、短于一年的原因以及报表数据不具可比性的事实。

（四）项目列报遵守重要性原则

重要性，是指在合理预期下，财务报表某项目的省略或错报会影响使用者据此作出经济决策的，该项目具有重要性。

重要性应当根据企业所处的具体环境，从项目的性质和金额两方面予以判断，且对各项目重要性的判断标准一经确定，不得随意变更。判断项目性质的重要性，应当考虑该项目在性质上是否属于企业日常活动、是否显著影响企业的财务状况、经营成果和现金流量等因素；判断项目金额大小的重要性，应当考虑该项目金额占资产总额、负债总额、所有者权益总额、营业收入总额、营业成本总额、净利润、综合收益总额等直接相关项目金额的比重或所属报表单列项目金额的比重。

性质或功能不同的项目，应当在财务报表中单独列报，但不具有重要性的项目除外。

性质或功能类似的项目，其所属类别具有重要性的，应当按其类别在财务报表中单独列报。

某些项目的重要性程度不足以在资产负债表、利润表、现金流量表或所有者权益变动表中单独列示，但对附注却具有重要性，则应当在附注中单独披露。

《企业会计准则第30号——财务报表列报》规定在财务报表中单独列报的项目，应当单独列报。其他会计准则规定单独列报的项目，应当增加单独列报项目。

（五）保持各个会计期间财务报表项目列报的一致性

财务报表项目的列报应当在各个会计期间保持一致，除会计准则要求改变财务报表项目的列报或企业经营业务的性质发生重大变化后，变更财务报表项目的列报能够提供更可靠、更相关的会计信息外，不得随意变更。

（六）各项目之间的金额不得相互抵销

财务报表中的资产项目和负债项目的金额、收入项目和费用项目的金额、直接计入当期利润的利得项目和损失项目的金额不得相互抵销，但其他会计准则另有规定的除外。

一组类似交易形成的利得和损失应当以净额列示，但具有重要性的除外。

资产或负债项目按扣除备抵项目后的净额列示，不属于抵销。

非日常活动产生的利得和损失，以同一交易形成的收益扣减相关费用后的净额列示更能反映交易实质的，不属于抵销。

（七）至少应当提供所有列报项目上一个可比会计期间的比较数据

当期财务报表的列报，至少应当提供所有列报项目上一个可比会计期间的比较数据，以及与理解当期财务报表相关的说明，但其他会计准则另有规定的除外。

财务报表的列报项目发生变更的，应当至少对可比期间的数据按照当期的列报要求进行调整，并在附注中披露调整的原因和性质，以及调整的各项目金额。对可比数据进行调整不切实可行的，应当在附注中披露不能调整的原因。

（八）应当在财务报表的显著位置披露编报企业的名称等重要信息

企业应当在财务报表的显著位置（如表首）至少披露下列各项：（1）编报企业的名称；（2）资产负债表日或财务报表涵盖的会计期间；（3）人民币金额单位；（4）财务报表是合并财务报表的，应当予以标明。

企业应当依照有关法律、行政法规规定的结账日进行结账。年度结账日为公历年度每年的12月31日；半年度、季度、月度结账日分别为公历年度每半年、每季、每月的最后一天。并且要求：月度财务报表应当于月度终了后6天内（节假日顺延，下同）对外提供，季度财务报表应当于季度终了后15天内对外提供，半年度财务报表应当于年度中期结束后60天内（相当于两个连续的月份）对外提供，年度财务报表应当于年度终了后4个月内对外提供。

伪造、变造财务报表都是违反《会计法》的，最终将受到惩罚。因此，每一位会计人员在编制财务报表时必须实事求是，认真负责。

【真题演练】按照我国企业会计制度的规定，企业对外提供的年度财务报表应当包括的内容有（　　）。

A.资产负债表　　B.利润表

C.现金流量表　　D.所有者权益变动表

【答案】ABCD

【解析】《企业会计准则第30号——财务报表列报》规定，企业对外提供的会计报表应至少包括：资产负债表、利润表、现金流量表、所有者权益变动表及附注。

三、财务报表编制前的准备工作

在编制财务报表前，需要完成下列工作：（1）严格审核会计账簿的记录和有关资料；（2）进行全面财产清查、核实债务，并按规定程序报批，进行相应的会计处理；（3）按规定的结账日进行结账，结出有关会计账簿的余额和发生额，并核对各会计账簿之间的余额；（4）检查相关的会计核算是否按照国家统一的会计制度的规定进行；（5）检查是否存在因会计差错、会计政策变更等原因需要调整前期或本期相关项目的情况等。

第二节　资产负债表

一、资产负债表的概念与作用

资产负债表是反映企业在某一特定日期的财务状况的财务报表。它用资产、负债、所有者权益及其相互关系反映一个企业资金运动在某一特定时日的相对静止状态。资产负债表的核心是向会计报表的使用者展示一个企业的财务状况。所谓财务状况是指一个企业的资产、负债、所有者权益结构及其相互关系。

资产负债表的作用主要有：（1）可以提供某一日期资产的总额及其结构，表明企业拥有或控制的资源及其分布情况；（2）可以提供某一日期的负债总额及其结构，表明企业未来需要用多少资产或劳务清偿债务以及清偿时间；（3）可以反映所有者所拥有的权益，据以判断资本保值、增值的情况以及对负债的保障程度。

【真题演练】资产负债表的作用，主要体现在（　　）。

A.表明企业拥有或控制的经济资源及其分布情况

B.反映所有者所拥有的权益

C.提供进行财务分析的基本资料

D.表明企业未来需要用多少资产或劳务清偿债务

【答案】ABCD

【解析】本题考点为资产负债表的作用。

二、资产负债表的列示要求

（一）资产负债表列报总体要求

1.分类别列报

资产负债表应当按照资产、负债和所有者权益三大类别分类列报。

2.资产和负债按流动性列报

资产和负债应当按照流动性分别分为流动资产和非流动资产、流动负债和非流动负债列示。

3.列报相关的合计、总计项目

资产负债表中的资产类至少应当列示流动资产和非流动资产的合计项目；负债类至少应当列示流动负债、非流动负债以及负债的合计项目；所有者权益类应当列示所有者权益的合计项目。

资产负债表应当分别列示资产总计项目和负债与所有者权益之和的总计项目，并且这二者的金额应当相等。

（二）资产的列报

资产负债表中的资产类至少应当单独列示反映下列信息的项目：(1) 货币资金；(2) 以公允价值计量且其变动计入当期损益的金融资产；(3) 应收款项；(4) 预付款项；(5) 存货；(6) 被划分为持有待售的非流动资产及被划分为持有待售的处置组中的资产；(7) 可供出售金融资产；(8) 持有至到期投资；(9) 长期股权投资；(10) 投资性房地产；(11) 固定资产；(12) 生物资产；(13) 无形资产；(14) 递延所得税资产。

（三）负债的列报

资产负债表中的负债类至少应当单独列示反映下列信息的项目：(1) 短期借款；(2) 以公允价值计量且其变动计入当期损益的金融负债；(3) 应付款项；(4) 预收款项；(5) 应付职工薪酬；(6) 应交税费；(7) 被划分为持有待售的处置组中的负债；(8) 长期借款；(9) 应付债券；(10) 长期应付款；(11) 预计负债；(12) 递延所得税负债。

（四）所有者权益的列报

资产负债表中的所有者权益类至少应当单独列示反映下列信息的项目：(1) 实收资本（或股本）；(2) 资本公积；(3) 盈余公积；(4) 未分配利润。

【真题演练】在资产负债表中，下列属于非流动资产项目的是（　　）。

A.其他应收款　　B.交易性金融资金

C.可供出售金融资产　　D.预付账款

【答案】C

【解析】在资产负债表中，可供出售金融资产、持有至到期投资、固定资产、投资性房地产、无形资产属于非流动资产项目。

三、我国企业资产负债表的一般格式

在我国，资产负债表采用账户式的格式，即左侧列示资产，右侧列示负债和所有者权益。资产负债表由表头和表体两部分组成。表头部分应列明报表名称、编表单位名称、资产负债表日和人民币金额单位；表体部分反映资产、负债和所有者权益的内容。其中，表体部分是资产负债表的主体和核心，各项资产、负债按流动性排列，所有者权益项目按稳定性排列。

资产负债表正是依据“资产=负债+所有者权益”的基本平衡原理，按照一定的分类标准和一定的次序分项目排列编制的。可以从两方面来理解资产负债表的结构原理及内容：一方面，它反映了某一企业在一定时日所拥有的资产总额，以及相对于这些资产的权益总额；另一方面，它反映了某一企业在一定时日企业的债权人、所有者以及经过有效的经营活动所提供的资本及其积累，这些权益被运用并物化为各种资产。所以，从一定意义上说，资产负债表就是资产与权益具体项目及其相互关系的分项表述和归纳。

资产负债表的基本结构分为两大部分：一部分列示资产各项目，反映企业资金的分布状况和存在形式；另一部分列示权益各项目，反映企业的负债、所有者权益及其增减情况。两方总金额始终保持平衡关系，反映了资产与权益的本质联系。根据资产与权益两方排列格式的不同，资产负债表可分为账户式和报告式两种。账户式资产负债表，又称平行式资产负债表，是指将资产和权益分列左右两方，左方列示资产项目，右方列示权益项目，左右平衡。报告式资产负债表是将资产和权益采用上下垂直分列的形式，上方列示资产项目，下方列示权益项目，上下平衡。账户式资产负债表的优点是报表格式与账户的结构相似，直观清晰，左右对应平行排列，便于对比分析。同时，考虑到目前我国的习惯，现行会计准则及行业会计制度规定采用账户式资产负债表，左方反映资产状况，右方反映企业负债和所有者权益的情况。

我国企业资产负债表的格式一般见表10-1。

表10-1 **资产负债表**

编制单位： 年 月 日 单位：元

资产	期末余额	年初余额	负债和所有者权益（或股东权益）	期末余额	年初余额
流动资产：			流动负债：		
货币资金			短期借款		
以公允价值计量且其变动计入当期损益的金融资产			以公允价值计量且其变动计入当期损益的金融负债		
应收票据			应付票据		

续表

资产	期末余额	年初余额	负债和所有者权益（或股东权益）	期末余额	年初余额
应收账款			应付账款		
预付款项			预收款项		
应收利息			应付职工薪酬		
应收股利			应交税费		
其他应收款			应付利息		
存货			应付股利		
一年内到期的非流动资产			其他应付款		
其他流动资产			一年内到期的非流动负债		
流动资产合计			其他流动负债		
非流动资产：			流动负债合计		
可供出售金融资产			非流动负债：		
持有至到期投资			长期借款		
长期应收款			应付债券		
长期股权投资			长期应付款		
投资性房地产			专项应付款		
固定资产			预计负债		
在建工程			递延所得税负债		
工程物资			其他非流动负债		
固定资产清理			非流动负债合计		
生产性生物资产			负债合计		
油气资产			所有者权益（或股东权益）：		
无形资产			实收资本（或股本）		
开发支出			资本公积		
商誉			减：库存股		
长期待摊费用			盈余公积		
递延所得税资产			未分配利润		
其他非流动资产			所有者权益（或股东权益）合计		
非流动资产合计					
资产总计			负债和所有者权益（或股东权益）总计		

【真题演练】我国企业的资产负债表采用（　　）结构。

A.报告式　B.账户式　C.单步式　D.多步式

【答案】B

【解析】我国资产负债表采用账户式的格式。

四、资产负债表编制的基本方法

资产负债表的编制，是指会计人员在规定的资产负债表的格式和栏目内，填列各有关具体项目金额的一项会计核算工作。编制资产负债表要求会计人员应熟悉会计准则及行业会计制度的规定，并掌握一定的编制方法。

资产负债表的编制一般要经过三个阶段：一是要做好编制前的各项准备工作，包括认真进行财产清查，以便账实相符；认真清理核对账目，以求账账相符；准确进行结账等，以保证填列在资产负债表中的各项目金额正确无误。二是认真计算并填列表内各项目金额。三是认真复核，并请有关领导或会计主管人员审核、签名或盖章，办理各种手续。

（一）资产负债表中的“年初余额”和“期末余额”

《企业财务会计报告条例》规定：年度、半年度会计报表至少应当反映两个年度或者相关两个期间的比较数据。也就是说，企业需要提供比较资产负债表，所以，资产负债表各项目需要分为“年初余额”和“期末余额”两栏分别填列。

1.“期末余额”栏的填列方法

资产负债表“期末余额”栏内各项数字，一般应根据资产、负债和所有者权益类科目的期末余额填列，具体方法如下：（1）根据一个或几个总账科目的余额填列，如“短期借款”、“应收股利”等项目；（2）根据明细账科目的余额计算填列，如“应付账款”项目，需要根据“应付账款”、“预付账款”账户所属相关明细账的期末贷方余额计算填列；（3）根据总账科目和明细账科目的余额分析计算填列，如“长期借款”项目，需要根据“长期借款”总账期末余额，扣除“长期借款”总账所属明细账中反映的、将于1年内到期的长期借款部分，分析计算填列；（4）根据有关科目余额减去其备抵科目余额后的净额填列，如“固定资产”项目是用“固定资产”账户余额减去“累计折旧”和“固定资产减值准备”后的净额填列；（5）综合运用上述填列方法分析填列。

2.“年初余额”栏的填列方法

本表的“年初余额”栏通常根据上年末有关项目的期末余额填列，且与上年末资产负债表“期末余额”栏一致。如果企业上年度资产负债表规定的项目名称和内容与本年度不一致，应当对上年年末资产负债表相关项目的名称和数字按照本年度的规定进行调整，填入“年初余额”栏。

（二）资产负债表中各项目的填列方法

（1）“货币资金”项目，反映企业库存现金、银行存款、外埠存款、银行汇票存款、银行本票存款、信用证保证金存款等的合计数。本项目应根据“库存现金”、“银行存款”、“其他货币资金”账户的期末余额合计填列。

（2）“以公允价值计量且其变动计入当期损益的金融资产”项目，反映企业持有的交易性金融资产的期末价值，即以公允价值计量且其变动计入当期损益的金融资产，包括为交易目的所持有的债券投资、股票投资、基金投资、权证投资等和直接指定为以公允价值计量且其变动计入当期损益的金融资产。本项目应根据“交易性金融资产”账户的期末余额填列。

（3）“应收票据”项目，反映企业收到的未到期也未向银行贴现的应收票据，包括商业承兑汇票和银行承兑汇票。本项目应根据“应收票据”账户的期末余额填列。已向银行贴现和已背书转让的应收票据不包括在本项目内。

（4）“应收账款”项目，反映企业因销售商品、产品和提供劳务等而应向购买单位收取的各种款项，减去已计提的坏账准备后的净额。本项目应根据“应收账款”账户所属各明细科目的期末借方余额合计，减去“坏账准备”账户中有关应收账款计提的坏账准备期末余额后的金额填列。

如“应收账款”账户所属明细账期末有贷方余额，应在本表“预收款项”项目内填列。

（5）“预付款项”项目，反映企业预付给供应单位的款项。本项目应根据“预付账款”账户所属各明细账的期末借方余额合计填列。如“预付账款”账户所属有关明细账期末有贷方余额的，应在本表“应付账款”项目内填列。如“应付账款”账户所属明细账有借方余额的，也应包括在本项目内。

（6）“应收利息”项目，反映企业因债权投资而应收取的利息。本项目应根据“应收利息”账户的期末余额填列。

（7）“应收股利”项目，反映企业因股权投资而应收取的现金股利，企业应收其他单位的利润也包括在本项目内。本项目应根据“应收股利”账户的期末余额填列。

（8）“其他应收款”项目，反映企业对其他单位和个人的应收和暂付的款项，减去已计提的坏账准备后的净额。本项目应根据“其他应收款”账户的期末余额，减去“坏账准备”账户中有关其他应收款计提的坏账准备期末余额后的金额填列。

（9）“存货”项目，反映企业期末库存、在途和加工中的各项存货的价值，包括各种材料、商品、在产品、半成品、包装物、低值易耗品等。本项目应根据“在途物资”（或“材料采购”）、“原材料”、“低值易耗品”、“库存商品”、“包装物”、“委托加工物资”、“生产成本”等账户的期末余额合计，减去“存货跌价准备”账户期末余额后的金额填列。材料采用计划成本核算，以及库存商品采用计划成本核算的企业，还应按加或减材料成本差异后的金额填列。

（10）“一年内到期的非流动资产”项目，反映企业将于一年内（含一年）到期的非流动资产项目金额。本项目应根据有关科目的期末余额填列。

（11）“其他流动资产”项目，反映企业除以上流动资产项目外的其他流动资产，本项目应根据有关账户的期末余额填列。如其他流动资产价值较大的，应在会计报表附注中披露其内容和金额。

（12）“可供出售金融资产”项目，反映企业持有的以公允价值计量的“可供出售金融资产”的期末价值，包括划分为可供出售的股票投资、债券投资、基金投资等金融资产。本项目应按“可供出售金融资产”的期末价值，减去“可供出售金融资产减值准备”科目期末余额后的金额填列。

（13）“持有至到期投资”项目，反映企业期末持有的以摊余成本计量的持有至到期投资的实际价值。企业委托银行或其他金融机构向其他单位贷出的款项，也包括在本项目内。本项目应根据“持有至到期投资”科目的期末余额，扣减“持有至到期投资减值准备”科目的余额后填列。

（14）“长期应收款”项目，反映企业融资租赁产生的应收款项和采用递延方式具有融资性质的销售商品和提供劳务等产生的长期应收款项。截至资产负债表日，到期日在一年以上的委托贷款也在本项目填列。本项目应根据“长期应收款”科目的期末余额，减去相应的“未实现融资收益”科目和“坏账准备”科目所属相关明细科目期末余额后的金额填列，与到期日在一年以上的委托贷款期末余额，减去该部分委托贷款减值准备期末余额后的金额合计填列。长期应收款中将于一年内到期的部分，在“一年内到期的非流动资产”项目反映。

（15）“长期股权投资”项目，反映企业对子公司、联营企业和合营企业的长期股权投资，以及投资企业持有的对被投资单位没有控制、共同控制或重大影响，并且在活跃市场没有报价、公允价值不能可靠计量的权益性投资。本项目应根据“长期股权投资”科目的期末余额，扣减“长期股权投资减值准备”科目的余额后填列。

（16）“投资性房地产”项目，反映企业期末持有的投资性房地产的实际价值。企业采用成本模式计量投资性房地产的，本项目应根据“投资性房地产”科目的期末余额，减去“投资性房地产累计折旧（摊销）”和“投资性房地产减值准备”科目期末余额后的金额填列；采用公允价值模式计量投资性房地产的，本项目应根据“投资性房地产”科目的期末余额填列。

（17）“固定资产”项目，反映企业的各种固定资产的净值。融资租入的固定资产，其原价及已提折旧也包括在内。融资租入固定资产原价应在会计报表附注中另行反映。本项目应根据“固定资产”账户余额减去“累计折旧”账户和“固定资产减值准备”账户余额后的金额填列。

（18）“在建工程”项目，反映企业期末各项未完工程的实际支出，包括交付安装的设备价值，未完建筑安装工程已经耗用的材料、工资和费用支出，预付出包工程的价款，已经建筑安装完毕但尚未交付使用的工程等的可收回金额。本项目应根据“在建工程”账户的期末余额，减去“在建工程减值准备”账户期末余额后的金额填列。

（19）“工程物资”项目，反映企业为在建工程准备的各种物资的价值，包括工程用材料、尚未安装的设备以及为生产准备的工器具等的期末价值。本项目应根据“工程物资”科目的期末余额填列。工程物资计提了减值准备的，还应当扣减累计计提的减值准备金额。

（20）“固定资产清理”项目，反映企业因出售、毁损、报废等原因转入清理但尚未清理完毕的固定资产的账面价值，以及固定资产清理过程中所发生的清理费用和变价收入等各项金额的差额。本项目应根据“固定资产清理”账户的期末借方余额填列。如“固定资产清理”账户期末为贷方余额，以“-”号填列。

（21）“生产性生物资产”项目，反映企业（农业）持有的生产性生物资产的期末实际价值。本项目应根据“生产性生物资产”科目的期末余额，扣减“生产性生物资产累计折旧”后的余额填列。如果生产性生物资产计提了减值准备的，还应当扣减累计计提的减值准备金额。

（22）“油气资产”项目，反映企业（石油天然气开采）持有的矿区权益和油气井及相关设施的实际价值。企业（石油天然气开采）与油气开采活动相关的辅助设备及设施在“固定资产”项目反映，不在本项目反映。本项目应根据“油气资产”科目的期末余额，扣减“累计折耗”科目的余额填列。如果油气资产计提了减值准备，还应当扣减累计计提的减值准备金额。

（23）“无形资产”项目，反映企业各项无形资产的期末可收回金额。本项目应根据“无形资产”账户的期末余额，减去“无形资产减值准备”账户期末余额后的金额填列。

（24）“开发支出”项目，反映企业自行研究开发无形资产在期末尚未完成开发阶段的无形资产的价值。本项目应根据“开发支出”账户的期末余额填列。

（25）“商誉”项目，反映企业非同一控制下的吸收合并中形成的商誉的价值。本项目可以根据“商誉”科目的期末余额填列。如果企业单独设置“商誉减值准备”科目核算商誉发生的减值，则本项目应当根据“商誉”科目的期末余额扣减“商誉减值准备”科目的余额后填列。

（26）“长期待摊费用”项目，反映企业尚未摊销的摊销期限在1年以上（不含1年）的各种费用，如租入固定资产改良支出、摊销期限在1年以上（不含1年）的其他待摊费用。长期待摊费用中在1年内（含1年）摊销的部分，应在本表“待摊费用”项目填列。本项目应根据“长期待摊费用”账户的期末余额减去1年内（含1年）摊销的数额后的金额填列。

（27）“递延所得税资产”项目，反映企业根据所得税准则确认的可抵扣暂时性差异产生的所得税资产的期末价值。根据税法规定可用以后年度税前利润弥补的亏损产生的所得税资产，也在本项目反映。本项目应根据“递延所得税资产”科目的期末余额填列。

（28）“其他非流动资产”项目，反映企业除以上资产以外的其他长期资产。本项目应根据有关账户的期末余额填列。如其他长期资产价值较大的，应在会计报表附注中披露其内容和金额。

（29）“短期借款”项目，反映企业借入尚未归还的1年期以下（含1年）的借款。本项目应根据“短期借款”账户的期末余额填列。

（30）“以公允价值计量且其变动计入当期损益的金融负债”项目，反映企业承担的以公允价值计量且其变动计入当期损益的、为交易目的所持有的金融负债。本项目应根据“交易性金融负债”科目的期末余额填列。

（31）“应付票据”项目，反映企业为了抵付货款等而开出、承兑的尚未到期付款的应付票据，包括银行承兑汇票和商业承兑汇票。本项目应根据“应付票据”账户的期末余额填列。

（32）“应付账款”项目，反映企业购买原材料、商品和接受劳务供应等而应付给供应单位的款项。本项目应根据“应付账款”账户所属各有关明细账的期末贷方余额合计填列。如“应付账款”账户所属各明细账期末有借方余额，应在本表“预付款项”项目内填列。

（33）“预收款项”项目，反映企业预收购买单位的账款。本项目应根据“预收账款”科目所属各有关明细科目的期末贷方余额合计填列。如“预收账款”科目所属有关明细科目有借方余额的，应在本表“应收账款”项目内填列。如“应收账款”科目所属明细科目有贷方余额的，也应包括在本项目内。

（34）“应付职工薪酬”项目，反映企业应付未付的职工薪酬。应付职工薪酬包括应付职工的工资、奖金、津贴和补贴、职工福利费和医疗保险费、养老保险费等各种保险费以及住房公积金等。本项目应根据“应付职工薪酬”账户期末贷方余额填列。如“应付职工薪酬”账户期末有借方余额，以“-”号填列。

（35）“应交税费”项目，反映企业期末未交、多交或未抵扣的各种税金和其他费用。本项目应根据“应交税费”账户的期末贷方余额填列。如“应交税费”账户期末为借方余额，以“-”号填列。

（36）“应付利息”项目，反映企业按照合同约定应支付的利息，包括吸收存款、分期付息到期还本的长期借款、企业债券等应支付的利息。本项目应根据“应付利息”科目的期末余额填列。

（37）“应付股利”项目，反映企业尚未支付的现金股利。本项目应根据“应付股利”账户的期末余额填列。

（38）“其他应付款”项目，反映企业所有应付和暂收其他单位和个人的款项。本项目应根据“其他应付款”账户的期末余额填列。

（39）“一年内到期的非流动负债”项目，反映企业非流动负债中将于资产负债表日后一年内到期部分的余额。本项目应根据有关科目的期末余额填列。将于一年内偿还的长期借款及“递延收益”中将于一年内到期的部分在本项目中反映。

（40）“其他流动负债”项目，反映企业除以上流动负债以外的其他流动负债。本项目应根据有关账户的期末余额填列。如其他流动负债价值较大的，应在会计报表附注中披露其内容及金额。

（41）“长期借款”项目，反映企业借入尚未归还的1年期以上（不含1年）的借款本息。本项目应根据“长期借款”账户的期末余额填列。

（42）“应付债券”项目，反映企业发行的尚未偿还的各种长期债券的本息。本项目应根据“应付债券”账户的期末余额填列。

（43）“长期应付款”项目，反映企业除长期借款和应付债券以外的其他各种长期应付款项，包括应付租入固定资产的融资租赁费、以分期付款方式购入固定资产等发生的应付款项等。本项目根据“长期应付款”科目期末余额减去相应的“未确认融资费用”科目期末余额填列。递延收益期末余额也在本项目填列。长期应付款中将于一年内到期的部分，在“一年内到期的非流动负债”项目反映。

（44）“专项应付款”项目，反映企业取得国家（政府）作为所有者投入的具有专项或特定用途的款项，如属于工程项目的资本性拨款等。企业集团中使用的技术开发费等尚未结转或转销余额也在本项目中反映。本项目应根据“专项应付款”科目的期末余额填列。

（45）“预计负债”项目，反映企业预计负债的期末余额。本项目应根据“预计负债”账户的期末余额填列。

（46）“递延收益”项目根据总账余额填列。

（47）“递延所得税负债”项目，反映企业根据所得税准则确认的应纳税暂时性差异产生的所得税负债。本项目应根据“递延所得税负债”科目的期末余额填列。

（48）“其他非流动负债”项目，反映企业除以上非流动负债项目以外的其他非流动负债。本项目应根据有关账户的期末余额填列。如其他非流动负债价值较大的，应在会计报表附注中披露其内容和金额。

上述非流动负债各项目中将于一年内（含一年）到期的非流动负债，应在“一年内到期的非流动负债”项目内单独反映。上述非流动负债各项目均应根据有关科目期末余额减去将于一年内（含一年）到期的非流动负债后的金额填列。

（49）“实收资本（或股本）”项目，反映企业各投资者实际投入的资本（或股本）总额。本项目应根据“实收资本（或股本）”账户的期末余额填列。

（50）“资本公积”项目，反映企业资本公积的期末余额。本项目应根据“资本公积”账户的期末余额填列。

（51）“库存股”项目，反映企业持有尚未转让或注销的本公司股份。本项目应根据“库存股”科目的期末余额填列。

（52）“其他综合收益”项目，反映指企业根据会计准则规定未在损益中确认的各项利得和损失扣除所得税影响后的净额。本项目应根据“其他综合收益”科目的期末余额填列。

（53）“盈余公积”项目，反映企业盈余公积的期末余额。本项目应根据“盈余公积”账户的期末余额填列。

（54）“未分配利润”项目，反映企业尚未分配的利润。本项目应根据“本年利润”账户和“利润分配”账户的余额计算填列。未弥补的亏损，在本项目内以“-”号填列。

【真题演练】编制资产负债表时，需根据有关总账科目期末余额直接填列的项目有（ ）。

A.短期借款　　B.存货

C.应付职工薪酬　　D.资本公积

【答案】ACD

【解析】“存货”项目应根据“在途物资”（或“材料采购”）、“原材料”、“低值易耗品”、“库存商品”、“包装物”、“委托加工物资”、“生产成本”等账户的期末余额合计，减去“存货跌价准备”账户期末余额后的金额填列。材料采用计划成本核算，以及库存商品采用计划成本核算的企业，还应按加或减材料成本差异后的金额填列。

第三节　利润表

一、利润表的概念与作用

利润表是反映企业在一定会计期间的经营成果的财务报表。年度利润表反映的是某年1月1日至12月31日的经营成果。所谓经营成果是指一个企业在一定时期的营业收入和营业费用以及经过配比而计算出来的净收益。它说明企业在某一时期的净收益数额及形成情况，据以分析企业的经济效益及盈利能力，评价企业的经营管理绩效，判断资本保值、增值情况。由于利润表内数据是说明某一期间的情况，因此利润表是动态报表。通过利润表可以从总体上了解企业收入、成本和费用、净利润（或净亏损）的实现及构成情况；同时，通过利润表提供的不同时期的比较数字（本月数、本年累计数、上年数），可以分析企业的获利能力及利润的未来发展趋势，了解投资者投入资本的保值增值情况。

【真题演练】反映企业在一定会计期间的经营成果的会计报表是（ ）。

A.资产负债表　　B.利润表　　C.现金流量表　　D.所有者权益变动表

【答案】B

【解析】利润表又称为损益表，是反映企业在一定会计期间的经营成果的财务报表。

利润表的作用主要有：（1）反映一定会计期间收入的实现情况；（2）反映一定会计期间的费用耗费情况；（3）反映企业经济活动成果的实现情况，据以判断资本保值增值等情况。

二、利润表的列示要求

利润表列示的基本要求如下。

(1) 企业在利润表中应当对费用按照功能分类，分为从事经营业务发生的成本、管理费用、销售费用和财务费用等。

(2) 利润表至少应当单独列示反映下列信息的项目，但其他会计准则另有规定的除外：①营业收入；②营业成本；③营业税金及附加；④管理费用；⑤销售费用；⑥财务费用；⑦投资收益；⑧公允价值变动损益；⑨资产减值损失；⑩非流动资产处置损益；⑪所得税费用；⑫净利润；⑬其他综合收益各项目分别扣除所得税影响后的净额；⑭综合收益总额。金融企业可以根据其特殊性列示利润表项目。

(3) 其他综合收益项目应当根据其他相关会计准则的规定分为以后会计期间不能重分类进损益的其他综合收益项目和以后会计期间在满足规定条件时将重分类进损益的其他综合收益项目两类列报。

(4) 在合并利润表中，企业应当在净利润项目之下单独列示归属于母公司所有者的损益和归属于少数股东的损益，在综合收益总额项目之下单独列示归属于母公司所有者的综合收益总额和归属于少数股东的综合收益总额。

【真题演练】下列属于利润表中的项目有（　　）。

A.主营业务收入　　B.营业收入　　C.每股收益　　D.资产减值损失

【答案】BCD

【解析】本题考点为利润表的列示要求，主营业务收入不单独列示，故选项A错误。

三、我国企业利润表的一般格式

利润表的基本结构是根据“收入-费用=利润”平衡公式而设计的。按照利润表各具体项目内容的排列方式的不同，利润表分单步式和多步式两种格式。

单步式利润表通常采用左右对照的账户式结构，即把表格分为左右两个部分，左边反映企业各种收入及收益类项目，右边列示各种费用及支出类项目，左边总额减去右边总额即为企业利润数额。有时单步式利润表也列作垂直式，即收入及收益项目列在上半部分，费用及支出项目列在下半部分。单步式利润表的优点是比较直观、简单，编制也较方便；缺点是不能揭示出利润各构成要素之间的内在联系，不便于报表使用者对企业进行利润构成的分析和预测，也不利于同行业之间报表的分析和比较。因而，即使要用单步式，也主要适用于那些业务极为单纯的服务咨询性企业和一些实行企业化管理而业务又比较简单的事业单位。

多步式利润表一般采用上下加减的报告式结构，利润数额的计算采取多个步骤逐项列示。多步式利润表的主要优点是：注意收入与费用支出配比的层次性，明确揭示了利润各构成要素之间的内在联系；便于报表使用者对企业经营情况进行分析；有利于不同企业之间进行比较；有利于预测企业未来的盈利能力。

在我国，企业应当采用多步式利润表，将不同性质的收入和费用分别进行对比，以便得出一些中间性的利润数据，帮助使用者理解企业经营成果的不同来源。

利润表通常包括表头和表体两部分。表头应列明报表名称、编表单位名称、财务报表涵盖的会计期间和人民币金额单位等内容；利润表的表体，反映形成经营成果的各个项目和计算过程。我国企业利润表的格式一般见表10-2。

表10-2 **利润表**

编制单位： 年 月 单位：元

项 目	本期金额	上期金额
一、营业收入		
减：营业成本		
营业税金及附加		
销售费用		
管理费用		
财务费用		
资产减值损失		
加：公允价值变动收益（损失以“-”号填列）		
投资收益（损失以“-”号填列）		
其中：对联营企业和合营企业的投资收益		
二、营业利润（亏损以“-”号填列）		
加：营业外收入		
其中：非流动资产处置利得		
减：营业外支出		
其中：非流动资产处置损失		
三、利润总额（亏损总额以“-”号填列）		
减：所得税费用		
四、净利润（净亏损以“-”号填列）		
五、其他综合收益的税后净额		
（一）以后不能重分类进损益的其他综合收益		
（二）以后将重分类进损益的其他综合收益		
权益法下在被投资单位以后将重分类进损益的其他综合收益中享有的份额		
六、综合收益总额		
七、每股收益：		
（一）基本每股收益		
（二）稀释每股收益		

四、利润表编制的基本方法

为了使报表使用者通过不同期间利润的实现情况判断企业经营成果的未来发展趋势，企业需要提供比较利润表。所以，利润表各项目需要分为“本期金额”和“上期金额”两栏分别填列。

（一）“本期金额”栏的填列方法

“本期金额”栏反映各项目的本期实际发生数，应根据“主营业务收入”、“主营业务成本”、“营业税金及附加”、“销售费用”、“管理费用”、“财务费用”、“资产减值损失”、“公允价值变动损益”、“投资收益”、“营业外收入”、“营业外支出”、“所得税费用”等科目的发生额分析填列。其中，“营业利润”、“利润总额”、“净利润”等项目根据该表中相关项目计算填列。

（二）“上期金额”栏的填列方法

“上期金额”栏反映各项目的上年该期的实际发生数，应根据上年该期利润表“本期金额”栏内所列数字填列。如果上年该期利润表规定的各个项目的名称和内容同本期不一致，应对上年该期利润表各项目的名称和数字按本期的规定进行调整，填入利润表“上期金额”栏内。

（三）利润表中各项目的填列方法

利润表中各项目的金额，一般是根据有关账户的本期发生额来填列的。“本月数”栏内各项数字，根据以下方法填列：

（1）“营业收入”项目，反映企业经营业务所取得的收入总额。本项目应根据“主营业务收入”账户和“其他业务收入”账户的发生额合计填列。

（2）“营业成本”项目，反映企业经营业务发生的实际成本。本项目应根据“主营业务成本”账户和“其他业务成本”账户的发生额合计填列。

（3）“营业税金及附加”项目，反映企业经营业务应负担的营业税、消费税、城市维护建设税、资源税、土地增值税和教育费附加等。本项目应根据“营业税金及附加”账户的发生额分析填列。

（4）“销售费用”项目，反映企业在销售商品和商品流通企业在购入商品等过程中发生的费用。本项目应根据“销售费用”账户的发生额分析填列。

（5）“管理费用”项目，反映企业发生的管理费用。本项目应根据“管理费用”账户的发生额分析填列。

（6）“财务费用”项目，反映企业发生的财务费用。本项目应根据“财务费用”账户的发生额分析填列。

（7）“资产减值损失”项目，反映企业因资产减值而发生的损失。本项目应根据“资产减值损失”账户的发生额分析填列。

（8）“公允价值变动收益”项目，反映企业资产因公允价值变动而发生的损益。本项目应根据“公允价值变动损益”账户的发生额分析填列。

(9)“投资收益”项目，反映企业以各种方式对外投资所取得的收益。本项目应根据“投资收益”账户的发生额分析填列，如为投资损失，以“-”号填列。

(10)“营业外收入”项目，反映企业发生的与其经营活动无直接关系的各项收入。本项目应根据“营业外收入”账户的发生额分析填列。

(11)“营业外支出”项目，反映企业发生的与其经营活动无直接关系的各项支出。本项目应根据“营业外支出”账户的发生额分析填列。

(12)“所得税费用”项目，反映企业按规定从本期损益中减去的所得税。本项目应根据“所得税费用”账户的发生额分析填列。

(13)“净利润”项目，反映企业实现的净利润。如为净亏损，以“-”号填列。

(14)“基本每股收益”和“稀释每股收益”项目，反映企业根据每股收益准则计算的两种每股收益指标的金额。

【真题演练】利润表的特点是（　　）。

A.根据损益账户的本期发生额编制　B.根据相关账户的期末余额编制

C.属于静态报表　D.属于动态报表

【答案】AD

【解析】利润表是指反映企业在一定会计期间的经营成果的会计报表，属于动态会计报表，根据损益账户的本期发生额填列。

【真题演练】下列各项中，不影响营业利润的科目有（　　）。

A.“主营业务收入”　B.“其他业务收入”

C.“营业外收入”　D.“长期待摊费用”

【答案】CD

【解析】“长期待摊费用”、“营业外收入”、“营业外支出”、“所得税费用”均不影响营业利润。

>> 同步练习

一、单项选择题

1.按照我国会计准则和会计制度的规定，资产负债表采用的格式一般为（　　）。

A.单步报告式　B.多步报告式

C.账户式　D.混合式

2.资产负债表是反映单位在（　　）财务状况的会计报表。

A.某一特定日期　B.一定时期内

C.某一年份内　D.某一月份内

3.下列选项中，直接根据总分类账户余额填列资产负债表项目的是（　　）。

A.“应付票据”　B.“应收账款”

C.“未分配利润” D.“存货”

4.通过资产负债表不能了解（ ）。

A.企业的经济资源及分布情况 B.企业资金的来源渠道和构成

C.企业固定资产的新旧程度 D.企业财务成果及其形成过程

5.在资产负债表中资产按照其流动性排列时，下列排列顺序中，正确的是（ ）。

A.存货、无形资产、交易性货币资产、金融资产

B.交易性金融资产、存货、无形资产、货币资金

C.无形资产、货币资金、交易性金融资产、存货

D.货币资金、交易性金融资产、存货、无形资产

6.资产负债表的下列项目中，需要根据几个总账账户的期末余额进行汇总填列的是（ ）。

A.“应付职工薪酬” B.“短期借款”

C.“货币资金” D.“资本公积”

7.“应付账款”科目所属明细科目如有借方余额，应在资产负债表（ ）项目中反映。

A.“应收账款” B.“预付账款” C.“预收账款” D.“应付账款”

8.我国利润表的结构采用（ ）。

A.单步式 B.多步式 C.账户式 D.报告式

9.在利润表中，利润总额减去（ ），得出净利润。

A.管理费用 B.增值税 C.所得税费用 D.营业外支出

10.某企业当月的主营业务收入为100 000元，其他业务收入为10 000元，主营业务成本为60 000元，销售费用为10 000元，管理费用为10 000元，应交增值税税额为8 000元，则本月利润总额为（ ）元。

A.20 000 B.22 000 C.30 000 D.32 000

二、多项选择题

1.按现行会计准则规定，企业年度财务报告主要包括（ ）和附注。

A.资产负债表 B.利润表

C.现金流量表 D.所有者权益变动表

2.企业的下列报表，属于对外报表的有（ ）。

A.资产负债表 B.利润表

C.现金流量表 D.所有者权益变动表

3.通过资产负债表能够了解的会计信息有（ ）。

A.企业所掌握的经济资源及其分布情况 B.企业所承担的债务

C.企业的近期偿债能力 D.企业的盈利能力

4.编制资产负债表时，需根据有关总账账户期末余额分析填列的项目有（ ）。

A.货币资金　　B.预付账款　　C.存货　　D.短期借款

5.下列账户中，可能影响资产负债表中“应付账款”项目金额的有（　　）。

A.应收账款　　B.预收账款　　C.应付账款　　D.预付账款

6.利润表中的“营业收入”项目应根据（　　）账户的发生额合计填列。

A.营业外收入　　B.投资收益　　C.主营业务收入　　D.其他业务收入

7.企业财务报表按其编报期间不同，分为（　　）。

A.个别财务报表　　B.合并财务报表　　C.中期财务报表　　D.年度财务报表

8.编制财务报表的基本要求包括（　　）。

A.以持续经营为基础编制　　B.项目列报遵循重要性原则

C.保持各个会计期间财务报表项目列报的一致性

D.至少应当提供所有列报项目上一个可比会计期间的比较数据

9.单位编制财务报表的主要目的是为（　　）及社会公众等财务报告的使用者进行决策提供会计信息。

A.投资者　　B.债权人　　C.政府及相关机构　D.企业管理人员

10.在编制财务报表前，除按规定的结账日进行结账，结出有关会计账簿的余额和发生额，并核对各会计账簿之间的余额外，还需要完成（　　）工作。

A.严格审核会计账簿的记录和有关资料

B.进行全面财产清查、核实债务，并按规定程序报批，进行相应的会计处理

C.检查相关的会计核算是否按照国家统一的会计制度的规定进行

D.检查是否存在因会计差错、会计政策变更等原因需要调整前期或本期相关项目的情况

三、判断题

1.编制财务报表的主要目的是为财务报表使用者进行决策提供信息。（　　）

2.资产负债表是反映企业一定日期内的资产、负债和所有者权益情况的报表。（　　）

3.季度、月度财务报表通常仅指财务报表，至少应该包括资产负债表、利润表和现金流量表。（　　）

4.资产负债表的格式主要有账户式和报告式两种。我国采用的是报告式，因此才出现财务报表这个名词。（　　）

5.资产负债表的“期末数”栏各项目主要是根据总账或有关明细账期末贷方余额直接填列的。（　　）

6.利润表是反映企业在一定会计期间经营成果的报表，属于静态报表。（　　）

7.财务报表至少应当包括资产负债表、利润表、现金流量表、所有者权益变动表及附注。（　　）

8.会计报表附注主要包括两部分：一是财务报表中各要素的补充说明；二是对财务报表中无法详细描述的其他财务信息的补充说明。（　　）

9. “营业利润”减去“管理费用”、“销售费用”、“财务费用”和“所得税费用”后得到“净利润”。 (　　)

10. 账户式资产负债表分左右两方，右方为负债及所有者权益项目，一般要求按求偿权的先后顺序排列。 (　　)

四、计算分析题

目的：练习资产负债表的编制。

资料：星海公司20×5年12月有关资料见表10-3和表10-4。

表10-3　　**科目余额表**　　单位：元

科目名称	借方余额	贷方余额
库存现金	10 000	
银行存款	57 000	
应收票据	60 000	
应收账款	80 000	
预付账款		30 000
坏账准备		5 000
原材料	170 000	
库存商品	100 000	
固定资产	800 000	
累计折旧		300 000
在建工程	52 000	
无形资产	150 000	
短期借款		65 000
应付账款		70 000
预收账款		10 000
应付职工薪酬		6 000
应交税费		13 000
长期借款		80 000
实收资本		500 000
盈余公积		200 000
未分配利润		200 000
合计	1 479 000	1 479 000

表10-4　　**债权债务明细科目余额表**　　单位：元

账户名称	借或贷	总账金额	明细账金额	账户名称	借或贷	总账金额	明细账金额
应收账款	借			应付账款	贷		
——A公司	借	80 000	100 000	——E公司	贷	70 000	100 000
——B公司	贷		20 000	——F公司	借		30 000
预付账款	贷			预收账款	贷		
——C公司	借	30 000	20 000	——G公司	贷	10 000	40 000
——D公司	贷		50 000	——H公司	借		30 000

长期借款共两笔，均为到期一次性还本付息。金额及期限如下：

（1）从工商银行借入30 000元（本利和），离到期日还有6个月。

（2）从建设银行借入50 000元（本利和），离到期日还有2年。

要求：编制星海公司20×5年12月31日的资产负债表，见表10-5。

表10-5　　**资产负债表**　　会企01表

编制单位：星海公司　　20×5年12月31日　　单位：元

资产	期末余额	年初余额	负债和所有者权益（或股东权益）	期末余额	年初余额
流动资产：			流动负债：		
货币资金			短期借款		
应收票据			应付账款		
应收账款			预收账款		
预付账款			应付职工薪酬		
存货			应交税费		
应收股利			其他应付款		
其他应收款			一年内到期的非流动负债		
其他流动资产			其他流动负债		
流动资产合计			流动负债合计		
			非流动负债：		
			长期借款		
			其他非流动负债		
			非流动负债合计		
			负债合计		

续表

资 产	期末余额	年初余额	负债和所有者权益（或股东权益）	期末余额	年初余额
			所有者权益（或股东权益）：		
非流动资产：			实收资本（或股本）		
固定资产			资本公积		
在建工程			盈余公积		
无形资产			未分配利润		
非流动资产合计			所有者权益（或股东权益）合计		
资产总计			负债和所有者权益（或股东权益）总计		

单位负责人： 财会负责人： 复核： 制表：

附录一
模拟试题

一、单项选择题（共20题，每题1分）

1.借贷记账法下的发生额试算平衡是按照（　　）进行的。

A.“资产=负债+所有者权益”的会计等式

B.平行登记

C.“有借必有贷，借贷必相等”的记账规则

D.账户的结构

2.在进行材料费用的归集和分配时，销售部门发生的材料费用应直接计入（　　）。

A.管理费用　　B.财务费用　　C.销售费用　　D.制造费用

3.企业银行存款日记账与对账单的核对，属于（　　）核对。

A.账账　　B.账证　　C.账实　　D.账表

4.在会计核算的基本前提中，界定会计工作和会计信息的空间范围的是（　　）。

A.会计主体　　B.持续经营　　C.会计期间　　D.货币计量

5.下列说法中，正确的是（　　）。

A.收入是指企业销售商品、提供劳务以及让渡资产使用权等活动中形成的经济利益的总流入

B.收入按性质不同，分为销售商品收入、提供劳务收入和让渡资产使用权收入等

C.狭义的收入包括营业外收入

D.所有者权益增加，一定表明企业获得了收入

6.科目汇总表账务处理程序与其他账务处理程序的最大区别是（　　）。

A.进行发生额试算平衡　　B.登记总分类账的依据和方法不同

C.保持科目之间的对应关系　　D.总括反映同类经济业务

7.会计人员审核原始凭证时发现其金额有差错，应由（　　）。

A.会计人员更正　　B.原制单人重开

C.经办人更正　　D.审批人员更正

8.库存商品因管理不善盘亏，经批准后记入（　　）账户。

A.库存商品　　B.管理费用　　C.营业外支出　　D.待处理财产损溢

9.“短期借款”账户的期末余额等于（　　）。

A.期初余额+借方本期发生额-贷方本期发生额

B.期初余额+借方本期发生额+贷方本期发生额

C.期初余额-借方本期发生额-贷方本期发生额

D.期初余额-借方本期发生额+贷方本期发生额

10.记账以后，发现记账凭证应借、应贷的账户名称错误，但金额正确，应采用的更正方法是（　　）。

A.划线更正法　　B.红字更正法　　C.补充登记法　　D.平行登记法

11.某企业根据一项不涉及库存现金与银行存款的会计业务编制记账凭证，由于涉及项目较多，需填制两张记账凭证，则记账凭证编号为（　　）。

A.转字第××号　　B.收字第××号

C.转字第1/2号和转字第2/2号　　D.收字第1/2号和收字第2/2号

12.下列凭证中，不能用来登记总分类账的是（　　）。

A.原始凭证　　B.记账凭证　　C.科目汇总表　　D.汇总记账凭证

13.某企业为增值税一般纳税人，购入材料一批，增值税专用发票上标明的价款为28万元，增值税为4.76万元，另支付材料的保险费2万元、包装物押金1万元。该批材料的采购成本为（　　）万元。

A.30　　B.31　　C.32.76　　D.34.76

14."本年利润"账户3月31日的贷方余额为110 000元，表示（　　）。

A.3月份利润总额　　B.一季度累计利润

C.营业利润额　　D.产品销售利润额

15.为了避免重复记账，习惯上对于将现金存入银行的业务，一般只编制（　　）。

A.库存现金收款凭证　　B.库存现金付款凭证

C.银行存款收款凭证　　D.银行存款付款凭证

16.账户的对应关系是指（　　）。

A.总分类账户与明细分类账户之间的关系

B.有关账户之间的应借、应贷关系

C.资产类账户与负债类账户之间的关系

D.成本类账户与损益类账户之间的关系

17.下列各项中，不适用多栏式明细账的账户是（　　）。

A.材料采购　　B.其他业务收入　　C.其他业务支出　　D.制造费用

18.企业在对会计要素进行计量时，一般采用（　　）。

A.历史成本　　B.重置成本　　C.可变现净值　　D.公允价值

19.订本式账簿主要适用于（　　）。

A.总账、日记账　　B.材料明细账　　C.费用明细账　　D.债权债务明细账

20.下列各项中，不在资产负债表中反映的是（　　）。

A.实收资本　　B.盈余公积　　C.所得税费用　　D.未分配利润

二、多项选择题（共20题，每题2分）

1.关于会计主体与法律主体的关系，下列正确的有（　　）。

A.会计主体一定是法律主体　　B.法律主体一定是会计主体

C.会计主体不一定是法律主体　　D.法律主体不一定是会计主体

2.记账凭证审核除要审核内容是否真实、科目是否正确外，还需要审核（　　）。

A.项目是否齐全　　B.金额是否正确　　C.手续是否完备　　D.书写是否规范

3.试算平衡表无法发现的错误有（　　）。

A.漏记某项经济业务　　B.重记某项经济业务

C.颠倒记账方向　　D.漏记一个借方余额

4.下列说法正确的有（　　）。

A.人民币符号“￥”与阿拉伯数字之间不得留有空白

B.小写金额不得写连笔字

C.小写金额为￥1 005.00，大写金额应写为“人民币壹仟零伍元整”

D.金额数字一律填写到角、分；无角无分的，写“00”或符号“—”；有角无分的，分位写“0”，不得用符号“—”

5.需要永久保管的会计档案有（　　）。

A.会计档案保管清册　　B.会计移交清册

C.库存现金日记账和银行存款日记账　　D.年度财务报告

6.下列采用实地盘点法的有（　　）。

A.库存现金　　B.固定资产　　C.应收账款　　D.银行存款

7.下列表述中正确的有（　　）。

A.所有者权益增加一定表明企业获得了收入

B.收入是指企业所有活动中形成的经济利益的总流入

C.收入这个要素不包括营业外收入

D.收入按照性质不同，分为销售商品收入、提供劳务收入和让渡资产使用权收入

8.下列应采用红字更正法进行更正的错账有（　　）。

A.记账凭证没有错误，但账簿记录有数字错误

B.因记账凭证中的会计科目有错误而引起的账簿记录错误

C.记账凭证中的会计科目正确但所记金额大于应记金额所引起的账簿记录错误

D.记账凭证中的会计科目正确但所记金额小于应记金额所引起的账簿记录错误

9.下列对原始凭证的处理正确的有（　　）。

A.对于完全符合要求的原始凭证，应当及时编制记账凭证入账

B.对于不真实、不合法的原始凭证，会计机构和会计人员有权不予接受，但不一定要向单位负责人报告

C.对于真实、合法、合理，但内容不够完整、填写有错误的原始凭证，应退回有

关部门

D.对于不真实、不合法的原始凭证，会计机构和会计人员有权不予接受，并向单位负责人报告

10.关于账户基本结构，下列表述中正确的有（　　）。

A.账户分为左右两方，一方登记增加，另一方登记减少

B.期末余额=期初余额+本期增加发生额-本期减少发生额

C.对于负债、所有者权益、收入类账户：期末余额=期初余额+本期借方发生额-本期贷方发生额

D.对于资产、成本、费用类账户：期末余额=期初余额+本期贷方发生额-本期借方发生额

11.财务报表至少应当包括（　　）和附注。

A.资产负债表　　B.利润表

C.现金流量表　　D.所有者权益变动表

12.在企业财产清查中，可以作为调整账簿记录的原始凭证有（　　）。

A.库存现金盘点报告表　　B.银行存款余额调节表

C.盘点报告表　　D.清查结果报告表

13.处理下列会计事项时，不必编制记账凭证的有（　　）。

A.期末将“主营业务收入”账户结转入“本年利润”账户

B.期末“主营业务收入”账户更换新账簿，新旧账之间转记余额

C.期末将“制造费用”账户结转入“生产成本”账户

D.年度终了结账时，有余额的账户，将余额结转下年

14.下列未达账项中，会使本企业银行存款日记账账面余额大于银行对账单的有（　　）。

A.企业已收、银行未收款　　B.银行已收、企业未收款

C.银行已付、企业未付款　　D.企业已付、银行未付款

15.下列表述中，属于总账特点的有（　　）。

A.提供详细核算指标　　B.提供概括核算指标

C.只使用货币计量单位　　D.必要时还需要实物或时间计量单位

16.原始凭证审核的主要内容有（　　）。

A.正确性　　B.真实性　　C.合理性　　D.合法性

17.下列各项中属于结账的有（　　）。

A.调整有关账项

B.将本期发生的经济业务事项全部登记入账

C.将损益类账户转入“本年利润”账户

D.结出资产、负债和所有者权益类账户的本期发生额和余额，结转下期

18.下列费用应通过“管理费用”账户核算的有（　　）。

A.研究费用　　B.诉讼费

C.业务招待费　　D.日常经营活动聘请中介机构费

19.总账与明细账平行登记的要点包括（　　）。

A.依据相同　　B.期间相同　　C.金额相同　　D.方向相同

20.利润表的具体结构分为（　　）两种。

A.账户式结构　　B.报告式结构　　C.单步式结构　　D.多步式结构

三、判断题（共20题，每题1分）

1.一笔会计分录主要包括三个要素，即会计科目、记账符号和金额。（　　）

2.会计监督是一种事后监督。（　　）

3.按公允价值进行会计计量，是指资产和负债按照在公平交易中，熟悉情况的交易双方自愿进行资产交换或者债务清偿的金额计量。（　　）

4.会计分期实际上是人为地将一个会计主体持续经营的生产经营活动划分为若干个相等的期间。（　　）

5.企业在进行库存现金清查时，出纳人员不得在场，不允许用不具法律效力的借条、收据等抵充库存现金。（　　）

6.无论三栏式还是多栏式库存现金日记账，都必须用订本式账簿。（　　）

7.费用是资产的耗费，它与一定的会计期间相联系，而与生产哪一种产品无关。（　　）

8.如果编制的试算平衡表是平衡的，就说明账簿记录一定是正确的。（　　）

9."其他业务成本"属于成本类账户。（　　）

10.企业财务计划、财务报表、附注等都是企业财务会计报告的重要组成部分。（　　）

11.企业对于确实无法支付的应付账款，应冲减已计提的坏账准备。（　　）

12.发料凭证汇总表是一种汇总原始凭证。（　　）

13.企业在实际计提固定资产折旧时，当月增加的固定资产，当月计提折旧；当月减少的固定资产，当月不计提折旧。（　　）

14.如果在结账前发现账簿记录有文字或数字错误，而记账凭证没有错误，则既可采用划线更正法，也可采用红字更正法。（　　）

15.各种账务处理程序的共同点之一是编制财务会计报告的方法相同。（　　）

16.总分类账户平时不必每日结出余额，只需每月结出月末余额。（　　）

17.从外单位取得的原始凭证，可以没公章，但必须有经办人员的签名或盖章。（　　）

18.属于自然灾害造成的存货毁损，扣除保险公司赔款和残值后的净损失，应记入"管理费用"科目。（　　）

19.科目汇总表可以反映账户之间的对应关系，但不能起到试算平衡的作用。（　　）

20. 一般情况下，全面清查是定期清查，局部清查是不定期清查。 ( )

四、计算分析题（共2题，每题10分）

1. 星海工厂3月份发生以下经济业务：

（1）3月5日，向银行借入短期借款60 000元，款项已存入银行。

（2）3月7日，用银行存款购入原材料一批，价款40 000元，增值税进项税额6 800元，原材料已验收入库，货款已支付。

（3）3月10日，从某企业赊购原材料一批，价款15 000元，增值税进项税额2 550元，原材料已验收入库。

（4）3月14日，以银行存款支付3月10日赊购材料的款项。

（5）3月20日，售给大华工厂一批产品，货款45 000元，增值税销项税额7 650元，货款已存入银行。

要求：编制上述业务的会计分录。

2. 某企业20×4年7月30日银行存款日记账账面余额为46 600元，银行对账单上的余额为45 800元。经与银行对账，发现有以下几笔未达账项：

（1）销售商品，收到货款18 000元，支票已送存银行，企业已经入账，银行尚未入账。

（2）用银行存款支付购货款9 360元，转账支票已开出，银行尚未记账。

（3）本月水电费3 200元，银行已划转支付，企业尚未记账。

（4）某企业归还前欠本企业的货款11 040元，银行已收入企业账户，企业尚未记账。

要求：编制企业银行存款余额调节表。

银行存款余额调节表

单位：元

项目	金额	项目	金额
银行存款日记账余额 加：银行已收企业未收款 减：银行已付企业未付款		银行对账单余额 加：企业已收银行未收款 减：企业已付银行未付款	
调节后余额		调节后余额	

附录二
同步练习参考答案

第一章 总 论

一、单项选择题

1.D 2.D 3.C 4.A 5.C 6.A 7.C 8.C 9.B 10.C

二、多项选择题

1.ABCD 2.ABCD 3.ABCD 4.ABCD 5.ABCD 6.ABC 7.ABD 8.BC 9.ABCD 10.ABC

三、判断题

1.√ 2.× 3.√ 4.√ 5.√ 6.× 7.√ 8.× 9.√ 10.×

第二章 会计要素与会计等式

一、单项选择题

1.B 2.A 3.C 4.A 5.B 6.A 7.D 8.C 9.D 10.D

二、多项选择题

1.CD 2.ABCD 3.BC 4.ABCD 5.BCD 6.AB 7.BCD 8.ABC 9.BC 10.ABC

三、判断题

1.√ 2.× 3.√ 4.× 5.√ 6.× 7.× 8.√ 9.× 10.×

第三章 会计科目与账户

一、单项选择题

1.D 2.C 3.C 4.C 5.A 6.C 7.A 8.A 9.C 10.D

二、多项选择题

1.CD 2.ABD 3.BCD 4.ABCD 5.ABCD 6.AD 7.ABCD 8.ABCD 9.ABCD 10.ABCD

三、判断题

1.√　2.√　3.√　4.×　5.√　6.×　7.√　8.√　9.×　10.×

第四章　会计记账方法

一、单项选择题

1.A　2.C　3.B　4.C　5.C　6.B　7.C　8.A　9.A　10.D

二、多项选择题

1.ABCD　2.ABD　3.AD　4.BCD　5.CD　6.AC　7.CD　8.CD　9.BCD　10.ABD

三、判断题

1.√　2.√　3.×　4.√　5.×　6.×　7.×　8.×　9.√　10.√

四、计算分析题

（1）借：银行存款	200 000	
贷：实收资本		200 000
（2）借：固定资产	68 000	
贷：银行存款		68 000
（3）借：银行存款	300 000	
贷：短期借款		300 000
（4）借：银行存款	128 000	
贷：应收账款		128 000
（5）借：库存现金	160 000	
贷：银行存款		160 000

第五章　借贷记账法下主要经济业务的账务处理

一、单项选择题

1.A　2.A　3.B　4.A　5.D　6.A　7.D　8.B　9.C　10.A

二、多项选择题

1.BCD　2.BCD　3.BD　4.ABD　5.BCD　6.ABCD　7.ABCD　8.ABCD　9.ABCD　10.AC

三、判断题

1.×　2.×　3.×　4.×　5.×　6.√　7.×　8.×　9.√　10.×

四、计算分析题

1.（1）甲、乙材料运杂费分配率=4 800÷（1 100+900）=2.4（元/千克）

甲材料应分配运杂费=1 100×2.4=2 640（元）

乙材料应分配运杂费=900×2.4=2 160（元）

借：在途物资——甲材料	24 640	
——乙材料	15 660	
应交税费——应交增值税（进项税额）	6 035	
贷：银行存款		46 335
（2）借：在途物资——丙材料	194 400	
应交税费——应交增值税（进项税额）	32 640	
贷：应付票据		227 040
（3）借：预付账款——海河工厂	186 000	
贷：银行存款		186 000
（4）借：在途物资——乙材料	161 200	
应交税费——应交增值税（进项税额）	27 200	
贷：预付账款——海河工厂		188 400
（5）借：预付账款——海河工厂	2 400	
贷：银行存款		2 400

（6）甲材料总成本-22 000+2 640=24 640（元）

乙材料总成本=13 500+2 160+161 200=176 860（元）

丙材料总成本=192 000+2 400=194 400（元）

借：原材料——甲材料	24 640	
——乙材料	176 860	
——丙材料	194 400	
贷：在途物资——甲材料		24 640
——乙材料		176 860
——丙材料		194 400

2.（1）编制的会计分录如下：

①借：生产成本——A产品	52 000	
贷：原材料——甲材料		40 000
——乙材料		12 000
②借：管理费用——办公费	120	
贷：库存现金		120
③借：库存现金	20 000	
贷：银行存款		20 000
④借：应付职工薪酬	20 000	
贷：库存现金		20 000
⑤借：制造费用	2 925	
贷：银行存款		2 925
⑥借：应付利息	15 000	

贷：银行存款 15 000
⑦借：财务费用 5 000
贷：应付利息 5 000
⑧借：制造费用 6 075
管理费用 3 000
贷：累计折旧 9 075
⑨借：生产成本——A产品 16 600
制造费用 2 400
管理费用 2 000
贷：应付职工薪酬 21 000
⑩借：生产成本——A产品 11 400
贷：制造费用 11 400
⑪借：库存商品 100 000
贷：生产成本——A产品 100 000

（2）A产品的总成本=20 000+52 000+16 600+11 400=100 000（元）

A产品的单位成本=100 000÷200=500（元/台）

3.编制的会计分录如下：

（1）借：库存现金 5 000
贷：银行存款 5 000
（2）借：其他应收款 3 000
贷：库存现金 3 000
（3）借：预付账款 80 000
贷：银行存款 80 000
（4）借：银行存款 4 000 000
贷：实收资本 4 000 000
（5）借：原材料——B材料 100 000
应交税费——应交增值税（进项税额） 17 000
贷：应付票据 117 000
借：原材料——B材料 1 600
贷：银行存款 1 600
（6）借：银行存款 6 000
贷：应收账款 6 000
（7）借：原材料——C材料 10 000
——D材料 5 000
应交税费——应交增值税（进项税额） 2 550
贷：银行存款 17 550

（8）借：原材料——C材料	480	
——D材料	120	
贷：银行存款		600
（9）借：长期待摊费用	4 800	
贷：银行存款		4 800
（10）借：销售费用	2 800	
库存现金	200	
贷：其他应收款		3 000
（11）借：固定资产	300 000	
贷：银行存款		300 000
（12）借：库存现金	186 000	
贷：银行存款		186 000
借：应付职工薪酬	186 000	
贷：库存现金		186 000
（13）借：应收票据	304 200	
贷：主营业务收入		260 000
应交税费——应交增值税（销项税额）		44 200
借：其他应收款	2 000	
贷：银行存款		2 000
（14）借：生产成本	5 500	
制造费用	1 500	
管理费用	200	
贷：原材料——C材料		5 000
——D材料		2 200
（15）借：管理费用	1 200	
贷：库存现金		1 200
（16）借：管理费用	300	
贷：库存现金		300
（17）借：应收账款	149 760	
贷：主营业务收入		128 000
应交税费——应交增值税（销项税额）		21 760
借：应收账款	960	
贷：银行存款		960
（18）借：原材料——A材料	60 000	
应交税费——应交增值税（进项税额）	10 200	
贷：预付账款		70 200

借：银行存款 9 800
　贷：预付账款 9 800
（19）借：待处理财产损溢——待处理非流动资产损溢 8 000
　　累计折旧 27 000
　贷：固定资产 35 000
（20）借：银行存款 34 000
　贷：预收账款 34 000
（21）借：固定资产 660 000
　贷：实收资本 660 000
（22）借：制造费用 8 200
　　管理费用 3 800
　贷：银行存款 12 000
（23）借：营业外支出 10 000
　贷：银行存款 10 000
（24）借：制造费用 13 400
　　管理费用 4 800
　贷：累计折旧 18 200
（25）借：财务费用 600
　贷：银行存款 600
（26）借：生产成本 13 000
　　制造费用 9 600
　　管理费用 6 700
　贷：应付职工薪酬 29 300
（27）借：生产成本 1 820
　　制造费用 1 344
　　管理费用 938
　贷：应付职工薪酬 4 102
（28）本月应交增值税=销项税额-进项税额
=（44 200+21 760）-（17 000+2 550+10 200）
=36 210（元）

本月应交城市维护建设税=本月应交增值税×7%=36 210×7%
=2 534.70（元）

本月应交教育费附加=本月应交增值税×3%
=36 210×3% =1 086.30（元）

借：营业税金及附加 3 621
　贷：应交税费——应交城市维护建设税 2 534.70

贷：应交税费——应交教育费附加 1 086.30

（29）借：银行存款 20 000

贷：营业外收入 20 000

（30）借：生产成本 34 044

贷：制造费用 34 044

（31）借：库存商品 320 000

贷：生产成本 320 000

（32）借：主营业务成本 196 000

贷：库存商品 196 000

（33）借：营业外支出 8 000

贷：待处理财产损溢——待处理非流动资产损溢 8 000

（34）借：主营业务收入 388 000

营业外收入 20 000

贷：本年利润 408 000

（35）借：本年利润 238 959

贷：主营业务成本 196 000

销售费用 2 800

管理费用 17 938

财务费用 600

营业外支出 18 000

营业税金及附加 3 621

（36） 本月利润总额=408 000−238 959=169 041（元）

本月应交所得说=169 041×25%=42 260.25（元）

借：所得税费用 42 260.25

贷：应交税费——应交所得税 42 260.25

（37）借：资本公积 500 000

贷：实收资本 500 000

（38）全年净利润=1 400 000.25+（169 041−42 260.25）=1 526 781（元）

借：本年利润 1 526 781

贷：利润分配——未分配利润 1 526 781

（39）借：利润分配——提取法定盈余公积 152 678.10

贷：盈余公积——法定盈余公积 152 678.10

（40）借：利润分配——应付股利 11 000

贷：应付股利 11 000

（41）借：利润分配——未分配利润 163 678.10

贷：利润分配——提取法定盈余公积 152 678.10

贷：利润分配——应付股利 11 000

第六章 会计凭证

一、单项选择题

1.B 2.B 3.C 4.A 5.D 6.C 7.D 8.B 9.A 10.A

二、多项选择题

1.ABC 2.ABCD 3.ABCD 4.ABCD 5.ABC 6.ABCD 7.ABC 8.AD 9.ABCD 10.ACD

三、判断题

1.√ 2.× 3.× 4.√ 5.× 6.× 7.× 8.√ 9.√ 10.√

四、计算分析题

（1）银收第1号。

借：银行存款 100 000

贷：短期借款 100 000

（2）现付第1号。

借：其他应收款 600

贷：库存现金 600

（3）转字第1号。

借：生产成本 60 000

管理费用 5 000

贷：原材料 65 000

（4）银付第1号。

借：管理费用 7 000

贷：银行存款 7 000

（5）转字第2号。

借：所得税费用 5 000

贷：应交税费——应交所得税 5 000

第七章 会计账簿

一、单项选择题

1.D 2.A 3.C 4.A 5.A 6.B 7.C 8.D 9.B 10.A

二、多项选择题

1.ABC 2.BCD 3.ABC 4.ABD 5.AD 6.ABCD 7.ACD 8.AB 9.ABD 10.BCD

三、判断题

1.× 2.× 3.× 4.√ 5.× 6.× 7.√ 8.√ 9.√ 10.√

四、计算分析题

（1）红字更正法。

将多记金额900元用红字金额填制一张记账凭证，其会计分录为：

借：管理费用　　900

　贷：库存现金　　900

同时，将上述记账凭证金额用红字登记入账。

（2）补充登记法。

将少记金额9 540元用日常记账墨水填制一张记账凭证，其会计分录为：

借：固定资产　　9 540

　贷：银行存款　　9 540

同时，将上述记账凭证金额用日常记账墨水登记入账。

（3）划线更正法。

在“应收账款”账户贷方所记错误金额“7 800”上划一条红色横线予以注销，然后将正确数字“8 700”用日常记账墨水写在划线上面，并由记账人员在更正处签章。

（4）红字更正法。

用红字金额填制一张与原来一样的记账凭证，其会计分录为：

借：固定资产　　90 000

　贷：资本公积　　90 000

同时，将上述记账凭证金额用红色墨水登记入账。

然后，用日常记账墨水重新填制一张正确的记账凭证，其会计分录为：

借：固定资产　　90 000

　贷：实收资本　　90 000

同时，将上述记账凭证金额用日常记账墨水登记入账。

（5）红字更正法。

将多记金额6 000元用红字金额填制一张记账凭证，其会计分录为：

借：应付账款　　6 000

　贷：银行存款　　6 000

同时，将上述记账凭证金额用红字登记入账。

第八章 账务处理程序

一、单项选择题

1.C 2.A 3.A 4.A 5.C 6.B 7.C 8.D 9.C 10.A

二、多项选择题

1.ABD 2.AB 3.ABCD 4.AB 5.ABC 6.ABC 7.BC 8.AC 9.ABC 10.CD

三、判断题

1.× 2.× 3.× 4.× 5.× 6.√ 7.× 8.√ 9.√ 10.√

第九章 财产清查

一、单项选择题

1.C 2.D 3.C 4.B 5.B 6.C 7.D 8.A 9.B 10.B

二、多项选择题

1.CD 2.ABD 3.ABC 4.ABC 5.ABD 6.BC 7.ABC 8.BD 9.AC 10.BCD

三、判断题

1.√ 2.√ 3.× 4.√ 5.√ 6.√ 7.× 8.√ 9.√ 10.√

四、计算分析题

1.审批前的会计分录：

（1）借：待处理财产损溢——待处理非流动资产损溢 1 400

累计折旧 2 600

贷：固定资产 4 000

（2）审批后的会计分录：

借：其他应收款 600

营业外支出——盘亏损失 800

贷：待处理财产损溢——待处理非流动资产损溢 1 400

2.企业银行存款余额调节表填制见表如下：

银行存款余额调节表 单位：元

项目	金额	项目	金额
银行存款日记账余额	462 000	银行对账单余额	462 200
加：银行已收企业未收款	43 000	加：企业已收银行未收款	50 000
减：银行已付企业未付款	1 800	减：企业已付银行未付款	9 000
调节后余额	503 200	调节后余额	503 200

第十章 财务报表

一、单项选择题

1.C 2.A 3.A 4.D 5.D 6.C 7.B 8.B 9.C 10.C

二、多项选择题

1.ABCD 2.ABCD 3.ABC 4.AC 5.CD 6.CD 7.ABCD 8.ABCD 9.ABCD 10.ABCD

三、判断题

1.√ 2.× 3.× 4.× 5.× 6.× 7.√ 8.√ 9.× 10.√

四、计算分析题

星海公司20×5年12月31日的资产负债表如下：

资产负债表

会企01表

编制单位：星海公司 20×5年12月31日 单位：元

资产	期末余额	年初余额	负债和所有者权益（或股东权益）	期末余额	年初余额
流动资产：			流动负债：		
货币资金	67 000		短期借款	65 000	
应收票据	60 000		应付账款	150 000	
应收账款	125 000		预收账款	60 000	
预付账款	50 000		应付职工薪酬	6 000	
存货	270 000		应交税费	13 000	
应收股利			其他应付款		
其他应收款			一年内到期的非流动负债	30 000	
其他流动资产			其他流动负债		
流动资产合计	572 000		流动负债合计	324 000	
			非流动负债：		
			长期借款	50 000	
			其他非流动负债		

续表

资 产	期末余额	年初余额	负债和所有者权益（或股东权益）	期末余额	年初余额
			非流动负债合计	50 000	
			负债合计	374 000	
			所有者权益（或股东权益）：		
非流动资产：			实收资本（或股本）	500 000	
固定资产	500 000		资本公积		
在建工程	52 000		盈余公积	200 000	
无形资产	150 000		未分配利润	200 000	
非流动资产合计	702 000		所有者权益（或股东权益）合计	900 000	
资产总计	1 274 000		负债和所有者权益（或股东权益）总计	1 274 000	

单位负责人： 财会负责人： 复核： 制表：

附录三
模拟试题答案速查表

一、单项选择题

题号	答案	题号	答案	题号	答案	题号	答案	题号	答案
1	C	5	B	9	D	13	A	17	A
2	C	6	D	10	B	14	B	18	A
3	C	7	B	11	C	15	B	19	A
4	A	8	B	12	A	16	B	20	C

二、多项选择题

题号	答案	题号	答案	题号	答案	题号	答案	题号	答案
1	BC	5	AD	9	ACD	13	BD	17	ABCD
2	ABCD	6	AB	10	AB	14	AC	18	ABCD
3	ABC	7	CD	11	ABCD	15	BC	19	ABCD
4	ABCD	8	BC	12	AD	16	ABCD	20	CD

三、判断题

题号	答案	题号	答案	题号	答案	题号	答案	题号	答案
1	√	5	×	9	×	13	×	17	×
2	×	6	√	10	×	14	×	18	×
3	√	7	√	11	×	15	√	19	×
4	√	8	×	12	√	16	√	20	√

附录四
模拟试题参考答案及解析

一、单项选择题

1.C【解析】经济业务发生后，按照借贷记账法记账，借、贷两方的发生额必然相等。用借贷记账法记账，就要根据借贷必相等的规则进行试算平衡，检查每笔经济业务和会计分录是否正确，以及全部账户的本期发生额和期末余额是否正确。

2.C【解析】“销售费用”账户属于损益类账户，用以核算企业发生的各项销售费用。销售部门发生的费用也应直接计入销售费用。

3.C【解析】账实核对的内容主要包括：（1）库存现金日记账账面余额与库存现金实际库存数逐日核对是否相符；（2）银行存款日记账账面余额与银行对账单的余额定期核对是否相符；（3）各项财产物资明细账账面余额与财产物资的实有数额定期核对是否相符；（4）有关债权债务明细账账面余额与对方单位的账面记录核对是否相符等。

4.A【解析】会计主体是指企业会计确认、计量和报告的空间范围，即会计核算和监督的特定单位或组织。

5.B【解析】收入是指企业在日常活动中形成的、会导致所有者权益增加的、与所有者投入资本无关的经济利益的总流入。收入按性质不同，可分为销售商品收入、提供劳务收入、让渡资产使用权收入等。狭义的收入不包括营业外收入。收入会导致所有者权益增加，但所有者权益增加未必表明企业获得了收入。

6.D【解析】科目汇总表，是企业通常定期对全部记账凭证进行汇总后，按照不同的会计科目分别列示各账户借方发生额和贷方发生额的一种汇总凭证。科目汇总表账务处理程序与其他账务处理程序的最大区别是总括反映同类经济业务。

7.B【解析】对于手续不完备、数字有差错、处理不及时的原始凭证，应向原经办部门和人员讲清楚，并退还给经办部门或人员补办手续或进行更正。

8.B【解析】对于盘亏的存货，应及时查明原因，按管理权限报经批准后，按可收回的保险赔偿和过失人赔偿的金额借记“其他应收款”科目，按管理不善等原因造成净损失的金额借记“管理费用”科目，按自然灾害等原因造成净损失的金额借记“营业外支出”科目，按原记入“待处理财产损溢——待处理流动资产损溢”科目借方的金额贷记本科目。

9.D【解析】“短期借款”账户属于负债类账户，其期末余额=期初余额-借方本期发生额+贷方本期发生额。

10.B【解析】红字更正法适用于：（1）记账后发现记账凭证中的应借、应贷会计科目有错误所引起的记账错误。（2）记账后发现记账凭证和账簿记录中应借、应贷会计科目无误，只是所记金额大于应记金额所引起的记账错误。

11.C【解析】首先，不涉及库存现金和银行存款的会计业务应填制转账凭证，起刺，需填制两张记账凭证时，编号应为转字第1/2号和转字第2/2号。

12.A【解析】原始凭证不能用来直接登记总分类账。

13.A【解析】该批材料的采购成本为价款加保险费共计30万元。

14.B【解析】3月31日“本年利润”账户的贷方余额表示一季度的累计利润。

15.B【解析】对于涉及“库存现金”和“银行存款”之间的相互划转业务，为了避免重复记账，一般只填制付款凭证，不再填制收款凭证。本题付出的是库存现金，因此应填制库存现金付款凭证。

16.B【解析】账户的对应关系是指采用借贷记账法对每笔交易或事项进行记录时，相关账户之间形成的应借、应贷的相互关系。

17.A【解析】多栏式账簿是指在账簿的两个金额栏目（借方和贷方）按需要分设若干专栏的账簿。这种格式适用于收入、成本、费用类科目的明细核算，如“生产成本”、“制造费用”、“管理费用”等账户的明细账户。

18.A【解析】会计计量属性是指会计要素的数量特征或外在表现形式，反映了会计要素金额的确定基础，主要包括历史成本、重置成本、可变现净值、现值和公允价值等。企业在对会计要素进行计量时，一般采用历史成本。

19.A【解析】订本式账簿，一般用于具有统驭性和重要的账簿，如总分类账、库存现金日记账和银行存款日记账等。

20.C【解析】实收资本、盈余公积、未分配利润都在资产负债表中作为一个项目列示，所得税费用在利润表中列示。

二、多项选择题

1.BC【解析】会计主体与法律主体（法人）并非是对等的概念，法律主体可作为会计主体，但会计主体不一定是法律主体。

2.ABCD【解析】记账凭证审核的内容主要包括：（1）内容是否真实。（2）项目是否齐全。（3）科目是否正确。（4）金额是否正确。（5）书写是否规范。（6）手续是否完备。

3.ABC【解析】试算平衡，是指根据借贷记账法的记账规则和资产与权益的恒等关系，通过对所有账户的发生额和余额的汇总计算和比较，来检查记录是否正确的一种方法。ABC选项都不能通过试算平衡发现。

4.ABCD【解析】人民币符号“￥”与阿拉伯数字之间不得留有空白。小写金额用阿拉伯数字逐个书写，不得写连笔字。大写金额到元或角为止的，后面要写“整”字；有分的，不写“整”字。金额数字一律填写到角、分。无角、分的，写“00”或符号“—”；有角无分的，分位写“0”，不得用符号“—”。

5.AD【解析】《会计档案管理办法》规定会计档案保管清册、库存现金日记账、银行存款日记账需要永久保管。

6.AB【解析】往来款项主要包括应收、应付款项和预收、预付款项等。往来款项的清查一般采用发函询证的方法进行核对。银行存款的清查是采用与开户银行核对账目的方法进行的，即将本单位银行存款日记账的账簿记录与开户银行转来的对账单逐笔进行核对，来查明银行存款的实有数额。

7.CD【解析】所有者权益增加不一定表明企业获得了收入；收入是指企业在销售商品、提供劳务及让渡资产使用权等日常活动中形成的经济利益的总流入。

8.BC【解析】红字更正，又称红字冲销。在会计上，以红字记录表明对记录的冲减。红字更正法，适用于以下两种情形：（1）记账后发现记账凭证中的应借、应贷会计科目有错误所引起的记账错误。（2）记账后发现记账凭证和账簿记录中应借、应贷会计科目无误，只是所记金额大于应记金额所引起的记账错误。

9.ACD【解析】《会计法》第十四条规定：会计机构、会计人员必须按照国家统一的会计制度的规定对原始凭证进行审核，对不真实、不合法的原始凭证有权不予接受，并向单位负责人报告。对于真实、合法、合理但内容不够完整、填写有错误的原始凭证，应退回给有关经办人员，由其负责将有关凭证补充完整、更正错误或重开后，再办理正式会计手续。

10.AB【解析】对于负债、所有者权益、收入类账户：期末余额=期初余额+本期贷方发生额-本期借方发生额；

对于资产、成本、费用类账户：期末余额=期初余额+本期借方发生额-本期贷方发生额。

11.ABCD【解析】财务报表至少应当包括资产负债表、利润表、现金流量表、所有者权益变动表及附注。

12.AD【解析】银行存款余额调节表、盘点报告表不能作为调整账簿记录的原始凭证。

13.BD【解析】AC选项账户结转都要编制记账凭证，而更换新账结转余额和年度终了结转余额至下年不必编制会计凭证。

14.AC【解析】银行已收而企业未收款、企业已付而银行未付款会使本企业银行存款日记账账面余额小于银行对账单。

15.BC【解析】明细分类账提供详细核算指标。

16.ABCD【解析】原始凭证审核的主要内容有正确性、真实性、合理性、合法性、及时性。

17.ABCD【解析】结账的程序包括：（1）结账前，将本期发生的经济业务全部登记入账，并保证其正确性。对于发现的错误，应采用适当的方法进行更正。（2）在本期经济业务全面入账的基础上，根据权责发生制的要求，调整有关账项，合理确定应计入本期的收入和费用。(3) 将各损益类账户余额全部转入“本年利润”账户，结平所有损益类账户。(4) 结出资产、负债和所有者权益账户的本期发生额和余额，并转入下期。

18.ABCD【解析】“管理费用”账户核算企业为组织和管理企业生产经营所发生的管理费用，如开办费、工会经费、董事会费、聘请中介机构费、咨询费、诉讼费、业务招待费、房产税、车船使用税、土地使用税、印花税、技术转让费、矿产资源补偿费、研究费用、排污费等。

19.ABCD【解析】总分类账户与明细分类账户平行登记要求做到：所依据会计凭证相同、借贷方向相同、所属会计期间相同、记入总分类账户的金额与记入其所属明细分类账户的金额合计相等。

20.CD【解析】利润表包括单步式和多步式两种。

三、判断题

1.√【解析】会计分录由应借应贷方向、相互对应的科目及其金额三个要素构成。

2.×【解析】会计监督是一个过程，它分为事前监督、事中监督和事后监督。

3.√【解析】公允价值是指市场参与者在计量日发生的有序交易中，出售一项资产所能收到或者转移一项负债所需支付的价格。在公允价值计量下，资产和负债按照在公平交易中熟悉情况的交易双方自愿进行资产交换或者债务清偿的金额计量。

4.√【解析】会计分期是指将一个企业持续经营的经济活动划分为一个个连续的、长短相同的期间，以便分期结算账目和编制财务会计报告，是人为的行为。

5.×【解析】清查库存现金时出纳人员必须在场，应注意不能以借条、收据充抵现金。

6.√【解析】订本式账簿，一般用于具有统驭性和重要的账簿，如总分类账、库存现金日记账和银行存款日记账等。

7.√【解析】按一定的会计期间归集的是费用，和某种产品相关的是成本。

8.×【解析】试算平衡表不能发现所有的记账错误。

9.×【解析】“其他业务成本”属于损益类账户。

10.×【解析】企业财务会计报告至少应当包括下列组成部分：(1) 资产负债表；(2) 利润表；(3) 现金流量表；(4) 所有者权益变动表；(5) 附注。

11.×【解析】对于经查明确实无法支付的应付款项可按规定程序报经批准后，转作营业外收入。

12.√【解析】汇总凭证应由相关人员在汇总一定时期内反映同类经济业务的原始凭证后填制完成。该凭证只能将类型相同的经济业务进行汇总，不能汇总两类或两类以上的经济业务。发料凭证汇总表是一种汇总原始凭证。

13.×【解析】当月增加的固定资产，当月不计提折旧，从下月起计提折旧；当月减少的固定资产，当月仍计提折旧，下月起不计提折旧。提前报废的固定资产，不再补提折旧。

14.×【解析】在结账前发现账簿记录有文字或数字错误，而记账凭证没有错误，采用划线更正法。

15.√【解析】各种账务处理程序都是根据总账和明细账编制财务会计报告。

16.√【解析】总账账户平时只需结出月末余额。

17.×【解析】外来原始凭证一般由税务局等部门统一印制，或经税务部门批准由经营单位印制，在填制时加盖出具凭证单位公章方为有效。

18.×【解析】属于自然灾害造成的存货毁损记入“营业外支出”科目

19.×【解析】科目汇总表不能反映各个账户之间的对应关系，但是可以起到试算平衡的作用。

20.√【解析】全面清查的内容多、范围广、需要投入的人力多、花费的时间长，因此只有在年终决算前，单位撤销、合并或改变隶属关系以及清产核资时才进行全面清查。局部清查需投入人力较少、花费的时间也较少。一般适用于流动性较大的财产物资及货币资金。

四、计算分析题

1.（1）借：银行存款　60 000
　　贷：短期借款　60 000

（2）借：原材料　40 000
　　应交税费——应交增值税（进项税额）　6 800
　　贷：银行存款　46 800

（3）借：原材料　15 000
　　应交税费——应交增值税（进项税额）　2 550
　　贷：应付账款　17 550

（4）借：应付账款　17 550
　　贷：银行存款　17 550

（5）借：银行存款　52 650
　　贷：主营业务收入　45 000
　　　　应交税费——应交增值税（销项税额）　7 650

2.

银行存款余额调节表

单位：元

项目	金额	项目	金额
银行存款日记账余额	46 600	银行对账单余额	45 800
加：银行已收企业未收款	11 040	加：企业已收银行未收款	18 000
减：银行已付企业未付款	3 200	减：企业已付银行未付款	9 360
调节后余额	54 440	调节后余额	54 440